10.14

Schöningh

W0372876

EinFach Deutsch

Unterrichtsmodell

Henrik Ibsen

Ein Volksfeind

Erarbeitet von
Christine Mersiowsky

Herausgegeben von
Johannes Diekhans

Baustein 4: Dramentheorie (S. 71–87 im Modell)

4.1	Der Aufbau des traditionellen Dramas (geschlossene Bauform)	ges. Drama	
4.2	Ibsens Theaterkunst	ges. Drama S. 126–133 (der Textausgabe)	Textarbeit Tafelskizze
4.3	Ein Volksfeind: Ein naturalistisches Drama?	ges. Drama	Textarbeit Tafelskizze Arbeitsblätter 10–11
4.4	*Exkurs*: Das Drama als naturalistische Gattung	ges. Drama S. 192–195 (der Textausgabe)	Textarbeit Tafelskizze

Baustein 5: Rezeption des Dramas (S. 88–99 im Modell)

5.1	Zeitgenössische Kritik	ges. Drama S. 171–181 (der Textausgabe)	Textarbeit Tafelskizze
5.2	*Exkurs*: Das Problem der autobiografischen Bezüge im Drama	ges. Drama	Tafelskizze Arbeitsblatt 12
5.3	Rezeption heute: Die Aktualität des Dramas	ges. Drama	Textarbeit Szenenbilder (Z 2)
5.4	Eigene Rezeption: Einen Poetry Slam organisieren	ges. Drama	Kreatives Schreiben/ Szenisches Spiel Arbeitsblatt 13

Baustein 6: Die Verantwortung des Wissenschaftlers: Dramen im Vergleich (S. 100–119 im Modell)

6.1	Georg Büchner: Woyzeck	ges. Drama	Textarbeit Tafelskizze Arbeitsblatt 14
6.2	Bertolt Brecht: Leben des Galilei	ges. Drama	Textarbeit Tafelskizze Arbeitsblatt 15
6.3	Friedrich Dürrenmatt: Die Physiker	ges. Drama	Textarbeit Tafelskizze Arbeitsblatt 16
6.4	Die Verantwortung des Wissenschaftlers: Eine Talkshow inszenieren	ges. Drama	Szenisches Spiel Tafelskizze Arbeitsblätter 17–19

Ein Volksfeind

Baustein 1: Hinführung zum Drama (S. 17–38 im Modell)

1.1	Antizipation: Dramatis Personae und Titel	S. 5	Textarbeit
1.2	Der Dramenanfang: Die Brüder Stockmann	S. 6–16	Schreibauftrag Tafelskizze
1.3	Lektürephase: Erstellen eines Szenariums	ges. Drama	Schreibauftrag Arbeitsblatt 1
1.4	Reflexion der Lektüre-phase	ges. Drama	div. Schreibaufträge Arbeitsblätter 2–4

Baustein 2: Schauplatz und Personen (S. 40–50 im Modell)

2.1	Das Motiv der Klein-stadt	ges. Drama	Texttheater Textarbeit Tafelskizze
2.2	Die Figurenkonstel-lation	ges. Drama	Textarbeit Wandplakate Tafelskizze
2.3	Die Wandlung Dr. Stockmanns vom Volks-freund zum Volksfeind	ges. Drama	Strukturlegen Arbeitsblatt 5

Baustein 3: Gesellschaftskritik als zentrales Thema des Dramas (S. 51–70 im Modell)

3.1	Die Demaskierung des Bürgertums	S. 31 ff. und S. 51 ff.	Textarbeit Tafelskizze
3.2	Missstände auf poli-tischer Ebene: Die anti-ke Polis als Vorbild de-mokratischer Strukturen	ges. Drama S. 146–154 (der Textausgabe)	Textarbeit Tafelskizze
3.3	*Exkurs*: Die Rolle der Frau in der Gesellschaft	ges. Drama	Textarbeit Tafelskizze Arbeitsblatt 6
3.4	Die Verantwortung des Einzelnen	ges. Drama	Selbsttest zur Umwelt-ethik Textarbeit Tafelskizze Arbeitsblätter 7–9

Bildnachweis:

S. 9 oben: ullstein bild – Still Pictures; **unten:** © vario images – **S. 85:** bpk – **S. 98, 163:** © Duwentaester/teamwork – **S. 137:** © ZDF/Wilhelm Zander – **S. 138:** Foto: Karen Flau – **S. 139:** Foto: A.T. Schaefer – **S. 140:** Foto: Jochen Klenk – **S. 141:** Foto: Diana Küster – **S. 143:** © Juniors Bildarchiv – **S. 145:** unten links: Archiv für Kunst und Geschichte, Berlin; übrige Bilder entnommen aus: Gernd Enno Rieger: Henrik Ibsen in Selbstzeugnissen und Bilddokumenten. Rororo Bildmonographie. Reinbek bei Hamburg: Rowohlt 1981 – **S. 146:** entnommen aus: Gernd Enno Rieger: Henrik Ibsen in Selbstzeugnissen und Bilddokumenten. Rororo Bildmonographie. Reinbek bei Hamburg: Rowohlt – **S. 159:** ullstein bild

www.schoeningh-schulbuch.de
Schöningh Verlag, Jühenplatz 1–3, 33098 Paderborn

Druck 5 4 3 2 1 / Jahr 2013 12 11 10 09
Die letzte Zahl bezeichnet das Jahr dieses Druckes.

Umschlaggestaltung: Jennifer Kirchhof
Druck und Bindung: Media-Print Informationstechnologie GmbH, Paderborn

ISBN 978-3-14-022474-1

Vorwort

Der vorliegende Band ist Teil einer Reihe, die Lehrerinnen und Lehrern erprobte und an den Bedürfnissen der Schulpraxis orientierte Unterrichtsmodelle zu ausgewählten Ganzschriften und weiteren relevanten Themen des Faches Deutsch bietet.
Im Mittelpunkt der Modelle stehen Bausteine, die jeweils thematische Schwerpunkte mit entsprechenden Untergliederungen beinhalten.
In übersichtlich gestalteter Form erhält der Benutzer/die Benutzerin zunächst einen Überblick zu den im Modell ausführlich behandelten Bausteinen.

Es folgen:

- Hinweise zu den Handlungsträgern
- Zusammenfassung des Inhalts und der Handlungsstruktur
- Vorüberlegungen zum Einsatz des Dramas im Unterricht
- Hinweise zur Konzeption des Modells
- Ausführliche Darstellung der einzelnen Bausteine
- Zusatzmaterialien

Ein besonderes Merkmal der Unterrichtsmodelle ist die Praxisorientierung. Enthalten sind kopierfähige Arbeitsblätter, Vorschläge für Klassen- und Kursarbeiten, Tafelbilder, konkrete Arbeitsaufträge, Projektvorschläge. Handlungsorientierte Methoden sind in gleicher Weise berücksichtigt wie eher traditionelle Verfahren der Texterschließung und -bearbeitung.
Das Bausteinprinzip ermöglicht es dabei den Benutzern, Unterrichtsreihen in unterschiedlicher Weise und mit unterschiedlichen thematischen Akzentuierungen zu konzipieren. Auf diese Weise erleichtern die Modelle die Unterrichtsvorbereitung und tragen zu einer Entlastung der Benutzer bei.

Das vorliegende Modell bezieht sich auf folgende Textausgabe:
Henrik Ibsen: Ein Volksfeind. Paderborn, Schöningh Verlag 2009, Best.-Nr. 022473

Arbeitsfrage

Einzelarbeit

Partnerarbeit

Gruppenarbeit

Unterrichts-gespräch

Schreibauftrag

szenisches Spiel, Rollenspiel

Mal- und Zeichenauftrag

Bastelauftrag

Projekt, offene Aufgabe

Inhaltsverzeichnis

Ein Volksfeind

„Denn jetzt handelt es sich, sehen Sie, nicht mehr um das Wasserwerk und die Kloake allein. Nein, das ganze Gemeinwesen soll gereinigt, desinfiziert werden –"

Aus: Henrik Ibsen: Ein Volksfeind, 1882

Hauptfiguren des Dramas „Ein Volksfeind“

Dr. Tomas Stockmann: Der Badearzt hat mit seiner Familie, d. h. seiner Frau Käte, seiner erwachsenen Tochter Petra und seinen zwei schulpflichtigen Jungen, viele Jahre in der Einöde gelebt und ist froh darüber, wieder in die Heimatstadt zurückgekehrt zu sein. Voller Tatendrang möchte er den Mitbürgern seiner Stadt zu Ansehen, Fortschritt und Bildung verhelfen.

Frau Stockmann: Käte Stockmann weiß es zu schätzen, dass ihr Ehemann durch seine Anstellung als Badearzt nun endlich über ein gesichertes Einkommen verfügt und die Zeiten, in denen sie hungern mussten, vorüber sind. Diesen bescheidenen Wohlstand möchte sie für die Kinder und sich erhalten, weshalb sie Dr. Tomas Stockmann zunächst davon abzubringen versucht, gegen den (über-)mächtigen Bruder anzugehen.

Petra Stockmann: Mit ihrem fortschrittlichen und emanzipierten Denken ist sie ganz die Tochter ihres Vaters. Sie arbeitet als Lehrerin und findet es frustierend, dass sie ihren Schülern Lügen erzählen muss. Überhaupt beklagt sie die vielen Unwahrheiten in der Welt.

Peter Stockmann: Peter Stockmann ist ein mächtiger Kommunalpolitiker in dieser Stadt, was sich in der Anhäufung zahlreicher Ämter niederschlägt. Er verkörpert die Obrigkeit, der Folge zu leisten ist. Die Entdeckung seines jüngeren Bruders könnte seinem Ansehen in der Bevölkerung schaden, weshalb er keinen politischen Trick unversucht lässt, um die Veröffentlichung der Untersuchungsergebnisse zu verhindern.

Morten Kiil: Dr. Stockmanns Schwiegervater ist Gerbermeister und einer der Hauptverantwortlichen für die Verseuchung des Wassers in der Stadt. Der „alte Dachs“, wie er genannt wird, scheint zunächst lediglich ein alter kauziger, wenngleich harmloser Sonderling zu sein. Er entpuppt sich im Verlauf der Handlung jedoch als wohlhabender und einflussreicher Mann dieser Kleinstadt, dessen Ziel es ist, als reinlicher Mensch angesehen zu werden. Allerdings merkt er nicht, dass nicht der Schmutz, sondern vielmehr seine Gesinnung und sein Geiz schuld daran sind, dass das Ziel für ihn unerreichbar ist.

Hovstad: Der Redakteur des „Volksboten“ gibt sich vordergründig als liberaler Mann des Volkes, der in seiner Zeitung für Fortschritt und Freiheit eintritt. Dass dies jedoch nur leere Phrasen sind, wird deutlich, wenn er im Zweifelsfall demjenigen Unterstützung verspricht, der ihm den größten Nutzen bringt. Von Petra Stockmann wird Hovstad brüsk zurückgewiesen, als er ihr Avancen macht, da sie seine opportunistische Gesinnung als Erste durchschaut.

Billing: Auch der Mitarbeiter des „Volksboten“ gibt vor, fortschrittlich und freidenkend zu sein. Vielmehr jedoch strebt er eine Beamtenlaufbahn an, die ihm finanzielle Sicherheit verschaffen würde, weshalb er sich bereits heimlich um den Sekretärposten beim Magistrat beworben hat.

Aslaksen: Der Buchdrucker ist ein typischer Vertreter des spießig-konservativen Kleinbürgers, der stets darauf bedacht ist, die Obrigkeit nicht zu verärgern. Aus diesem Grund ist er berechtigterweise Vorsitzender des städtischen Mäßigungsvereines. Seine Meinung hat in der Kleinstadt Gewicht, was daran deutlich wird, dass er außerdem auch Vorsitzender des Hauseigentümervereins ist.

Horster: Horster zählt zu den wenigen anständigen, aufrichtigen und zuverlässigen Personen dieses Dramas, denn durch seinen Beruf hat der Schiffskapitän bereits viel von der Welt kennengelernt und die Enge einer Kleinstadt hinter sich gelassen. Er hilft Dr. Stockmann, ohne eine Gegenleistung zu erwarten, und trägt auch die hierin begründete Kündigung seiner Reederei mit Gelassenheit.

Die Bürger: Die Bürger verkörpern die öffentliche Meinung der Kleinstadt. Sie sind davon überzeugt, auf den Ertrag des Kurbades angewiesen zu sein, denn dieses hat ihrer Stadt zu wirtschaftlichem Aufschwung verholfen. Daher halten sie zunächst zu dem Badearzt, dem sie diese lukrative Einnahmequelle zu verdanken haben. Schließlich wenden sie sich jedoch von ihm ab und verbannen ihn aus der Gesellschaft.

Inhalt des Dramas

Dr. **Tomas Stockmann** ist ein hoch angesehener Badearzt in einer norwegischen Kleinstadt an der Südküste. Auf seine Initiative hin ist ein Kurbad entstanden, welches seiner Heimatstadt zu erheblichem wirtschaftlichen Aufschwung verholfen hat. Der grundehrliche, aber etwas jungenhaft naive Bruder des mächtigen Kommunalpolitikers, **Peter Stockmann**, hat jedoch mittlerweile wissenschaftlich festgestellt, dass das Wasser der Stadt insbesondere durch die Gerberei seines Schwiegervaters **Morten Kiil** verseucht ist. Das Kurbad stellt somit eine gesundheitliche Bedrohung für alle Kranken dar, die hier Heilung suchen.
Wissenschaftliche Verantwortung und Wahrheitsliebe veranlassen ihn daher, sich für die vorübergehende Schließung des Bades einzusetzen, bis das Übel beseitigt ist. Bei diesem Versuch erfährt er anfangs großen Zuspruch durch die Öffentlichkeit, die ihm für seine Entdeckung dankbar ist.
Ziemlich schnell gerät Doktor Stockmann jedoch mit seinem älteren Bruder Peter in einen Interessenkonflikt, der als Stadtrichter und Polizeidirektor, Vorsitzender der Badeverwaltung usw. die Kleinstadt beherrscht und über hinreichend politische Tricks verfügt, um die Masse gegen den vermeintlichen Rebellen aufzubringen: Indem Peter Stockmann die Einwohner der Stadt mit dem Schreckgespenst immenser Kosten für die Arbeiten und erheblicher Einnahmeausfälle verängstigt, gelingt es ihm, eine Mehrheit für seine Interessen mithilfe der opportunistischen Presse, vertreten durch den Redakteur **Hovstad**, seinen Mitarbeiter **Billing** sowie den Buchdrucker **Aslaksen**, zu organisieren.
Auf diese Weise wird Dr. Tomas Stockmann nicht nur Opfer der Bürokratie, sondern auch des Volkes, das die öffentliche Meinung der Kleinstadt verkörpert und von ihm verlangt, seine absolute Forderung nach Schließung des Bades zu mäßigen. Anderer publizistischer Möglichkeiten beraubt, beruft Doktor Stockmann eine Bürgerversammlung ein, um seinen Standpunkt deutlich zu machen. Von seinem Temperament hingerissen, stellt er hier immer höhere Anforderungen an die Moral seiner Mitbürger hinsichtlich ihres politischen Handelns, weshalb die Veranstaltung schließlich damit endet, dass ihn die versammelte „kompakte Majorität" offiziell zum Volksfeind und somit zur Bedrohung der Stadt erklärt.
Diese Wende hat für seine Familie und ihn persönlich dramatische Folgen: Seine Patienten lassen ihn im Stich, ihm wird als Badearzt gekündigt, seine Tochter **Petra** verliert ihre Anstellung als Lehrerin und auch der Vermieter kündigt die Wohnung, weshalb er beschließt, mit seiner Frau und den Kindern in die „neue Welt" auszuwandern.
Als einige Mitbürger beginnen, die Familie zu bedrohen, erkennt Dr. Tomas Stockmann, wie unfrei der Geist in seiner Heimatstadt wirklich ist. Dieser Missstand in der Gesellschaft erscheint ihm so viel schwerwiegender als der ökologische Auslöser des Konfliktes, dass er sich entscheidet zu bleiben, um sich für die Erziehung der Bürger der Stadt zu frei denkenden, mündigen Menschen in einem demokratischen System aufzuopfern.
Mit diesem Entschluss endet das Drama, sodass offenbleibt, ob und inwiefern Dr. Stockmanns Vorhaben gelingt.[1]

[1] Eine genaue Szenenübersicht ist dem Lösungsvorschlag zu Arbeitsblatt 1, S. 29–31, zu entnehmen.

Vorüberlegungen zum Einsatz des Dramas im Unterricht

Als Ibsen sein Drama „Gespenster" im Jahre 1881 in Buchform veröffentlichte, hatte dies einen handfesten Skandal zur Folge. Die allgemeine Empörung über dieses Gesellschaftsdrama ging so weit, dass sämtliche skandinavischen Bühnen jegliche Aufführung ablehnten. Ibsens Vorstellungen von einer gesellschaftlichen Ordnung wurde von seinen zeitgenössischen Landsleuten größtenteils missverstanden, was den sensiblen Dichter außerordentlich kränken musste, wie etwa sein Brief vom 6. Januar 1882 beweist:
„Man macht mich für die Ansichten einzelner Dramenpersonen verantwortlich, und doch kommt in dem ganzen Buch keine einzige Ansicht, keine einzige Äußerung auf das Konto des Verfassers. [...] In keinem meiner Stücke ist der Verfasser so außerhalb, so völlig abwesend wie in diesem letzten."[1] Diese Ablehnung ist sicherlich einer der Gründe, weshalb Ibsen insgesamt 27 Jahre im freiwilligen Exil in Deutschland und Italien verbrachte.
Bereits ein Jahr später veröffentlichte Ibsen mit seinem Werk „Ein Volksfeind" ein weiteres Gesellschaftsdrama, mit dem er sich mit den Theaterhäusern und dem Publikum gleichermaßen wieder aussöhnen wollte, denn am 16. März 1882 versprach der Dichter, dass es dieses Mal „ein friedliches Stück [werde], das die Staatsräte und Grossisten samt ihren Damen lesen können, vor dem die Theater keine Angst zu haben brauchen."[2] Seine Rechnung sollte aufgehen.
Auch heute wird gerade die Aktualität des Werkes von Ibsen, der die scheinbar zeitlosen Probleme der Gesellschaft schonungslos offenlegt, gewürdigt. Aus diesem Grund ist es nicht verwunderlich, dass „Ein Volksfeind" immer wieder aufs Neue auf der Theaterbühne inszeniert wird, wie die von Ibsen.net laufend geführte Übersicht zu aktuellen Ibsen-Inszenierungen belegt.[3]
Darüber hinaus gab der Dichter mit seiner modernen Theaterauffassung „entscheidende Impulse für [das] Drama und Theaterschaffen in Deutschland"[4] und brach gleichzeitig dem Naturalismus in Skandinavien und Deutschland Bahn. Vor diesem Hintergrund ist das Drama „Ein Volksfeind" für den Deutschunterricht in der gymnasialen Oberstufe nahezu unverzichtbar.
Der Leseprozess sollte so organisiert werden, dass zunächst das Personenverzeichnis eingehend studiert und der Beginn des Dramas gemeinsam gelesen wird, um die Schülerinnen und Schüler auf den Bruderkonflikt einzustimmen und sie zur weiteren Lektüre zu motivieren (vgl. Baustein 1).
Anschließend sollte das Drama vollständig gelesen werden, da die Werkkenntnis die Grundlage für das weitere Vorgehen bildet. Um den Leseprozess zu begleiten, sollten die Kursteilnehmer angehalten werden, ein Szenarium zu erstellen, das ihnen später die Orientierung im Dramentext erleichtern soll.
Zur eigenen Vorbereitung ist die wissenschaftliche Abhandlung von Horst Bien, „Henrik Ibsens Realismus. Zur Genesis und Methode des klassischen kritisch-realistischen Dramas", welche 1970 im Verlag Rütten & Loening in Berlin erschienen ist, empfehlenswert. Der Verfasser handelt zu Beginn seiner Ausführungen auf einer überschaubaren Anzahl von Seiten die wesentlichen Aspekte zu Ibsens literaturhistorischer Position ab und liefert auf diese Weise die Grundlage zum Verständnis von Ibsens Gesellschaftskritik. Darüber hinaus hält das Kapitel, das ausschließlich dem Drama „Ein Volksfeind" gewidmet ist, wertvolle Interpretationsansätze bereit.

---

1 Carlsson (1967), S. 116
2 Carlsson (1967), S. 119
3 Vgl. http://ibsen.net/index.gan?id=6693&subid=0 (Stand: 2009-03-19).
4 Gahmann (1992), S. 1

Einen guten Einblick in Ibsens Leben und Werk gibt zudem die von Anni Carlsson getroffene Auswahl an Briefen, die der Philipp Reclam Verlag im Jahre 1967 unter dem Titel „Henrik Ibsen. Briefe" in Stuttgart veröffentlicht hat. Auch die von Verner Arpe 1972 im Münchener Heimeran Verlag herausgegebene Zusammenstellung zeitgenössischer Dokumente unter dem Titel „Dichter über ihre Dichtungen. Henrik Ibsen. Studienausgabe in zwei Bänden (10/I, 10/II)" liefert hierzu wertvolle Hintergrundinformationen.

„Ein Volksfeind" wurde bereits mehrfach verfilmt – allerdings mit wechselhaftem Erfolg. So krankt beispielsweise die 1978 unter der Regie von George Schaefer entstandene Fassung „An Enemy of the People" an der absoluten Fehlbesetzung der Hauptfigur Dr. Stockmann, die von der Western-Legende Steve McQueen verkörpert wird. Dieses Negativbeispiel zeigt den Schülerinnen und Schülern eindrucksvoll, wie vielschichtig Ibsen diese Figur angelegt hat, und lässt demzufolge die hohen Anforderungen an den Schauspieler erahnen, um den Helden realistisch und somit im Sinne des Dichters darzustellen.

Ein Vergleich einer exemplarisch ausgewählten Filmsequenz mit dem Drama könnte folglich den Ausgangspunkt für eine vertiefende Figurenanalyse bilden. Darüber hinaus wird in dem vorliegenden Modell auf einen ausführlichen Vergleich zwischen dem Drama und einer Filmfassung verzichtet.

Da das Drama in einer insbesondere wirtschaftlich belebten Zeit entstanden ist, was sich in Ibsens Werk niederschlägt, bietet sich eine fächerübergreifende Kooperation mit der Lehrkraft für das Unterrichtsfach Geschichte an. Hier kann die fortschreitende Industrialisierung in Europa um 1900 in Verbindung mit der unter anderem durch die geografische Isolation begründeten Rückständigkeit Norwegens thematisiert werden.

Eine entsprechende Einführung zu Land und Leuten bietet der 21-minütige Film „Norwegen: ... steigt auf aus dem Meer". Mit Rückblicken in die Geschichte wird hier anhand des Alltags einer Familie der Wandel zum modernen Norwegen porträtiert.[1] Dieser Beitrag kann im Internet (Aufruf: www.praxis-unterrichtsfilm.de/assets/s2dmain.html? http://www.praxis-unterrichtsfilm.de/) bezogen und Begleitmaterial kostenfrei heruntergeladen werden.

Alternativ werden entsprechende Hintergrundinformationen im Anhang der Textausgabe (vgl. S. 139–154) bereitgestellt, die z. B. in Form von Referaten in den Unterricht eingebracht werden können.

Eine weitere Schnittstelle für eine Vernetzung der Unterrichtsfächer ist der Aktualitätsbezug des Dramas. Hier kann in den Unterrichtsfächern Ethik (Werte und Normen), Religion bzw. Politik das heutige Gesellschaftsproblem der (umwelt-)politischen Verbrechen angesprochen und mit dem Fall des Dr. Stockmann verglichen werden. Hierzu eignet sich u. a. die dreiteilige Dokumentationsreihe „Eco-Crimes", die unter der Regie von Heinz Greuling und Thomas Weidenbach im Auftrag des WDR produziert und vom 17. bis 19. November 2008 auf ARTE gesendet wurde.

Eine Wiederholung ist geplant, weshalb sich Interessierte im Internet (www.arte.tv/de/) registrieren lassen können, um zu gegebener Zeit via E-Mail benachrichtigt zu werden. Parallel hierzu besteht die Möglichkeit, die entsprechenden Sendetermine mithilfe des kostenlosen Services (Aufruf: www.tvinfo.de) im Vorwege abzurufen.

Alternativ ist der Beitrag aber auch direkt über den Mitschnittservice des Senders erhältlich:

Westdeutscher Rundfunk (WDR)
Mitschnittdienst
50600 Köln
Telefax: 0221 220-8041
Internet: www.wdr.de/tv/home/sendemitschnitte/
Email: www.mitschnittdienst@wdr.de

[1] Sprachlich gesehen sind hier allerdings Abstriche in Kauf zu nehmen, da dieser Beitrag auch für den Einsatz im Unterricht der Sekundarstufe I vorgesehen ist.

Interessant ist auch die (berufs-)ethische Frage nach der sozialen Verantwortung des Wissenschaftlers für die Folgen seines Handelns im Rahmen eines fächerübergreifenden Unterrichts. Zu diesem Anlass könnte eine Forschungseinrichtung zwecks einer Expertenbefragung aufgesucht und besichtigt werden.
Außerdem ist es empfehlenswert, gemeinsam mit den Kursteilnehmern einen Theaterbesuch in der laufenden Spielzeit zu planen, um einer aktuellen „Volksfeind"-Inszenierung beizuwohnen und diese mit der literarischen Vorlage zu vergleichen. Diese Veranstaltung kann gegebenenfalls im Rahmen einer Studienfahrt stattfinden und mit einer entsprechenden Stadterkundung kombiniert werden.
Verschiedene Klausurvorschläge für eine abschließende Lernerfolgskontrolle befinden sich in den Zusatzmaterialien (vgl. **Zusatzmaterial 1**, S. 120ff.). Generell können jedoch auch viele der in diesem Unterrichtsmodell gestellten Arbeitsaufträge zu geeigneten Klausurthemen ausgeweitet werden.

Konzeption des Unterrichtsmodells

Das vorliegende Unterrichtsmodell ist in sechs Bausteine unterteilt. Dabei finden sowohl textanalytische als auch produktionsorientierte Methoden Anwendung, um möglichst allen Schülerinnen und Schülern eine Möglichkeit des Zugangs zu diesem Drama zu bieten. Zudem wurde darauf geachtet, dass die im Fach Deutsch gängigen Aufsatzarten (Erörterung, Textanalyse usw.) weiter geübt werden.

Baustein 1 ist ausschließlich dem Einstieg in das Drama gewidmet und bietet demzufolge alternative Vorschläge, um einerseits die Leseerfahrungen der Schülerinnen und Schüler abzurufen und sie andererseits für das weitere Vorgehen zu motivieren.

Baustein 2 widmet sich dem Schauplatz sowie den handelnden Personen. Auf diese Weise wird nicht nur der Inhalt gesichert, sondern gleich zu einem frühen Zeitpunkt der Unterrichtsreihe das Kernproblem des Dramas, die Kritik an einer zunehmend kapitalistisch geprägten Gesellschaft, erfasst. Hierauf bauen die anschließenden Bausteine auf.

Baustein 3 rückt die Gesellschaftskritik als zentrales Thema dieses Dramas ins Blickfeld. Zunächst wird das Selbstbild der Bewohner der Kleinstadt als Vertreter des Bürgertums problematisiert. Anschließend werden die Missstände der Gesellschaft in politischer Hinsicht aufgezeigt. Aus den Analyseergebnissen bezüglich der gegebenen Verhältnisse wird die Verantwortung des Einzelnen in der Gesellschaft geschlussfolgert.

Baustein 4 beschäftigt sich mit der Gestaltung des Dramas. Gegenstand sind hier zum einen die gängigen Begriffe der Dramentheorie (geschlossene Bauform des traditionellen Dramas usw.), die eingeführt werden und auf den Primärtext anzuwenden sind. Zum anderen bilden Ibsens dramentechnische Besonderheiten einen wesentlichen Bestandteil dieses Bausteins. In diesem Zusammenhang soll hier zudem der Frage nachgegangen werden, ob und inwiefern Ibsen aus heutiger Sicht als Begründer des Naturalismus in Deutschland anzusehen ist.

Baustein 5 hat die Rezeption des Dramas zum Gegenstand. Dabei soll nicht nur die zeitgenössische Kritik genauer analysiert werden, vielmehr sollen die Lernenden das Drama selbst rezensieren. Auf diese Weise erfolgt gleichzeitig eine kurze Einführung in den Bereich der Literaturkritik.

Baustein 6 schließlich bildet den Abschluss dieser Unterrichtsreihe und ist fakultativ. In diesem Exkurs wird ein übergeordneter Vergleich ausgewählter Dramen zum Thema „Wissen und Verantwortung" angeboten. Hierbei wird folglich der Frage nach der Aufgabe des Wissenschaftlers und seiner Verantwortung gegenüber der Gesellschaft nachgegangen. Zu diesem Zweck werden geeignete Szenen aus den Dramen „Woyzeck", „Leben des Galilei" sowie „Die Physiker" ausgewählt und Ibsens Drama gegenübergestellt.

Die thematischen Bausteine des Unterrichtsmodells

Baustein 1

Hinführung zum Drama

1.1 Antizipation: Dramatis Personae und Titel

Als Einstieg in diese Unterrichtsreihe bietet es sich an, das Personenverzeichnis (Dramatis Personae) und den Titel des Dramas näher zu betrachten, bevor die Schülerinnen und Schüler das Werk zu Hause lesen. Anhand der gegebenen Informationen sollen Vermutungen insbesondere über die Figurenkonstellation und die Handlung angestellt werden. Zugleich soll auf diese Weise die Lesemotivation gefördert werden.

Auffällig ist auf den ersten Blick z. B. die ausführliche und zugleich wertende Beschreibung Peter Stockmanns als „der ältere Bruder des Doktors, Stadtvogt, Haupt der Polizei und Vorsitzender der Badeverwaltung usw." (S. 5). Dies lässt vermuten, dass es sich bei dieser Figur um einen mächtigen Kommunalpolitiker handeln muss, der die (kleine) „Küstenstadt des südlichen Norwegens" (S. 5) fest im Griff zu haben scheint.

Dass ein Skandal diese Kleinstadt im Verlauf der Handlung in seinen Grundfesten erschüttern wird, legt zum einen die Anwesenheit der regionalen Presse in Gestalt Hovstads und Billings, Redakteur bzw. Mitarbeiter des „Volksboten" (S. 5), nahe. Zum anderen kündigt sich hier bereits eine „Bürgerversammlung" mit „Männer[n] aus allen Ständen" (S. 5) an. Darüber hinaus verweist auch der Titel „Ein Volksfeind"[1] auf eine für den Leser zunächst noch abstrakte Bedrohung der Stadt.

Bei genauerer Betrachtung sind im Personenverzeichnis zwei Personengruppen festzustellen: Die erste Gruppe bildet die Familie Stockmann, zu der von den elf namentlich genannten Figuren sechs gehören. Zum erweiterten Familienkreis zählt außerdem der Schwiegervater Morten Kiil, weshalb die Vermutung naheliegt, dass es sich bei diesem Werk um ein Familiendrama handeln könnte.[2]

Der Familie Stockmann steht die zweite Gruppe, vertreten durch Hovstad, Billing und Aslaksen, gegenüber. Diese drei Figuren stellen die Gegenspieler dar. Hinzu kommt Peter Stockmann, der als einzige Figur beiden Gruppen angehört. Er fungiert folglich als Bindeglied zwischen beiden Personengruppen. Dieser Eindruck wird nicht nur durch seine besondere Berücksichtigung im Personenverzeichnis verstärkt, sondern auch dadurch, dass er formal in der Mitte angeordnet ist.

Völlig außerhalb dieses Gefüges steht der Kapitän Horster, der auch innerlich frei und unabhängig ist, was sich im Verlauf der Handlung erweisen wird.[3]

1 Laut Duden ist unter einem Volksfeind jeder Mensch zu verstehen, dessen Handeln sich gegen die Interessen des Volkes richtet.

2 Vgl. Brenning (o. J.), S. 50.

3 Vgl. Brenning (o. J.), S. 50.

Die folgenden Impulse für das Unterrichtsgespräch lenken die Schülerinnen und Schüler in die gewünschte Richtung:

- *Welche Figuren treten in diesem Drama auf?*
  In welcher Beziehung könnten die einzelnen Figuren zueinander stehen?
  Was verstehen Sie unter einem Volksfeind? Wer könnte dies hier sein?
  Warum ist hier möglicherweise auch die Presse vertreten?
  Worauf deutet die ausführliche Beschreibung Peter Stockmanns als „Stadtvogt, Haupt der Polizei und Vorsitzender der Badeverwaltung usw." hin?
  Wovon könnte das Drama handeln? Welche Erwartungen haben Sie?

Sowohl die Arbeitshypothese zum Begriff „Volksfeind" als auch die geäußerten Vermutungen über die bevorstehende Handlung sowie die Figurenkonstellation werden auf einem Wandplakat zusammengefasst und im Klassenraum aufgehängt, um nach der Lektürephase darauf zurückgreifen zu können. In diesem Zusammenhang könnte etwa in einer Feedback-Runde abgeglichen werden, inwiefern die Erwartungen des Einzelnen erfüllt wurden.

1.2 Der Dramenanfang: Die Brüder Stockmann

Der Blick in das Personenverzeichnis lässt die Brüder Stockmann als mustergültige Männerfiguren einer privilegierten Familie erscheinen: Der eine ist – ein möglicherweise gebildeter – Arzt, der andere ganz offensichtlich ein erfolgreicher Kommunalpolitiker einer norwegischen Kleinstadt. Bereits beim ersten Zusammentreffen der beiden kündigt sich jedoch ein Bruderkonflikt an: Die Brüder präsentieren sich als derart gegensätzlich, dass große Meinungsverschiedenheiten sowohl fachlicher Art als auch auf persönlicher Ebene unausweichlich erscheinen.

Gleich bei seinem ersten Auftritt lernt der Leser den Badearzt als äußerst gastfreundlichen und geselligen Zeitgenossen kennen, der gerne spontan „noch 'nen Gast!" (S. 10) zum Essen mit nach Hause bringt und den ganzen Trubel um sich herum sichtlich genießt. Dabei kann er sich insbesondere daran erfreuen, „junge Leute essen zu sehen" (S. 11), denn diese stehen für ihn sinnbildlich für „die Leute, die den gärenden Zukunftsstoff aufwühlen sollen" (S. 11).

Seine Hoffnung ruht auf der Jugend um ihn herum, die aus seiner Sicht „eine ganz neue Welt" (S. 12) erschaffen wird, und er ist glücklich, nicht nur Zeitzeuge „dieses keimenden, sprießenden Lebens" (S. 12) sein zu dürfen, sondern dieses selbst mitgestalten zu können; denn auch für ihn hält es „eine Anzahl von Dingen [bereit], für die man wirken und kämpfen kann" (S. 12). Brenning hält Dr. Stockmann folglich für „ein echtes Kind seines positivistisch-fortschrittsgläubigen Zeitalters"[1].

Durch diese Zukunftsperspektiven beflügelt, feiert er gerne in ausgelassener Runde mit Freunden und Grog (vgl. S. 16). Überhaupt isst und trinkt Dr. Stockmann außerordentlich gerne feudal (vgl. S. 12), und da er in der Fremde zudem meistens „nichts zu brechen und zu beißen gehabt hat" (S. 12), genießt er es nun, endlich „leben zu können wie ein Grandseigneur" (S. 12). Aus diesem Grund gibt der Badearzt auch immer etwas mehr Geld aus, als er verdient.

Sein älterer Bruder, Peter Stockmann, kann die Euphorie seines Bruders nicht teilen. Er hält seinen jüngeren Bruder für einen unbekümmerten, weltfremden Träumer, was durch seine skeptischen Einwürfe wie etwa „Hm; Weltstadt –" (S. 12) deutlich wird. Zudem wirft er dem

---

[1] Brenning (o. J.), S. 75

Badearzt vor, ein Verschwender (vgl. S. 7 und 13) zu sein, und lässt es sich auch nicht nehmen, diesen bei jeder sich bietender Gelegenheit belehrend darauf hinzuweisen. Insgesamt schlägt der Stadtvogt seinem Bruder gegenüber ohnehin einen herablassenden und überheblichen Ton an, wie beispielsweise seine Ablehnung eines Grogs zeigt (vgl. S. 11), was belegt, dass er sich in jeder Hinsicht überlegen fühlt.
Dr. Stockmann hingegen nimmt diese negativen Schwingungen nicht wahr, vielmehr liebt er die Gemütlichkeit und lädt auch seinen Bruder ein, der fröhlichen Runde beizuwohnen (vgl. S. 11). Allerdings weckt die Anwesenheit der Presse im Hause eher den Argwohn des Stadtvogts (vgl. S. 8), was letztlich dazu führt, dass er „in Wut und Ärger" geht (S. 15).
Um die Schülerinnen und Schüler für diesen Bruderkonflikt zu sensibilisieren, der gleich zu Beginn entfaltet wird und sich später zu einem sokratischen Konflikt des Einzelnen in der Gesellschaft zuspitzt[1], sollen sie den Anfang des Dramas (S. 6–15 in der Textausgabe) lesen und die Brüder charakterisieren.[2]

- *Lesen Sie den Anfang des Dramas (S. 6, Z. 1–S. 16, Z. 21) und stellen Sie die Ansichten der Brüder Stockmann zu den Bereichen*
  - *Geld,*
  - *Zukunft,*
  - *soziales Umfeld*

  tabellarisch gegenüber.

- *Wie bewerten Sie diese Figuren?*
  Welche Intention verbirgt sich möglicherweise hinter dieser Charakterzeichnung?

1 Vgl. Johnston (1989), S. 182, sowie Abschnitt 3.2, S. 55
2 Zu diesem frühen Zeitpunkt der Unterrichtsreihe wird noch kein Anspruch auf Vollständigkeit erhoben, vielmehr soll diese Charakterisierung zu einem späteren Zeitpunkt (d. h. nach Behandlung der Abschnitte 1.3 und 1.4) entsprechend ergänzt werden.

Die Ergebnisse dieser ersten Textanalyse können zu folgendem Tafelbild zusammengefasst werden:

Die Brüder Stockmann

Dr. Tomas Stockmann	Stadtvogt Peter Stockmann
Geld	
• hatte in der Fremde meist „nichts zu brechen und zu beißen" (S. 12) • genießt es daher, endlich „leben zu können wie ein Grandseigneur" (S. 12) • ist spendabel, lädt gerne Freunde zum Abendessen und Grogtrinken ein (vgl. S. 11, 16) • gibt insgesamt immer etwas mehr Geld aus, als er verdient (vgl. S. 13)	• hält seinen Bruder für einen Verschwender (vgl. S. 7, 13) • ist geizig, isst „Tee und [...] Butterbrot" statt warmes Abendessen (vgl. S. 7)
Zukunft	
• wähnt sich als Zeitzeuge eines „keimenden, sprießenden Lebens" (S. 12) • fühlt sich daher, als wäre er „mitten in das Gewimmel einer Weltstadt versetzt" (S. 12) • registriert „eine Anzahl von Dingen, für die man wirken und kämpfen kann" (S. 12)	• hält seinen Bruder für einen Träumer (vgl. S. 12 f.) • ist skeptisch „Hm; Weltstadt –" (S. 12)
soziales Umfeld	
• offenherzig, kontaktfreudig, gesellig (vgl. S. 16) • ist gern „mit [...] freigesinnten, unternehmungslustigen [jungen] Leuten zusammen" (S. 13)	• misstrauisch, argwöhnisch (vgl. S. 8) • fühlt sich anderen (hier: Bruder, Presse) überlegen (vgl. S. 10, 13) • belehrt seinen Bruder (vgl. S. 14 ff.)

↓

Kontrastierung der Charaktere:
drohender Bruderkonflikt aufgrund der Gegensätzlichkeit der Brüder Stockmann

Im Anschluss an die Lektürephase sowie deren Reflexion (vgl. Abschnitte 1.3 und 1.4) kann das Verhältnis der Brüder Stockmann zueinander erneut aufgegriffen werden, denn zum einen werden im Verlauf der Handlung weitere Charaktermerkmale sichtbar, wie die folgenden Ausführungen zeigen. Zum anderen wandelt sich der ursprüngliche Bruderkonflikt zu einem politischen Interessenkonflikt, der sich so weit zuspitzt, dass Dr. Tomas Stockmann schließlich als Volksfeind verfemt und folglich von der Gesellschaft ausgeschlossen wird.

Dr. Stockmann ist ein Idealist, der bereit ist, selbstlos und kompromisslos für seine Anschauung zu kämpfen. Dabei würde er nie einen persönlichen materiellen Nutzen aus seinen Erfolgen ziehen wollen (vgl. S. 25). Seine Maximen sind Verantwortung und Wahrheit (vgl. S. 49 f.), auf die sein Handeln stets ausgerichtet ist, weshalb ihn gegenteilige Auffassungen oder gar Widerstände in großes Erstaunen versetzen.

Trotz seiner Bildung und wissenschaftlicher Gründlichkeit erscheint der Badearzt dem Leser geradezu als naiv, denn es fehlt ihm an der nötigen Menschenkenntnis, weshalb er seinen Bruder für ein gutes Oberhaupt der Stadt hält (vgl. S. 25) und die leeren Phrasen Hovstads und Billings fälschlicherweise als wahrhaftig und edelmütig erachtet (vgl. S. 31 f.). Auch seinen Schwiegervater stuft er lediglich als kauzigen, wenngleich harmlosen Sonderling (vgl. S. 30) ein, obwohl dieser in Wahrheit ein wohlhabender und somit einflussreicher Mann dieser Kleinstadt ist.
Wie armselig und erbärmlich schließlich seine Mitbürger („der Mob") sind, übersteigt ebenfalls seine Vorstellungskraft, da der kontaktfreudige Badearzt stets bereit ist, von jedem Menschen das Beste anzunehmen. Hinzu kommt, dass er ein starkes Verantwortungsgefühl gegenüber den Bewohnern seiner Heimatstadt besitzt und daher für „sein Volk" Ansehen, Bildung und Fortschritt will (vgl. S. 11 ff., 44, 86 ff.).
Gerade diese Wesenszüge des Helden führen letztlich dazu, dass er sein soziales Umfeld erst spät durchschaut. Da er eigentlich nur beliebt und anerkannt sein möchte, trifft den Badearzt besonders hart, von seinen Mitbürgern, die ihm als Arzt nur Gutes zu verdanken haben, als Volksfeind verfemt zu werden (vgl. S. 102 f.).
Der Ausschluss Dr. Stockmanns aus der Gesellschaft fördert eine andere Seite zutage, denn bei aller Gutmütigkeit ist er gleichzeitig auch unbesonnen, leicht aufbrausend bzw. cholerisch und neigt zu Übertreibungen (vgl. S. 76), was insbesondere in der Bürgerversammlung deutlich wird: Indem er die bisherigen gesellschaftlichen Verhältnisse radikal verwirft, stößt er alle Bürger seiner Heimatstadt kollektiv vor den Kopf (vgl. S. 86 ff.). Dabei scheut er weder Streit noch gesellschaftliche Isolation (vgl. S. 115 ff.), denn scheinheilige Diplomatie und opportunistisches Taktieren liegen ihm nicht.
Wie diese vertiefende Figurenanalyse zeigt, weist der Held durchaus auch komische Züge auf. Diese Frage, inwiefern Dr. Tomas Stockmann als komische Figur bezeichnet werden kann, könnte von den Schülerinnen und Schülern im Rahmen einer Lernerfolgskontrolle erörtert werden (vgl. **Zusatzmaterial 1**, S. 120 ff.).
Sein älterer Bruder Peter Stockmann wird zum Gegenspieler, da er sich im weiteren Verlauf der Handlung als „ein im schlechten Sinne konservativer, engstirniger Honoratior [entpuppt], der in seiner Eitelkeit jede Kritik an den städtischen Angelegenheiten als Angriff auf seine Stellung und Popularität"[1] wertet. Für sein persönliches Ansehen in der Stadt wäre es daher am besten, wenn das Volk ungebildet und uninformiert bliebe (vgl. S. 43), da es so leichter gelenkt bzw. manipuliert werden kann.
Bei der Beurteilung seiner Mitmenschen sind für den Stadtrichter vor allem Stand, Herkunft und Beruf entscheidend. So hält er insbesondere von Journalisten, noch dazu liberalen, nicht viel (vgl. S. 42), denn sie unterminieren das Ansehen der Obrigkeit. Sie stellen folglich geradezu eine Gefahr für Peter Stockmann dar, der seine Vormachtstellung unbedingt behaupten will, weshalb er bereits einen erfolglosen Versuch unternommen hat, die regionale Zeitung, den „Volksboten", zu ruinieren (vgl. S. 31).
Bei seinen politischen Entscheidungen steht demzufolge ausschließlich der kommerzielle Nutzen im Vordergrund, da dieser sich der ungebildeten Bevölkerung am ehesten erschließt. So interessieren ihn auch nicht die Heilerfolge, die durch das Kurbad erzielt werden könnten, sondern die steigenden Grundstückspreise usw. (vgl. S. 8). Aus diesem Grund verwundert es nicht, dass ihn die wissenschaftlichen Argumente des Doktors nicht überzeugen. Für ihn zählen lediglich die Finanzierung der Reparatur und die möglicherweise drohende Kritik an seiner Amtsführung (vgl. S. 40 ff.).
Wie skrupellos Peter Stockmann seine eigenen Interessen verfolgt, wird zudem daran deutlich, dass er zum einen die verhasste, jedoch opportune Presse für seine Zwecke ausnutzt, um gemeinsam gegen seinen Bruder vorzugehen (vgl. S. 63 ff.). Zum anderen missbraucht er sein Amt als Vorsitzender der Badeverwaltung dazu, um seinem Bruder am nächsten Tag

[1] Brenning (o. J.), S. 78

die Kündigung zu überreichen – zusammen mit dem vermeintlichen Angebot, Dr. Tomas Stockmann nach Widerruf seiner Aussagen wieder einzustellen.
Nachdem die Schülerinnen und Schüler das gesamte Drama gelesen (vgl. Abschnitt 1.3, S. 23) und ihre Leseerfahrungen reflektiert haben (vgl. Abschnitt 1.4, S. 23ff.), kann die Charakterisierung der Brüder ergänzt bzw. vervollständigt werden.

- *Nach der Lektüre des gesamten Dramas hat sich Ihr Bild über die Brüder Stockmann vervollständigt. Lesen Sie die 8ff., 31, 43f., 55, 63ff., 76, 86ff. sowie 115ff. erneut und ergänzen Sie Ihre bisherigen Ergebnisse zu den Ansichten beider Figuren im Hinblick auf deren*
  - *Wertvorstellungen,*
  - *politisches Engagement,*
  - *Schwächen.*
- *Beurteilen Sie, ob es Ibsen in diesem Drama vornehmlich um den Konflikt der Brüder Stockmann geht.*

Die Ergebnisse können zu folgendem Tafelbild zusammengefasst werden:

Die Brüder Stockmann

Dr. Tomas Stockmann	**Stadtvogt Peter Stockmann**
Wertvorstellungen	
• Verantwortung, Wahrheit (vgl. S. 55) → Idealismus	• Ansehen, politische Macht (vgl. S. 63ff.) → Materialismus
politisches Engagement	
• opfert sich für seine Heimatstadt auf (vgl. S. 115ff.) • will Freiheit, Bildung und Fortschritt für seine Mitbürger (S. 44 und 86ff.)	• kommerzieller Nutzen bestimmt seine politischen Entscheidungen (vgl. S. 8ff., 63ff.) • will die Presse ruinieren, da ein ungebildetes, uninformiertes Volk leichter manipuliert werden kann (S. 43)
Schwächen	
• naiv, sorglos, mangelnde Menschenkenntnis (vgl. S. 16, 27, 31ff., 54ff.) • unbesonnen, aufbrausend und undiplomatisch (vgl. S. 76, 86ff.)	• kalt, taktierend und berechnend (vgl. S. 63ff. und 31) • konservativ und engstirnig (vgl. S. 43)

↓

Zuspitzung des Bruderkonfliktes zu einem (gesellschafts-)politischen Interessenkonflikt

1.3 Lektürephase: Erstellen eines Szenariums

Im Anschluss an die Einführungsphase sollen die Schülerinnen und Schüler das Drama zu Hause lesen. Begleitend zur Lektüre soll ein Szenarium erstellt werden, das im weiteren Verlauf der Unterrichtsreihe der Orientierung dienen soll.[1] Das entsprechende **Arbeitsblatt 1** (S. 27ff.) gliedert den Inhalt des Werkes in Akt/Szene, Hauptfiguren/Ort und Handlung.
Darüber hinaus bietet es sich an, die Schülerinnen und Schüler zusätzlich zusammenfassende Überschriften für jeden der fünf Akte finden zu lassen. Auf diese Weise wird zugleich eine Grundlage geschaffen, um an späterer Stelle auf die Entwicklung der Handlung einzugehen und die Funktion der Akte erläutern zu können (vgl. Abschnitt 4.1, S. 72ff.).

- *Lesen Sie Ibsens Drama „Ein Volksfeind“ und strukturieren Sie dessen Inhalt, indem Sie das Szenarium parallel zur Lektüre vervollständigen.*
- *Formulieren Sie anschließend für jeden Akt eine zusammenfassende Überschrift.*

1.4 Reflexion der Lektürephase

Bevor die einzelnen Aspekte (vgl. Bausteine 2 ff.) im Detail aufgearbeitet werden, sollten die Kursteilnehmer zunächst die Gelegenheit bekommen, ihre Leseeindrücke – insbesondere ihre Fragen und Anregungen – zu artikulieren. Zu diesem Zweck werden im Folgenden alternative Möglichkeiten aufgezeigt.

Kartenabfrage

In Form einer Kartenabfrage sind die folgenden Satzanfänge von den Schülerinnen und Schülern zu vervollständigen, die auf dem **Arbeitsblatt 2** (S. 32) bereits vorbereitet sind:

- *Bei der Lektüre des Dramas „Ein Volksfeind“ hat mir gefallen, dass ...*
  Bei der Lektüre des Dramas „Ein Volksfeind“ hat mir nicht gefallen, dass ...
  Bei der Auswahl der im Unterricht zu behandelnden Aspekte halte ich für wichtig, dass ...

In der sich anschließenden Feedback-Runde werden die Karten gesammelt und auf einem vorstrukturierten Wandplakat festgehalten, welches neben das eingangs bereits erstellte Plakat (vgl. Abschnitt 1.1, S. 17f.) gehängt wird. Zunächst werden die Karten im Einzelnen besprochen, ehe in einem zweiten Schritt abgeglichen wird, ob die hinsichtlich der Handlung und der Figurenkonstellation geäußerten Vermutungen der Schülerinnen und Schüler richtig waren bzw. inwiefern ihre Erwartungen erfüllt wurden.

Stummes Schreibgespräch

Bei dieser Variante erfolgt die Reflexion der Schülerrezeption in Kleingruppen. Jede Gruppe erhält ein Plakat, in dessen Mitte „Henrik Ibsen: Ein Volksfeind“ stehen sollte, sowie Stifte in unterschiedlichen Farben.

[1] Da die häusliche Lektüre ein wenig Zeit beanspruchen wird, könnte in der Zwischenzeit der Aufbau eines traditionellen Dramas (geschlossene Bauform) im Unterricht thematisiert werden (vgl. Abschnitt 4.1, S. 71 f.).

Das stumme Schreibgespräch verläuft in folgenden drei Schritten: Zunächst notieren alle Teilnehmer die aus ihrer Sicht bedeutsamen Leseeindrücke auf dem Plakat und formulieren gegebenenfalls ihre Fragen an den Text. In der zweiten Phase erhalten die Schülerinnen und Schüler Gelegenheit, die Beiträge der anderen Gruppenmitglieder zu kommentieren und die aufgeworfenen Fragen zu beantworten, sodass ein gemeinsamer „Text" entsteht.
Während die bisherigen Phasen absolut still verlaufen sollen, sprechen die Gruppenmitglieder im letzten Schritt über ihre Ergebnisse und bereiten eine kurze Präsentation vor.
Zur Orientierung der Schülerinnen und Schüler kann die Vorgehensweise wie folgt mithilfe einer Folie visualisiert werden:

- ***Phase 1:*** *Schreiben Sie die aus Ihrer Sicht wichtigsten Gedanken, Einschätzungen und Fragen zum Drama „Ein Volksfeind" auf das Plakat. Vermeiden Sie es, dabei zu sprechen.*
- ***Phase 2:*** *Treten Sie in einen stummen (!) Dialog mit Ihren Gruppenmitgliedern, indem Sie deren Niederschrift auf dem Plakat kommentieren oder befragen.*
- ***Phase 3:*** *Diskutieren Sie über Ihre Ergebnisse und bereiten Sie diese für einen Kurzvortrag auf, indem Sie die wesentlichen Beiträge des Schreibgespräches markieren.*

Titel einer Rezension verfassen

Ebenfalls kreativ, jedoch weniger zeitintensiv als ein Schreibgespräch ist es, die Kursteilnehmer aufzufordern, den Titel für eine mögliche Rezension zum „Volksfeind" zu formulieren. Je nachdem, wie intensiv die Rezeption des Dramas zu einem späteren Zeitpunkt im Unterricht behandelt werden soll, kann es hier bereits angebracht sein, den Aufbau und die Funktionen von Rezensionen (Unterhaltung, Information, Selektion, Kommunikation usw.) zu thematisieren (vgl. Baustein 5).
Auf die Unterhaltungsfunktion der zu den journalistischen Textsorten zählenden Rezension sollte in jedem Fall hingewiesen werden, da sich der Verfasser der im Journalismus gängigen Stilmittel bedient, um zum Lesen anzuregen. Letzteres sollte sich möglichst auch in den Beiträgen der Schüler niederschlagen. Die Vermittlung der notwendigen Hintergrundinformationen kann in Form eines kurzen Lehrervortrags erfolgen.

- *Verfassen Sie einen sinnstiftenden, aussagefähigen Titel für eine Rezension zu Ibsens Drama „Ein Volksfeind".*

Die Schülerinnen und Schüler heften ihre Titel an das vorbereitete Wandplakat und nehmen in einem Sitzhalbkreis Platz. Indem sie nacheinander kurz erläutern, weshalb sie ihren Titel in dieser Weise formuliert haben, äußern die Kursteilnehmer zugleich ihre positive bzw. negative Kritik an dem Drama. Etwaige Fragen, die in dieser Unterrichtsphase deutlich werden, können ebenfalls geklärt werden.
Erfahrungsgemäß enthalten die Titel der Schülerinnen und Schüler bereits viele der Aspekte, die im weiteren Verlauf der Unterrichtseinheit ohnehin vertiefend behandelt werden sollen. Daher ist es sinnvoll, die Ergebnisse auf dem Wandplakat nach Kriterien zu ordnen wie etwa Figurenkonstellation, Gesellschaftskritik, Motive, Wirkung des Dramas usw., damit jederzeit wieder darauf zurückgegriffen werden kann.

- *Sortieren Sie die Titel nach inhaltlichen Kriterien, indem Sie geeignete Oberbegriffe formulieren.*

Szenenbilder auswerten

Den Schülerinnen und Schülern werden Szenenbilder auf Folie aus verschiedenen Inszenierungen des Dramas „Ein Volksfeind" präsentiert (vgl. **Zusatzmaterial 2**, S. 137ff.). Aufgrund ihrer Werkkenntnis sollen sie die Figuren und die dargestellte Handlung identifizieren und möglichst einer konkreten Textstelle zuordnen.
Diese Aufgabenstellung dient nicht nur der Inhaltssicherung, sondern verschafft den Lernenden einen ersten Eindruck von der Popularität sowie der Vielfalt in der Umsetzung des Dramas. Mit folgendem Lehrerimpuls kann die Auswertung initiiert werden:

- *Erläutern Sie, welche Figuren in diesem Szenenbild gezeigt werden, und ordnen Sie dieses einer konkreten Textstelle im Drama zu.*
- *Beschreiben Sie die Wirkung der dargestellten Figuren auf den Betrachter und stellen Sie Vermutungen über die Deutungsabsicht des Regisseurs an.*

Im Einzelnen werden den Kursteilnehmern folgende Szenenbilder gezeigt:

Szenenbild 1
Inszenierung: Fernsehfassung unter der Regie von Oswald Döpke, BRD (1964)
Szene III/7: Dr. Tomas Stockmann erkennt das böse Spiel, das sein Bruder und die Presse mit ihm spielen.

Szenenbild 2
Inszenierung: Felleshus der Nordischen Botschaften, Berlin (2006)
Szene I/5: Dr. Stockmann genießt es, gemeinsam mit Freunden zu Abend zu essen und ausgelassen mit Grog zu feiern.
Bühnenbild: Die Kulissen sind durchgängig mit Leitwörtern, die symbolischen Charakter haben, versehen. Hier erkennbar: **Luxus**, **Ansehen**, **Verdauung**.

Szenenbild 3
Inszenierung: Deutsches Schauspielhaus, Hamburg (2008)
Szene III/5: Aslaksen, Peter Stockmann und Hovstad sind sich darüber einig, dass die Untersuchungsergebnisse des Doktors nicht veröffentlicht werden dürfen.
Bühnenbild: Der gesamte Bühnenboden ist mit einem blutroten Teppich ausgelegt.

Szenenbild 4
Inszenierung: Theater Baden-Baden (2009)
Szene I/6: Nachdem Dr. Stockmann den Anwesenden seine Entdeckung eröffnet hat, lassen ihn die Anwesenden als Volksfreund hochleben.

Diese Auswahl vornehmlich jüngerer Inszenierungen zeigt, dass das Drama „Ein Volksfeind" heute noch ebenso aktuell ist wie zu der Zeit, in der es geschrieben wurde. Die von Ibsen.net laufend geführte Übersicht zu aktuellen Inszenierungen legt die Vermutung nahe, dass „Ibsen nach Shakespeare der weltweit am meisten gespielte Dramatiker"[1] ist.

Literatur-Lernspiel selbst erstellen

Insbesondere für leistungsschwächere Lerngruppen ist es sinnvoll, den Inhalt des Dramas auf konkreter Ebene, jedoch auf eher spielerische Weise zu sichern, indem sie mithilfe der

1 Vgl. http://ibsen.net/index.gan?id=6693&subid=0 (Stand: 2009-03-19).

Arbeitsblätter 3 und **4** (S. 33 u. 34 ff.) ein Literatur-Lernspiel selbst entwickeln, was anschließend auch gespielt werden soll.
Zu diesem Zweck wird der Kurs in fünf Gruppen unterteilt, sodass sich in der Entwicklungsphase jede Gruppe intensiv mit einem der fünf Akte beschäftigt. Um sicherzustellen, dass im Rahmen des Lernspieles die wichtigen inhaltlichen Zusammenhänge deutlich werden, gibt die Lehrkraft bereits einige Fragen vor, zu denen die jeweilige Gruppe eine Antwort formulieren muss.[1] Die einzelnen Fragestellungen beziehen sich daher vorwiegend auf bedeutsame Einzelheiten, z. T. aber auch auf eher nebensächliche Details.
Diese Beispiele sollen den Lernenden zugleich als Anregung dienen, um weitere Spielkarten zu erstellen. Wegen der späteren Chancengleichheit der Spieler sollte darauf geachtet werden, dass jede Gruppe letztlich in etwa die gleiche Anzahl an Spielkarten erstellt hat und demzufolge einige Lösungen bereits im Vorfeld kennt.

- *Vervollständigen Sie die bereits halb fertigen Spielkarten, indem Sie einen möglichst präzisen und eindeutigen Antwortsatz formulieren. Notieren Sie zudem den Textbeleg (Seiten- und Zeilenangabe).*
- *Erstellen Sie zudem drei eigene Spielkarten, indem Sie weitere, Ihnen bedeutsam erscheinende Ereignisse bzw. Details dieses Aktes auswählen und in Form eines Antwortsatzes auf den jeweiligen Spielkarten notieren (Zeile 2).*
- *Formulieren Sie anschließend auf der Grundlage der auf den Spielkarten aufgeführten Fakten geeignete Fragen, die zu dieser Antwort passen, und tragen Sie diese ebenfalls auf den Spielkarten ein (Zeile 1).*
- *Lesen Sie abschließend alle von Ihnen erstellten Spielkarten nochmals und beurteilen Sie jede Aufgabenstellung hinsichtlich ihres Schwierigkeitsgrades. Vergeben Sie zu diesem Zweck jeweils entweder **1** Punkt (**leicht**), **3** Punkte (**normal**) oder **5** Punkte (**schwer**).*

Nach der Entwicklungsphase sammelt die Lehrkraft die Spielkarten der Gruppen ein und vervielfältigt sie, sodass das Lernspiel in Kleingruppen, die sinnvollerweise aus jeweils mindestens einem Vertreter der vorherigen Expertengruppen zusammengesetzt sein sollten, gespielt werden kann.
Reihum zieht ein Spieler eine Karte vom Stapel und richtet die Frage an seinen linken Mitspieler. Wird die Frage richtig beantwortet, werden ihm die angegebenen Punkte gutgeschrieben. Ist die Lösung hingegen falsch, erhält, sofern dies vorher innerhalb der Gruppe vereinbart worden ist, der bis dato Letztplatzierte im Klassement die Gelegenheit, mit der richtigen Antwort zu punkten. Unabhängig davon, für welche Variante sich die Schülerinnen und Schüler im Einzelnen entscheiden, sollte die Musterlösung als Abschluss eines Spielzuges verlesen werden.
Gewonnen hat derjenige Spieler, der nach Spielende (d. h. nach Ablauf der zuvor festgelegten Spielzeit und/oder wenn alle Spielkarten gespielt worden sind) die meisten Punkte auf seinem Spielkonto hat.
Um die Schüleraktivität und den Glücksspielcharakter zu erhöhen, können die Spielregeln variiert werden. So ist beispielsweise denkbar, dass der Spieler bei einer korrekten Antwort würfelt, um den Faktor zu ermitteln, mit dem die erzielten Punkte dann multipliziert werden. Eine weitere Möglichkeit wäre eine Risikoregelung, die vorsieht, dass bei einer zuvor gewürfelten Ziffer die Punkte bei falscher Antwort abgezogen werden.
Eine interessante Variante ist auch, dass die Frage bei einer bestimmten Ziffer nicht nur an den linken Sitznachbarn gerichtet wird, sondern an die gesamte Gruppe, sodass derjenige, der zuerst klopft, die Antwort geben darf.

1 Die Antworten sind dem Szenarium (vgl. **Arbeitsblatt 1**, S. 29 ff.) zu entnehmen.

Szenarium für das Drama „Ein Volksfeind" (Henrik Ibsen)

Akt/Szene	Ort/Hauptfiguren	Handlung
I/1 (S. 6 – 7)		
I/2 (S. 7 – 10)		
I/3 (S. 10 – 15)		
I/4 (S. 15 – 18)		
I/5 (S. 18 – 21)		
I/6 (S. 21 – 26)		
II/1 (S. 27 – 30)		
II/2 (S. 30 – 33)		
II/3 (S. 33 – 37)		
II/4 (S. 37 – 48)		
II/5 (S. 48 – 50)		
III/1 (S. 51 – 52)		
III/2 (S. 52 – 56)		
III/3 (S. 56 – 58)		
III/4 (S. 58 – 61)		

Akt/Szene	Ort/Hauptfiguren	Handlung
III/5 (S. 61 – 66)		
III/6 (S. 66 – 69)		
III/7 (S. 70 – 73)		
IV/1 (S. 74 – 75)		
IV/2 (S. 75 – 80)		
IV/3 (S. 81 – 97)		
V/1 (S. 98 – 104)		
V/2 (S. 104 – 108)		
V/3 (S. 108 – 111)		
V/4 (S. 111 – 115)		
V/5 (S. 115 – 119)		

- *Lesen Sie Ibsens Drama „Ein Volksfeind" und strukturieren Sie dessen Inhalt, indem Sie das Szenarium parallel zur Lektüre vervollständigen.*
- *Formulieren Sie anschließend für jeden Akt eine zusammenfassende Überschrift.*

Szenarium für das Drama „Ein Volksfeind" (Henrik Ibsen) (Lösung)

Akt/Szene	Ort/Hauptfiguren	Handlung
I/1 (S. 6 – 7)	**Wohnzimmer des Doktors** Frau Stockmann Stadtrichter Peter Stockmann	überraschender Besuch des Stadtrichters; Frau Stockmann bietet ihrem Schwager warmes Abendessen an, der dankend ablehnt; Peter Stockmann lässt durchblicken, dass er seinen Bruder für einen Verschwender hält
I/2 (S. 7 – 10)	Hovstad Stadtrichter Peter Stockmann	Peter Stockmann ist pikiert, dass Hovstad offensichtlich geschäftlich zu Besuch kommt; Gespräch der beiden über den wirtschaftlichen Aufschwung der Kleinstadt durch das Kurbad; Peter Stockmann räumt ein, dass sein Bruder zwar die Idee hatte, sich an der Verwirklichung jedoch nicht beteiligt habe
I/3 (S. 10 – 15)	Dr. Stockmann Stadtrichter Peter Stockmann	Dr. Stockmann kommt gut gelaunt nach Hause, denn er bringt einen weiteren Gast mit; er freut sich über den gesunden Appetit seiner jungen Gäste und glaubt, Zeitzeuge einer bedeutenden, hoffnungsvollen Epoche zu sein; Peter Stockmann blickt der Zukunft skeptischer entgegen; er ermahnt seinen Bruder, seiner Bürgerpflicht, sich der Obrigkeit unterzuordnen, nachzukommen
I/4 (S. 15 – 18)	Dr. Stockmann Hovstad Billing Horster	die Mitarbeiter des „Volksboten" unterhalten sich über die schlechte Laune des Stadtrichters; Dr. Stockmann verteidigt seinen Bruder und führt dessen Verhalten auf Verdauungsprobleme und zu viel Arbeit zurück; Gespräch der Männer über die anstehende Wahl und die Pflicht des Bürgers, sich für das Gemeinwesen zu engagieren; Horster bekennt sich zu seinem politischen Desinteresse
I/5 (S. 18 – 21)	Dr. Stockmann Petra Stockmann Morten Billing	Petra Stockmann übergibt den in Empfang genommenen Brief, den Dr. Stockmann sehnlichst erwartet hat; dieser zieht sich zurück, um ihn gleich zu lesen; Morten erzählt seiner Mutter von der Äußerung eines Erwachsenen („Arbeiten, das ist eine Strafe für unsere Sünden", S. 19), die dazu führt, dass sich Billing als Nichtgläubiger zu erkennen gibt; Petra beklagt die Unaufrichtigkeit in der Gesellschaft
I/6 (S. 21 – 26)	Dr. Stockmann Hovstad Billing	Dr. Stockmann teilt den Anwesenden den Inhalt des Briefes mit; Hovstad bittet darum, einen Artikel im „Volksboten" veröffentlichen zu dürfen; Dr. Stockmann, der glücklich darüber ist, sich durch seine Entdeckung um das Allgemeinwohl seiner Heimatstadt verdient gemacht zu haben; die Anwesenden erheben ihre Gläser, um ihn hochleben zu lassen
II/1 (S. 27 – 30)	**Wohnzimmer des Doktors** Dr. Stockmann Frau Stockmann Morten Kiil	Frau Stockmann ist in Sorge, wie Peter Stockmann die schlechten Nachricht über das verseuchte Wasser des Kurbades aufnehmen wird; Morten Kiil stattet seinem Schwiegersohn einen Besuch ab, da auch er bereits von der Neuigkeit erfahren hat; er verkennt Dr. Stockmanns ehrenvolle Motive seines Handelns und hält alles lediglich für einen großen Schelmenstreich an der Obrigkeit
II/2 (S. 30 – 33)	Dr. Stockmann Hovstad	Hovstad verallgemeinert den Fall des Kurbades und stellt die allgemeinen Missstände in der Gesellschaft fest („die sind es, die unser Wohl und Wehe in der Hand haben", S. 31); er bietet Dr. Stockmann seine Hilfe im Kampf gegen den „Ring von alten, eigensinnigen Rechthabern" zur „Befreiung der (…) Unterdrückten" (S. 33) an
II/3 (S. 33 – 37)	Dr. Stockmann Aslaksen	Aslaksen kommt hinzu und bietet ebenfalls seine Hilfe im Namen aller Kleinbürger an, die „sozusagen eine kompakte Majorität (…) der Stadt" (S. 33) bilden; er schlägt eine Demonstration vor, die jedoch mit „Mäßigung" erfolgen müsse, um die Obrigkeit nicht zu verunglimpfen

Akt/Szene	Ort/Hauptfiguren	Handlung
II/4 (S. 37 – 48)	Dr. Stockmann Stadtrichter Peter Stockmann	Dr. Stockmann freut sich über die Unterstützung seiner brüderlich geeinten Mitbürger; Peter Stockmann kommt zu Besuch und beklagt zunächst die Heimlichkeiten hinter seinem Rücken; er weist seinen Bruder auf die Dauer des Umbaus und die damit verbundenen Kosten hin, um Dr. Stockmann davon zu überzeugen, seine Untersuchungsergebnisse nicht zu veröffentlichen; dieser besteht jedoch auf Wahrheit und Richtigkeit, weshalb der Stadtrichter stärkeren Druck auf Dr. Stockmann ausübt, indem er ihm die öffentliche Meinungsäußerung unter Androhung seiner Entlassung verbietet
II/5 (S. 48 – 50)	Dr. Stockmann Frau Stockmann	Dr. Stockmann fühlt sich seines Rechtes auf Meinungsfreiheit beraubt und schwört, sein Vorhaben in jedem Fall zu verwirklichen; Frau Stockmann gibt ihm zwar recht, weist aber darauf hin, dass der Stadtrichter die Macht habe; Dr. Stockmann ignoriert ihre Bitte, aus Rücksicht auf die Familie einzulenken
III/1 (S. 51 – 52)	**Redaktionsbüro des „Volksboten"** Hovstad Billing	Gespräch der Mitarbeiter der Zeitung über die Härte der Kritik Dr. Stockmanns; beide freuen sich, aus diesem Artikel einen persönlichen Nutzen ziehen zu können, wenn „die ganze Kommunalverwaltung in die Hände freisinniger Leute" (S. 52) fiele
III/2 (S. 52 – 56)	Dr. Stockmann	Dr. Stockmann gibt seinen Artikel zur Veröffentlichung frei und kündigt seinen Kampf gegen die Obrigkeit an, um die ganze Gesellschaft zu revolutionieren, denn „jetzt handelt es sich (...) nicht mehr um das Wasserwerk und die Kloake" (S. 54); die Anwesenden feiern ihn als „Volksfreund!" (S. 55)
III/3 (S. 56 – 58)	Hovstad Billing	Gespräch über Aslaksen, der zur Mäßigung mahnt und den eigenen Plan gefährden könnte; da die Redaktion finanziell von Aslaksen abhängig ist, können sich die beiden nicht von ihm trennen
III/4 (S. 58 – 61)	Hovstad Petra Stockmann	Petra Stockmann weigert sich, die englische Erzählung zu übersetzen, da die Handlung unrealistisch sei und den gesellschaftspolitischen Fortschritt negiere; Hovstad lässt durchblicken, dass er Dr. Stockmann nicht aus Überzeugung helfen, sondern Petra Stockmann einen Gefälligkeitsdienst erweisen wolle; Petra Stockmann ist empört und verlässt die Redaktion
III/5 (S. 61 – 66)	Stadtrichter Peter Stockmann Hovstadt Aslaksen	Peter Stockmann setzt die Anwesenden davon in Kenntnis, dass der Umbau des Kurbades nur mittels Steuergelder finanziert werden könne und zieht hierdurch die Vertreter der Presse und des Hauseigentümer-Vereins auf seine Seite; Dr. Stockmann kündigt überraschend Besuch an, weshalb sich Peter Stockmann in einem Nebenraum versteckt
III/6 (S. 66 – 69)	Dr. Stockmann Hovstad	Dr. Stockmann schaut vorbei, um die Druckvorlage Korrektur zu lesen, und verkennt zunächst die reservierte Haltung Hovstads; zufällig entdeckt er die Mütze und den Stock seines Bruders
III/7 (S. 70 – 73)	Dr. Stockmann Stadtrichter Peter Stockmann Hovstad Aslaksen Frau Stockmann	Dr. Stockmann setzt die Dienstmütze seines Bruders auf, wähnt sich in Sicherheit und triumphiert; der Stadtrichter hingegen ruft ihn zur Ordnung; auf Nachfrage erfährt der Badearzt, dass sein Artikel nicht gedruckt wird, und erkennt seinen Irrtum; er kündigt jedoch seinen weiteren Kampf gegen das Unrecht an und erfährt moralische Unterstützung durch seine Frau

Akt/Szene	Ort/Hauptfiguren	Handlung
IV/1 (S. 74 – 75)	**Saal in Horsters Haus** Bürger aller Stände	Dr. Stockmann hat eine Bürgerversammlung einberufen, zu der viele Bürger aller Stände gekommen sind; die politische Unmündigkeit der Kleinstädter wird an der Motivation für ihr Erscheinen deutlich („Pfeife", S. 74; „Sagt doch mal, was ist denn eigentlich heut hier los?", S. 74; „Richten Sie sich nur nach dem Buchdrucker Aslaksen; und tun Sie, was d e r tut", S. 75)
IV/2 (S. 75 – 80)	Dr. Stockmann Frau Stockmann Aslaksen Peter Stockmann	Frau Stockmann hat Angst vor Übergriffen und bittet ihren Mann inständig, sich zu beherrschen; die Bürgerversammlung wählt Aslaksen zum Diskussionsleiter; dieser nutzt die Situation aus, indem er zunächst selbst eine Ansprache hält und dann dem Stadtrichter sowie Hovstad das Wort erteilt; alle Redner wiegeln das Volk auf
IV/3 (S. 81 – 97)	Dr. Stockmann	Dr. Stockmann hält eine Rede „über wichtigere Dinge" (S. 81): er beklagt die „unerhörte Dummheit" (S. 83) der Behörden und benennt „die verfluchte, kompakte, liberale Majorität" (S. 84) als gefährlichsten Feind der Wahrheit; dies löst große Unruhe und zunehmende Tumulte aus, sodass Dr. Stockmann schließlich offiziell zum Volksfeind erklärt wird; mit seiner Familie verlässt er stolz die Versammlung
V/1 (S. 98 – 104)	**Dr. Stockmanns Arbeitszimmer** Dr. Stockmann Frau Stockmann Petra Stockmann	Dr. Stockmann sammelt die Steine, mit denen seine Fenster eingeworfen wurden, die er als Erinnerung aufbewahren will; der Mieter kündigt ihm die Wohnung, Petra Stockmann und Horster verlieren ihren Arbeitsplatz; diese Folgen sind gleichgültig, da Dr. Stockmann beschlossen hat, mit seiner Familie nach Amerika auszuwandern
V/2 (S. 104 – 108)	Dr. Stockmann Stadtrichter Peter Stockmann	Peter Stockmann kommt zu Besuch und äußert sein Bedauern wegen der „nächtlichen Exzesse" (S. 104); er überbringt seinem Bruder die fristlose Kündigung und empfiehlt ihm, das Land vorerst zu verlassen; er stellt ihm jedoch eine Wiedereinstellung in Aussicht, sofern der Badearzt seinen Irrtum schriftlich eingesteht; Dr. Stockmann ist aufgebracht, seine Wut erreicht ihren Höhepunkt, als Peter Stockmann ihm unterstellt, mit seinem Schwiegervater einen Plan verfolgt zu haben
V/3 (S. 108 – 111)	Dr. Stockmann Morten Kiil	Dr. Stockmanns Schwiegervater teilt ihm mit, dass er von dem Geld, das als Erbe für Frau Stockmann und die Kinder gedacht gewesen ist, Aktien des Kurbades aufgekauft hat; er setzt den Badearzt somit unter Druck, im Land zu bleiben und das Kurbad und die Kleinstadt zu retten
V/4 (S. 111 – 115)	Dr. Stockmann Hovstad Aslaksen	beide bitten Dr. Stockmann um Verzeihung für die Ereignisse bei der Bürgerversammlung; sie glauben nun, dass der Badearzt von Anfang an den Plan hatte, die Leitung des Kurbades zu übernehmen; sie unterbreiten ihm ein Geschäft, auf das Dr. Stockmann zunächst zum Schein eingeht, ehe er sie wütend aus seinem Haus vertreibt
V/5 (S. 115 – 119)	Dr. Stockmann	aufgrund dieser Vorfälle gibt Dr. Stockmann seinen Plan auszuwandern auf; er will kämpfen und seine Heimatstadt retten, um später seinen Söhnen in die Augen sehen und sie zu „freien, vornehmen Männern" (S. 118) machen zu können

Die ersten Leseeindrücke

Bei der Lektüre des Dramas „Ein Volksfeind" hat mir gefallen, dass …

Bei der Lektüre des Dramas „Ein Volksfeind" hat mir nicht gefallen, dass …

Bei der Auswahl der im Unterricht zu behandelnden Aspekte halte ich für wichtig, dass …

Ein Literatur-Lernspiel selbst entwickeln

Die Zielsetzung

Das Ziel ist es, Aufgaben für ein gemeinsames Lernspiel zu entwickeln, das im Anschluss gespielt wird. Auf diese Weise soll der Inhalt des Dramas „Ein Volksfeind" gesichert werden, sodass nach dem Lernspiel alle Spieler über hoffentlich exzellente Werkkenntnisse verfügen. Die Aufgaben sollen dabei auf entsprechenden Spielkarten schriftlich festgehalten werden, die am Ende dieser Erarbeitungsphase eingesammelt und gegebenenfalls vervielfältigt werden. Die hierfür erforderlichen Arbeitsschritte sind den folgenden Aufgabenstellungen zu entnehmen.

In diesem Sinne: Viel Spaß beim Spiele-Erfinden!

Frage	Punkte
Antwort ____________________ ____________________ ____________________	

Die Vorgehensweise[1]

Sie sind heute die Expertengruppe für den 1. Akt des Dramas „Ein Volksfeind", für welchen Sie Spielkarten entwickeln sollen.

Aufgabe 1
Vervollständigen Sie die bereits halb fertigen Spielkarten, indem Sie einen möglichst präzisen und eindeutigen Antwortsatz formulieren. Notieren Sie zudem den Textbeleg (Seiten- und Zeilenangabe).

Aufgabe 2
Erstellen Sie zudem drei eigene Spielkarten, indem Sie weitere, Ihnen bedeutsam erscheinende Ereignisse bzw. Details dieses Aktes auswählen und in Form eines Antwortsatzes auf den jeweiligen Spielkarten notieren (*Zeile 2*).

Aufgabe 3
Formulieren Sie anschließend auf der Grundlage der auf den Spielkarten aufgeführten Fakten geeignete Fragen, die zu dieser Antwort passen, und tragen Sie diese ebenfalls auf den Spielkarten ein (*Zeile 1*).

Aufgabe 4
Lesen Sie abschließend alle von Ihnen erstellten Spielkarten nochmals und beurteilen Sie jede Aufgabenstellung hinsichtlich ihres Schwierigkeitsgrades. Vergeben Sie zu diesem Zweck jeweils entweder **1** Punkt (**leicht**), **3** Punkte (**normal**) oder **5** Punkte (**schwer**).

[1] Exemplarisch wird hier lediglich das Arbeitsblatt für die Arbeitsgruppe „1. Akt (Exposition)" abgedruckt. Für die übrigen Gruppen ist die Ziffer für den jeweiligen Akt an entsprechender Stelle einzutragen.

Spielkarten

Spielkarten zum 1. Akt

Frage Warum begrüßt der Stadtvogt Peter Stockmann den Redakteur des Volksboten „etwas steif"?	Punkte
Antwort _____ _____ _____ _____ _____	

Frage Warum ist Petra Stockmann mit ihrer Arbeit als Lehrerin unzufrieden?	Punkte
Antwort _____ _____ _____ _____ _____	

Frage Warum lassen die Anwesenden Dr. Stockmann gegen Ende des ersten Aktes hochleben?	Punkte
Antwort _____ _____ _____ _____ _____	

Spielkarten zum 2. Akt

Frage Warum findet Morten Kill die Entdeckung seines Schwiegersohnes komisch?	Punkte
Antwort __________ __________ __________ __________ __________	

✂ -

Frage Worüber empört sich Dr. Stockmann im Gespräch mit seinem Bruder?	Punkte
Antwort __________ __________ __________ __________ __________	

✂ -

Frage Wovor hat Frau Stockmann Angst?	Punkte
Antwort __________ __________ __________ __________ __________	

✂ -

Spielkarten zum 3. Akt

Frage Welche politischen Veränderungen hat Billing vor Augen, wenn er „von fern die Revolution kommen" hört?	Punkte
Antwort 	

✂ -

Frage Warum verlässt Petra Stockmann wütend das Redaktionsbüro des „Volksboten"?	Punkte
Antwort 	

✂ -

Frage Welche Erkenntnis motiviert Frau Stockmann dazu, ihren Mann nun doch moralisch zu unterstützen?	Punkte
Antwort 	

✂ -

Spielkarten zum 4. Akt

Frage Aus welchen Gründen erscheinen die Bürger zur Bürgerversammlung?	Punkte
Antwort	

Frage Dr. Stockmann will bei der Bürgerversammlung „über wichtigere Dinge" sprechen. Welche meint er damit?	Punkte
Antwort	

Frage Wer stimmt für Dr. Stockmann und warum?	Punkte
Antwort	

Spielkarten zum 5. Akt

Frage Warum sammelt Dr. Stockmann Steine?	Punkte
Antwort	

Frage Über welchen gelungenen Kauf freut sich Dr. Stockmanns Schwiegervater Morten Kiil?	Punkte
Antwort	

Frage Wer hält plötzlich doch wieder zu Dr. Stockmann und warum?	Punkte
Antwort	

Blanko-Spielkarten für alle Gruppen

Frage	Punkte
Antwort	

Frage	Punkte
Antwort	

Frage	Punkte
Antwort	

Baustein 2

Schauplatz und Personen

Henrik Ibsen hatte ein gespaltenes Verhältnis zu Kleinstädten. So äußert er sich in seinem Brief vom 28. Oktober 1870 an seinen Freund Peter Hansen wie folgt: „‚Catilina' wurde in einer spießigen Kleinstadt [Grimstad] geschrieben, wo es nicht in meiner Macht stand, all dem Luft zu machen, was in mir gärte, ausgenommen durch tolle Streiche und Anzettelungen, die mir den Unwillen aller achtbaren Bürger zuzogen, welche sich nicht in meine Gedankenwelt hineinversetzen konnten."[1]

Der Dichter deutet hier die repressive Atmosphäre einer Stadt an, die dem Individuum keine Entfaltungsmöglichkeiten bietet, welche außerhalb der gesellschaftlichen Ordnung liegen. Die Ohnmacht des Einzelnen gegenüber der eingeschränkten, noch dazu starren Denkweise einer Gesellschaft und die Ausbruchsversuche aus den gegebenen Verhältnissen ist folglich eines der häufigsten Grundmotive in Ibsens Gesellschaftsdramen.[2] Der gemeinsame Handlungsort dieser Werke ist dabei die fiktive norwegische Kleinstadt, die geografisch die Position seiner Bürger widerspiegeln soll.

Dass Ibsen selbst ein problematisches Verhältnis zu derlei Kleinstädten und dessen Bewohnern hatte, geht zudem aus diversen anderen Briefen hervor, in denen er neben der Denkweise seiner Landsleute u. a. auch die sozialen Missstände und die norwegische Politik beklagt. Wie seinem Lebenslauf zu entnehmen ist, verbrachte Ibsen nicht umsonst 27 Jahre seines Lebens im freiwilligen Exil in Italien und Deutschland, bis er im Jahre 1891 endgültig nach Norwegen zurückkehrte (vgl. S. 133–138 im Anhang der Textausgabe).

Der Wahl des Handlungsortes kommt somit eine besondere Bedeutung zu, was etwa ein halbes Jahrhundert nach Ibsen auch Friedrich Dürrenmatt feststellte: „Wenn ich es unternehme, ein Theaterstück zu schreiben, so ist der erste Schritt, dass ich mir klarmache, wo denn dieses Theaterstück zu spielen habe."[3]

Die fiktive Kleinstadt bildet folglich den Nährboden für die sich entwickelnde dramatische Handlung, weshalb auch Ibsens Schauspiel „Ein Volksfeind" „in einer Küstenstadt des südlichen Norwegens" (S. 5) spielt, ein „Krähwinkel [...], wo so selten etwas wirklich Aufregendes passiert" (S. 58).

2.1 Das Motiv der Kleinstadt

Dr. Tomas Stockmann vertritt lange Zeit die unerschütterliche Position, in seiner Heimatstadt den idealen Wirkungsort gefunden zu haben, um an der Entstehung einer neuen Welt mitzuwirken. Das „Projekt [...] Badeanstalt" (vgl. S. 44) sollte dabei den Anfang markieren. In seiner Rede während der Bürgerversammlung muss er rückblickend jedoch enttäuscht feststellen, dass er diese Kleinstadt, für die er sich im Sinne des Allgemeinwohls stets aufgeopfert hat, im Exil idealisiert hat: So hatten „die Entfernung, die Sehnsucht und die Erinnerung [...] einen gesteigerten Glanz auf den Ort wie auf die Menschen" (S. 82) geworfen.

---

1 Carlsson (1967), S. 61

2 Hierunter werden neben dem Drama „Ein Volksfeind" (1882) insbesondere „Die Stützen der Gesellschaft" (1877), „Nora oder Ein Puppenheim" (1879) und „Gespenster" (1881) gefasst.

3 zit. nach: Görtz (1988), S. 40

Erst gegen Ende des dritten Aktes realisiert der Badearzt im Redaktionsbüro des „Volksboten" die schonungslose Wirklichkeit[1], d. h. die politischen Mechanismen in seiner Heimatstadt, die seine bisher optimistische Weltsicht in ihren Grundfesten erschüttern.
Desillusioniert muss er zudem erkennen, dass es gerade „diese verdammte kompakte Majorität" ist, die das Denken vergiftet und den Boden verpestet (vgl. S. 84), indem die Augen vor der Wahrheit verschlossen werden und das von ihm angestrebte Ziel des Allgemeinwohls fälschlicherweise mit materiellem Wohlstand gleichgesetzt wird, denn der Aufschwung dieser Stadt beruht auf einer Lüge (vgl. S. 47).
Dass die ursächliche Debatte um die Veröffentlichung seiner Untersuchungsergebnisse somit symbolisch zu verstehen ist, wird ihm bewusst, denn es geht längst „nicht mehr um das Wasserwerk und die Kloake", vielmehr müsse das „ganze Gemeinwesen [...] desinfiziert" (S. 85) und die Kleinstadt mit ihren korrupten Bürgern wie „schädliche Tiere" (S. 83) ausgerottet werden.
Die fiktive norwegische Kleinstadt bildet dabei den „Nährboden", auf dem die Missstände der Gesellschaft offenbar werden. Dieses Motiv dient folglich dazu, das Kleinbürgertum zu demaskieren[2]: So ist die Kleinstadt in Ibsens Drama „Ein Volksfeind" als Symbol für die Gier nach Wohlstand und die Korruption zu interpretieren.[3]
Diese gesellschaftliche Ordnung wiederum stößt den Einzelnen in eine Identitätskrise, welche wiederum den Grundkonflikt des Dramas darstellt: In dem kapitalistisch geprägten System muss sich das Individuum zwischen einem Leben als Außenseiter der Gesellschaft und der Abkehr von seinen Idealen entscheiden. Letztere Vorstellung erscheint Dr. Tomas Stockmann jedoch beängstigender, weshalb er den Mut aufbringt, an seinem auf moralischen Werten beruhenden Weltbild festzuhalten.
In der korrumpierten Welt dieser Kleinstadt stellt er durch integres Verhalten seine verlorene Weltordnung für sich persönlich wieder her – in der Hoffnung, noch etwas bewirken zu können.
Die Annäherung der Schülerinnen und Schüler an diesen abstrakten Lerngegenstand erfolgt über das im Drama entfaltete Beispiel der Umweltpolitik. Hierzu bearbeiten sie in einem ersten Schritt einen Essay von Hans Magnus Enzensberger (S. 162–166 im Anhang der Textausgabe), in welchem der Schriftsteller zu der gegenwärtigen Situation Stellung bezieht. Da diese große Parallelen zum Drama „Ein Volksfeind" aufweist, wird zugleich die Aktualität des Werkes deutlich.
Dabei sind zwei alternative Vorgehensweisen innerhalb der Arbeitsgruppen denkbar: Die erste Variante sieht eine eher traditionell-analytische Vermittlungsweise vor, während die zweite produktionsorientiert angelegt ist[4], viel Kreativität erfordert und zugleich eine Vorbereitung auf den Poetry Slam (vgl. Abschnitt 5.4, S. 95 f.) darstellt. Da beide Arbeitsaufträge letztlich dazu dienen, sich den Sekundärtext selbstständig zu erschließen, kann den Kursteilnehmern die Wahl an dieser Stelle selbst überlassen werden.

■ *Wählen Sie einen der folgenden Vorschläge aus und bearbeiten Sie diesen in Ihrer Gruppe.*

1 Ibsen setzt hier gezielt die Anagnorisis als dramatisches Handlungselement ein. Hierbei handelt es sich um die plötzliche Offenbarung eines verborgenen Zusammenhangs, z. B. das (gegenseitige) Wiedererkennen von Verwandten, Freunden, Feinden o. Ä., durch den der dramatische Prozess der antiken Tragödie seine tragische Wendung erhält.
2 Näheres zur Gesellschaftskritik ist dem Baustein 3 (S. 50 ff.) zu entnehmen.
3 Hier bietet sich ein Vergleich mit der Kleinstadt Güllen aus Friedrich Dürrenmatts Tragikomödie „Der Besuch der alten Dame" an (vgl. Zusatzmaterial 1, S. 120–123).
4 Eine nähere Erläuterung zur Methode „Texttheater" ist dem Zusatzmaterial 3 (S. 142) zu entnehmen.

Vorschlag A (Flugblatt)

Fassen Sie die Position Enzensbergers zur gegenwärtigen Umweltpolitik (S. 162–166 im Anhang Ihrer Textausgabe) thesenartig zusammen.
Gestalten Sie ein Flugblatt (z. B. auf einem Wandplakat oder einer Tapete), mit dem die politischen und wirtschaftlichen Entscheidungsträger zu einem neuen Umweltbewusstsein motiviert werden können.

Vorschlag B (Texttheater)

Markieren Sie die aus Ihrer Sicht zentralen und/oder problematischen Formulierungen in Enzensbergers Aufsatz „Brunnenvergiftung" (S. 162–166 im Anhang Ihrer Textausgabe).

Gestalten Sie ein Mini-Drama, indem Sie

- *die ausgewählten Zitate zu einem dramatischen Text (Monolog, Dialog usw.) umarbeiten,*
- *wesentliche Textstellen in ihrem Wortlaut <u>nicht</u> verändern, aber durch Wiederholung, (unterschiedliche) Betonung, Körpersprache usw. besonders hervorheben oder karikieren,*
- *durch entsprechende Montage gegebenenfalls neue Sinnzusammenhänge herstellen,*
- *die Textaussagen z. B. durch den Einsatz eines Chores kritisch hinterfragen und*
- *Ihr Mini-Drama mithilfe eines geeigneten Aufnahmegerätes (z. B. Videokamera) aufzeichnen.*[1]

Zur Vertiefung der Umweltproblematik aus heutiger Sicht können die Schülerinnen und Schüler beauftragt werden, in arbeitsgleichen Gruppen folgenden Arbeitsauftrag zu bearbeiten:

- *Erstellen Sie eine (PowerPoint-)Präsentation zum Thema „Die 5 größten Umweltprobleme der Gegenwart". Gehen Sie in diesem Zusammenhang auch auf die Ursachen sowie mögliche Lösungsansätze ein.*

Obwohl die Schülerergebnisse unterschiedlich ausfallen können und werden, soll im Folgenden ein möglicher Lösungsvorschlag vorgestellt werden:

[1] Alternativ kann hier auch die Methode des szenischen Spiels eingesetzt werden, indem die Schülerinnen und Schüler ihr Texttheater live vortragen.

Die ökologische Krise der Gegenwart[1]

Umweltproblem	Ursache	Lösungsansatz
Luftverschmutzung	Industrieabgase	Filter
Ozonloch	Kohlenwasserstoffe	Produktionsverbot
Waldsterben	saurer Regen	Aufforstung
Atomunfall	menschliches Versagen	Ausstieg aus der Atomkraft
Trinkwasser	Giftstoffe	verschärfte gesetzliche Auflagen
Müllaufkommen	Wegwerfgesellschaft	Recycling
Klimawandel	Treibhausgase	Verbot von FCKW
Meeresverschmutzung	Tankerunfälle	verschärfte Kontrollen
…	…	…

↓

Patentlösungen existieren (noch?) nicht.

- *Wie Ibsens Drama zeigt, gab es auch im 19. Jh. bereits massive Umweltprobleme, allerdings ist ein stärkeres Interesse an der Umwelt erst seit den 70er-Jahren des 20. Jh.s zu erkennen. Wie ist dies zu erklären?*

Das stärkere Umweltbewusstsein seit den 70er-Jahren ist vornehmlich auf verschiedene vorangegangene Umweltskandale (Ölkatastrophen, Reaktorunfälle usw.) zurückzuführen, die unter anderem folgende Bewegungen nach sich gezogen haben:

- 1971: Gründung der Umweltorganisation „Greenpeace"
- 1972: Wissenschaftler des „Club of Rome" warnen vor Ausbeutung der natürlichen Ressourcen (Erdöl, Kohle, Metalle, Wasser usw.) zugunsten eines ausschließlich quantitativ ausgerichteten Wirtschaftswachstums;
  Verankerung des Umweltschutzes im Grundgesetz
- 1980: Entstehung der Partei „Die Grünen" als Höhepunkt diverser Bürgerinitiativen gegen Atomkraft-Energie

Ausgehend von den vorangegangenen Ergebnissen sollte im zweiten Schritt im Rahmen eines anschließenden Unterrichtsgespräches eine entsprechende Abstraktion in Bezug auf das Drama erfolgen. Der Arbeitsauftrag sowie die folgenden Impulse lenken dabei in die gewünschte Richtung:

- *Lesen Sie die S. 5, 8, 20, 44, 47–49, 55, 58, 82–84 und 119 erneut und notieren Sie die Merkmale, die Dr. Stockmanns Heimatstadt aufweist.*
- *Ist die von Enzensberger beschriebene Situation mit Ibsens Drama „Ein Volksfeind" vergleichbar? Inwiefern bzw. inwiefern nicht?*
- *Dr. Stockmann stellt zu Beginn des 3. Aktes fest, dass es sich längst „nicht mehr nur um das Wasserwerk oder um die Sickergrube" (S. 55) handele. Worum geht es ihm stattdessen?*
- *Welche Funktion erfüllt demnach das Motiv der Kleinstadt in diesem Drama?*

---

1 Tafelbild in Anlehnung an:
Dieter Tiemann (2002): Mensch und Umwelt in der Geschichte. In: Geschichte betrifft uns. Heft 1/2002. Bergmoser + Höller Verlag, Aachen

Die Ergebnisse der Textanalyse können in das folgende Tafelbild münden:

Das Motiv der Kleinstadt

Beschreibung der Kleinstadt	Dr. Tomas Stockmann
• Küstenstadt des südlichen Norwegens (S. 5) • „Krähwinkel […], wo so selten etwas Aufregendes passiert" (S. 58) • Wohlstand durch den Bau des Kurbades (S. 8) • Kritik am (Klein-) Bürgertum – „Zu Hause wie in der Schule ist so viel Unwahrheit, und in der Schule müssen wir den Kindern vorlügen." (S. 20) – es geht „nicht mehr um das Wasserwerk und die Kloake allein" (S. 55) – der wirtschaftliche Aufschwung der Stadt beruht auf einer Lüge (vgl. S. 47) – „die verfluchte […] kompakte Majorität" vergiftet das Denken (S. 84)	• „die Entfernung, […] und die Erinnerung warfen etwas wie einen gesteigerten Glanz auf den Ort wie auf die Menschen" (S. 82) • will in der geliebten Heimatstadt eine neue Welt errichten (vgl. S. 44): Bau des Kurbades • Desillusionierung: muss sich zwischen einem Leben als Außenseiter der Gesellschaft (Volksfeind) und der Abkehr von seinen Idealen (Volksfreund) entscheiden (vgl. S. 49 f.) • stellt seine verlorene Weltordnung durch integres Verhalten für sich persönlich wieder her: „d e r ist der stärkste Mann der Welt, der allein steht" (S. 119)

↓

Kleinstadt = **Symbol** für die Gier nach Wohlstand und die damit verbundene Korruption
→ moralischer Verfall der kapitalistisch geprägten Gesellschaft

2.2 Die Figurenkonstellation

Die Betrachtung der Figurenkonstellation soll den Grundkonflikt dieses Dramas, der Einzelne in einer starren Gesellschaft (s. u.), verdeutlichen. In einem <u>ersten Schritt</u> sollen die Schülerinnen und Schüler in arbeitsteiliger Gruppenarbeit einen Steckbrief zu einer der ausgewählten Figuren des Dramas erstellen.
Im Sinne einer besseren Vergleichbarkeit der Kurz-Charakterisierungen wird daher die folgende Struktur vorgegeben:

■ *Erstellen Sie auf Grundlage des 2. und 3. Aktes für Ihre Figur einen Steckbrief nach folgendem Muster:*
- *Beruf*
- *Ansehen in der Stadt*
- *Motive des Handelns*
- *Bedeutung von Wahrheit*

Notieren Sie zudem die verwendeten Textstellen.

■ *Gestalten Sie ein Wandplakat mit Ihren Ergebnissen.*

Die Wandplakate könnten folgende Ergebnisse aufzeigen:

Name:	**Dr. Tomas Stockmann**
Beruf:	Arzt, Angestellter des Kurbades (vgl. S. 5 und 45 ff.)
Ansehen in der Stadt:	hoch angesehen: heilt die Patienten, hatte ursprünglich die Idee der Errichtung des Kurbades (vgl. S. 44 und 55)
Motive des Handelns:	kämpft für das Wohl der Stadt (vgl. S. 117 ff.)
Bedeutung von Wahrheit:	will die Wahrheit um jeden Preis in der Öffentlichkeit kundtun (vgl. S. 72 f.), erachtet Wahrheit als Pflicht gegenüber der Gesellschaft (vgl. S. 25 f. und 49 f.) und riskiert für die Wahrheit Beruf und Familie (vgl. S. 49 f.)

Name:	**Käte Stockmann**
Beruf:	Hausfrau (S. 7 ff.)
Ansehen in der Stadt:	–
Motive des Handelns:	will nicht wieder in Armut leben müssen (vgl. S. 49 f.), rät ihrem Ehemann daher, in seinem Interesse zu lügen (vgl. S. 49)
Bedeutung von Wahrheit:	die Familie hat einen höheren Stellenwert als die Wahrheit (vgl. S. 49)

Name:	**Peter Stockmann**
Beruf:	Stadtvogt, Haupt der Polizei und Vorsitzender der Badeverwaltung usw. (S. 5)
Ansehen in der Stadt:	hoch angesehen aufgrund seiner beruflichen und politischen Stellung (vgl. S. 96)
Motive des Handelns:	lässt keine gegenteilige Meinung gelten, verfolgt lediglich seine Interessen, um seine Machtposition zu sichern (vgl. S. 40 ff.)
Bedeutung von Wahrheit:	verharmlost Tatsachen, bezichtigt seinen Bruder der Lüge (vgl. S. 41), hat keine Skrupel zu lügen, da die Öffentlichkeit nicht alles erfahren muss (vgl. S. 42 f.)

Name:	**Hovstad**
Beruf:	Redakteur des „Volksboten“ (S. 5)
Ansehen in der Stadt:	–
Motive des Handelns:	will die Situation zu seinem Vorteil nutzen (vgl. S. 31, 52), will die Zukunft der Zeitung sichern (vgl. S. 57)
Bedeutung von Wahrheit:	will scheinbar die Wahrheit verbreiten (vgl. S. 51 ff.), betrügt jedoch die Leser (vgl. S. 59), stellt seine eigenen Interessen über die Wahrheit (vgl. S. 61)

Name:	**Morten Kiil**
Beruf:	Gerbermeister (S. 5)
Ansehen in der Stadt:	zweifelhafter Ruf als „alter Dachs“: Unsauberkeit seines Betriebes und Einzelgänger (vgl. S. 109)
Motive des Handelns:	misstraut jedem (vgl. S. 28), will sich mithilfe seines Schwiegersohnes an der Stadtverwaltung rächen (vgl. S. 29f.)
Bedeutung von Wahrheit:	glaubt nicht an die edlen Motive des Doktors und trickst ihn hinterhältig aus, um alles zu erreichen: Rache, Bestrafung Dr. Stockmanns und Ausbau des Vermögens (vgl. S. 109ff.)

Name:	**Billing**
Beruf:	Mitarbeiter des „Volksboten“ (S. 5)
Ansehen in der Stadt:	–
Motive des Handelns:	will den Konflikt zu seinem Vorteil ausnutzen (vgl. S. 51), um seine Position in der Stadt zu festigen (vgl. S. 57)
Bedeutung von Wahrheit:	will die Wahrheit zunächst nicht verheimlichen (vgl. S. 54), stellt jedoch letztlich seine eigenen Interessen über die Wahrheit (vgl. S. 57)

Name:	**Aslaksen**
Beruf:	Buchdrucker (S. 5)
Ansehen in der Stadt:	hoch angesehen: als Vorsitzender des Hauseigentümer- und des Mäßigungsvereines (vgl. S. 34) repräsentiert er die „kompakte Majorität“ (vgl. S. 33)
Motive des Handelns:	will Dr. Stockmann aus Verehrung unterstützen (vgl. S. 34f.), handelt prinzipiell nicht gegen die Obrigkeit (vgl. S. 35)
Bedeutung von Wahrheit:	verzichtet auf Wahrheit zum Zwecke der Sicherung des Eigentums (vgl. S. 64f.), stellt somit seine eigenen Interessen über die Wahrheit

Auf der Grundlage der Steckbriefe sollen die Schülerinnen und Schüler in einem zweiten Schritt die Figurenkonstellation in Form eines Strukturbildes darstellen, wobei die Beziehungen der Figuren untereinander (Nähe/Distanz, Liebe/Hass usw.) deutlich werden sollen. Diese Aufgabenstellung (vgl. **Arbeitsblatt 5**, S. 49) dient nicht nur der Inhaltssicherung, sie bildet gleichzeitig die Grundlage für die Erarbeitung der nachfolgenden Untersuchungsaspekte.
Das Strukturlegen sollte dabei sinnvollerweise in Einzelarbeit erfolgen, da die Auffassung von einer logischen Struktur lerntypabhängig und daher individuell verschieden ist.

- *Erstellen Sie ein Strukturbild zur Figurenkonstellation, aus welchem die Beziehungen der Figuren zueinander (Nähe/Distanz, Liebe/Hass usw.) hervorgehen.*

Die Auswertung und der Vergleich der Strukturbilder der Schülerinnen und Schüler im Anschluss an die Erarbeitungsphase erfolgen in Form einer Vernissage.
Hierzu werden alle Strukturbilder im Klassenraum aufgehängt, der Kurs wird in zwei Hälften geteilt: Während die „Künstler" bei ihrem Bild stehen, gehen die „Besucher" der Vernissage herum, richten ggf. ihre Fragen an die „Künstler" und machen sich Notizen zu den neu gewonnenen Erkenntnissen zur Figurenkonstellation. Danach werden die Rollen getauscht.
Abschließend kann die Frage der Intention Ibsens im Unterrichtsgespräch diskutiert und die Problematik auf die heutige Gesellschaft übertragen werden: Die Schülerinnen und Schüler erkennen die Ohnmacht des Einzelnen (Dr. Stockmann) gegenüber der eingeschränkten, noch dazu starren Denkweise einer Gesellschaft und begreifen den auch am Ende ungebrochenen Kampfwillen Dr. Stockmanns („d e r ist der stärkste Mann der Welt, der allein steht", S. 119) als Ausbruchsversuch aus den gegebenen Verhältnissen als Grundkonflikt dieses Gesellschaftsdramas.
Vor dem Hintergrund einer Gesellschaft des 21. Jh.s, die in viele Kultur- und Interessengruppen zersplittert ist, hat dieses Drama auch in dieser Hinsicht einen hohen Aktualitätswert, was in einem kurzen abschließenden Unterrichtsgespräch deutlich werden sollte.

- *Inwiefern ist diese Problematik heute noch aktuell?*

Obwohl die Schülerergebnisse sehr verschieden ausfallen können und werden, soll im Folgenden ein mögliches Strukturbild vorgestellt werden:

Die Figurenkonstellation

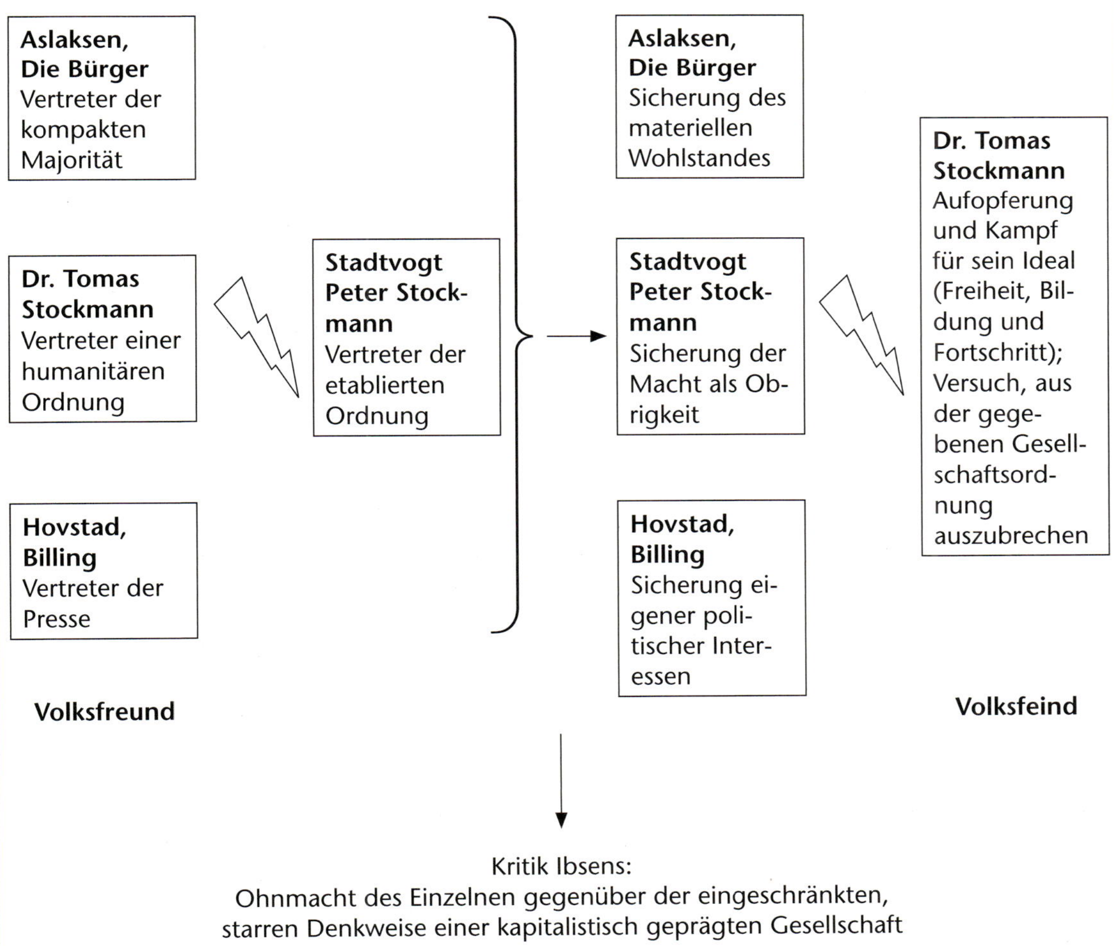

2.3 Die Wandlung Dr. Stockmanns vom Volksfreund zum Volksfeind

Dr. Stockmann ist ein allgemein beliebter und geschätzter Bürger der Stadt. Er ist Arzt und insofern haben die Leute ihm per se viel Gutes zu verdanken. Darüber hinaus stammt jedoch auch die ursprüngliche Idee der Errichtung eines Kurbades von ihm, welches zu einem allgemeinen Aufschwung und folglich einer Verbesserung des Wohlstandes dieser Kleinstadt geführt hat (vgl. S. 8). Seine Popularität verdankt Dr. Stockmann auch den zahlreichen wissenschaftlichen Artikeln, welche er in der regionalen Presse, dem „Volksboten", veröffentlicht. Er zeigt sich zudem als ein liberaler Mensch und will auch seine Kinder nach dieser Maxime erziehen (vgl. S. 118).
Die hauptsächliche Ursache dafür, weshalb das Ansehen des Badearztes plötzlich sinkt, ist sein Gutachten über die äußerst bedenkliche Qualität des Wassers. Dieses Gutachten schädigt nicht nur den guten Ruf der Stadt, vielmehr drohen erhebliche Einnahmeeinbußen, da der Bau neuer Wasserleitungen den Kurbetrieb für mindestens zwei Jahre zum Erliegen bringen würde (vgl. S. 40). Außerdem stellt auch die Reparatur selbst ein kostenintensives Unterfangen dar, welches nicht nur den Haushalt der Stadt, sondern auch die Steuern zahlenden Bürger selbst belasten würde (vgl. S. 64 f.).
Ein weiterer Grund ist Dr. Stockmanns öffentlich geäußerte Kritik an der lokalen Obrigkeit, seine Warnungen zur rechten Zeit ignoriert zu haben (vgl. S. 41). Diese stößt sowohl bei den Betroffenen als auch der Bevölkerung sauer auf, da sie besserwisserisch wirkt.
Nicht zuletzt wird dem Badearzt auch seine ihm eigene Offenherzigkeit gegenüber der Presse zum Verhängnis: Aufgrund seiner mangelnden Menschenkenntnis übersieht er, dass Hovstads revolutionäres Gerede lediglich leere Phrasen sind (vgl. S. 31 ff.) und er Dr. Stockmanns Artikel nicht aus Überzeugung, sondern vielmehr aus Wut drucken will, um sich an der Obrigkeit für Vergangenes zu rächen (vgl. S. 31, 52 ff.).
Hovstad missbraucht Stockmann ausschließlich für seine eigenen Zwecke und handelt entsprechend opportunistisch – je nachdem, wie es die Situation gerade erfordert (vgl. S. 52).[1]
Dies wird auch daran deutlich, dass der Journalist zudem ein Auge auf die Tochter des Badearztes geworfen hat und aufgrund dieses Gefallens auf die Gunst Petra Stockmanns hofft (vgl. S. 61). Bezeichnenderweise ist es auch gerade sie, die das doppelbödige Spiel des Journalisten als Erste durchschaut (vgl. S. 61).
Dr. Tomas Stockmanns persönliche Auseinandersetzungen mit seinem Bruder Peter (vgl. Abschnitt 1.2, S. 18 ff.) wirken sich ebenfalls negativ auf sein Ansehen in der Gesellschaft aus: Dieser neuerliche Streit um das Gutachten und dessen Folgen lassen sie nun vollends zu Feinden werden. Als mächtiger Kommunalpolitiker hat Peter Stockmann, der offenbar die wichtigsten Ämter der Stadt bekleidet, alle Vorteile auf seiner Seite und kann somit den Druck auf seinen jüngeren Bruder sukzessive erhöhen: Zuerst fordert er, dass er schweigt (vgl. S. 41), dann verlangt er den Widerruf des Gutachtens (vgl. S. 45) und zuletzt droht er ihm sogar mit Entlassung (vgl. S. 46). Derartige Querelen mit einer hochrangigen Persönlichkeit bleiben der Öffentlichkeit – noch dazu in einer Kleinstadt – nicht verborgen und werden folglich auch von der „kompakten Majorität" (S. 33) genau verfolgt.
Die entscheidende Szene dieses Dramas, die Dr. Stockmanns Wandel zum Volksfeind endgültig besiegelt und somit den Höhepunkt im Handlungsverlauf darstellt, ist die Bürgerversammlung (vgl. S. 81 ff.): Hier werden die Bürger der Stadt letztlich selbst zur Zielscheibe seiner Angriffe, denn er weicht von der Sache ab, um „über wichtigere Dinge" (S. 81) zu sprechen.
Neben den Konservativen und Gestrigen sowie den Liberalen, welche das Volk verführen, richtet sich seine Kritik insbesondere gegen „die verfluchte, kompakte, liberale Majorität"

---

1 Nähere Ausführungen zur Rolle der Presse sind dem Abschnitt 3.1 (S. 52) zu entnehmen.

(S. 84), die mit Vorurteilen belastet ist und ihm daher „verbieten will, die Wahrheit auszusprechen“ (S. 85). Diese „Masse“ ist es, die ihn auf diese Weise seines Menschenrechts auf (Meinungs-)Freiheit beraubt (vgl. S. 85) und „die das Denken vergiftet und den Boden verpestet, auf dem wir leben“ (vgl. S. 84).
Da Dr. Stockmann während seiner Rede immer „aufbrausend[er]“ (S. 92) und hemmungsloser wird, sodass er die Warnsignale seiner Frau „nicht mehr [hört]“ (S. 93), setzt er „in zunehmender Leidenschaft“ (S. 93) zum finalen Angriff an, in welchem er den versammelten Bürgern androht, seine Heimatstadt „lieber zugrunde richten“ zu wollen, „als mit anzusehen, wie sie auf dem Boden einer Lüge wächst und gedeiht“ (vgl. S. 93). Diese Äußerung bringt „das Fass zum Überlaufen“, weshalb der Mob „brüllend“ (S. 93) feststellt, dass der Badearzt Land und Volk hassen müsse, weshalb er sogleich unter stürmischem Beifall offiziell zum Volksfeind erklärt wird (vgl. S. 94).
Die Tragik des eigentlichen Volksfreundes besteht somit darin, dass er von dem Augenblick an als Volksfeind verfemt wird, in welchem er seinen Mitbürgern die Augen über den an ihnen verübten Betrug öffnen will.
Mithilfe der bewusst offen formulierten Arbeitsfrage sollen die Schülerinnen und Schüler für diese Entwicklung im Verlauf der Handlung sensibilisiert werden. Dabei sollen sie zum einen ihre Werkkenntnisse einfließen lassen, zum anderen müssen sie auf die bisherigen Ergebnisse dieser Unterrichtsreihe zurückgreifen, sodass hier die einzelnen Lernabschnitte miteinander vernetzt werden.

- *Welche Gründe führen dazu, dass Dr. Tomas Stockmann sich vom Volksfreund zum Volksfeind wandelt?*

Das Ergebnis dieser Synthese kann zu folgendem Tafelbild zusammengefasst werden:

Dr. Tomas Stockmann: Vom Volksfreund zum Volksfeind

Der Volksfreund:

- Arzt, der in seiner Praxis den armen und den reichen Patienten hilft (vgl. S. 116)
- hatte ursprünglich die Idee der Errichtung eines Kurbades (vgl. S. 44, 82)
- Popularität durch seine wissenschaftlichen Artikel im „Volksboten“ (vgl. S. 9)
- liberaler Mensch, der seine Kinder nach diesem Vorbild erzieht (vgl. S. 118)

Wandlung

↓

Der Volksfeind:

- Veröffentlichung des Gutachtens (vgl. S. 40 ff.)
  - Schädigung des Rufes der Stadt
  - Einnahmeverluste
  - Schließung des Bades während der zweijährigen Bauphase
- Gutgläubigkeit und Offenherzigkeit gegenüber einer opportunen Presse (vgl. S. 31 ff.)
- Konflikt mit seinem einflussreichen und mächtigen Bruder schadet seinem Ansehen
- persönliche Angriffe Dr. Stockmanns während der Bürgerversammlung (vgl. S. 90 ff.)

Die Figurenkonstellation des Dramas (Strukturlegen)

- *Erstellen Sie ein Strukturbild zur Figurenkonstellation, aus welchem die Beziehungen der Figuren zueinander (Nähe/Distanz, Liebe/Hass usw.) hervorgehen. Legen Sie hierzu die Kärtchen, die Sie verwenden wollen, auf einen DIN-A3-Bogen und ergänzen Sie Ihre Struktur mit Texten und grafischen Elementen (Pfeile, Symbole, Rechtecke, Kreise usw.). Die leeren Kästchen können Sie zusätzlich beschriften, wenn aus Ihrer Sicht bedeutsame Figuren fehlen sollten. Kleben Sie die Kärtchen schließlich fest.*

Im Folgenden finden Sie einige Vorschläge für mögliche Strukturierungsmuster:

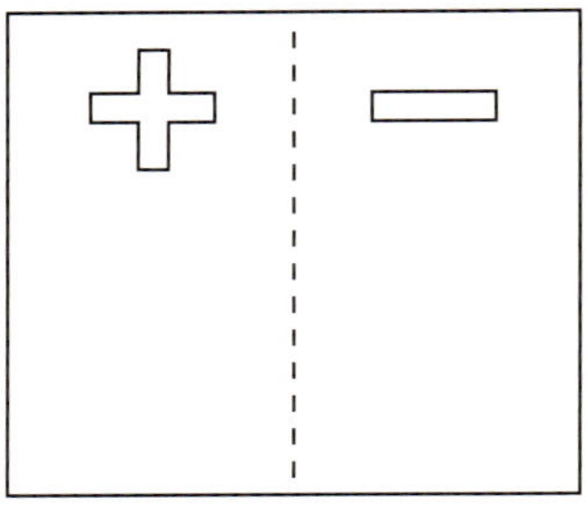

Gegenüberstellung, z. B.:
- Freunde und Feinde
- Stärken und Schwächen

Baum-Metapher, z. B.:
- Familie als *Wurzel*
- Partner als *Stamm*
- Kind als *Frucht*

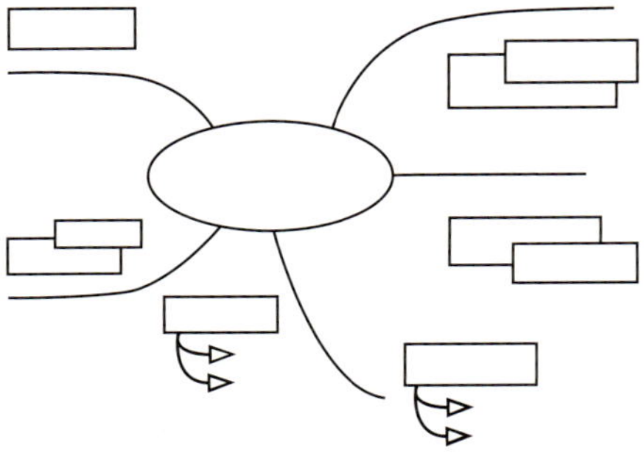

Mindmap mit
- Oberbegriffen
- Ausdifferenzierungen

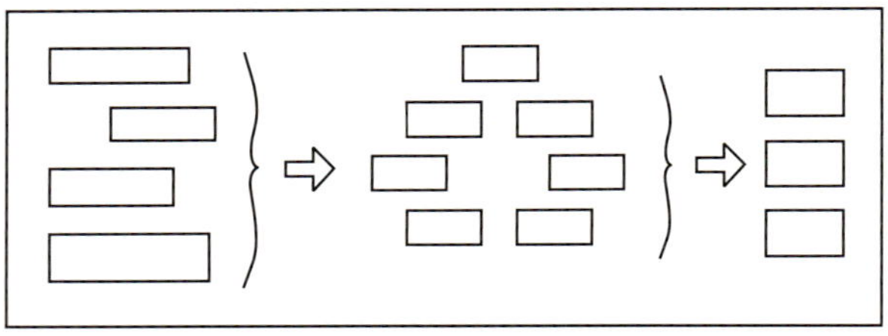

Prozessmodell
(bzw. Ablaufdiagramm)

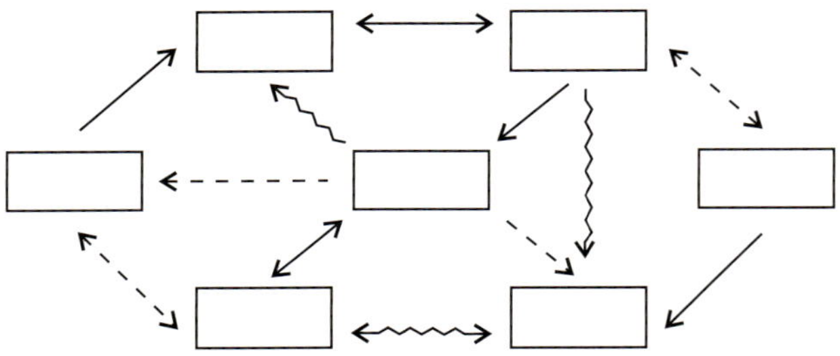

Soziogramm
——— Freundschaft, Zuneigung
∿∿∿ Feindschaft, Ablehnung
- - - - wechselhaftes Verhältnis

Nach: Josef W. Seifert (2007): Visualisieren, Präsentieren, Moderieren. Offenbach, Gabal Verlag

Dr. Tomas Stockmann	Käte Stockmann	Petra Stockmann
Stadtvogt Peter Stockmann	Morten Kiil	Hovstad
Billing	Aslaksen	

Baustein 3

Gesellschaftskritik als zentrales Thema des Dramas

Seinem Brief an Sophus Schandorph vom 6. Januar 1882 sind die große Enttäuschung Ibsens und sein Unmut zu entnehmen, die die Rezeption seines Gesellschaftsdramas „Gespenster" bei ihm auslösten: „Ein solches Hallo habe ich erwartet. Und wenn gewisse nordische Rezensenten sonst nichts können, so haben sie jedenfalls das unbestreitbare Talent, die Bücher, mit denen sie sich einlassen, gründlich zu missdeuten. Doch kann das alles wirklich nur Unverstand sein? Bringt man diese Haufen von Verdrehungen und Verzerrungen nicht im vollen Bewusstsein ihrer Grundlosigkeit vor? Ich kann es mir fast nicht anders denken."[1]
Dass sein Drama „Gespenster" im konservativen Lager auf großes Missfallen stoßen würde, hatte Ibsen erwartet. Was ihn hingegen zutiefst enttäuschte, war die fast ausnahmslos negative Kritik aus den Reihen der liberalen Presse: „Aber die Hasenherzigkeit, die ich aufseiten der sogenannten Liberalen wahrgenommen habe, hat mir so manches zu denken gegeben. [...] Ich bin, was die Situation in Norwegen anbelangt, einigermaßen in Verwirrung geraten und muss Zeit haben, mich zu orientieren."[2]
Hieran wird deutlich, dass es Ibsen zunächst schwerfiel, die Ursache für die mangelnde Urteilsfähigkeit seiner norwegischen Kritiker zu ergründen. So erregten „weniger die schockierenden Details als die Treffsicherheit des Ganzen, weniger der Blick in moralische Abgründe als das scharfe Augenmaß für die Typen des bürgerlichen Abstiegs, weniger die äußere Handlung als die aufrührerischen Gedanken, mit denen Ibsens Dichtung an soziale Fundamente rührte"[3], die Gemüter seiner Zeitgenossen. Und diese Aufregung war umso größer, da „gerade zu dieser Zeit [...] die beiden bürgerlichen Parteien Norwegens darin [wetteiferten], sich im Kampf um die politische Macht als beste Stützen der Gesellschaft zu erweisen und die Gunst der wahlberechtigten Bürger zu gewinnen."[4]
Diese gesellschaftspolitischen Umstände wiederum veranlassten den Dichter, die Angriffe auf sich und sein Werk „mit einem kräftigen, treffsicheren Gegenschlag, dem Schauspiel *Ein Volksfeind*"[5], zu beantworten.
Ibsens letztes Gesellschaftsdrama stellt folglich eine kompromisslose Wahrheitsverkündung dar, die sich offen und direkt „gegen das System der bürgerlichen Demokratie in ihren wesentlichen, zeittypischen Erscheinungsformen"[6] richtet. Es handelt sich somit um ein hochbrisantes sozialpolitisches Schauspiel, das „durch eine breit angelegte gesellschaftspolitische Problematik sowie durch satirische Schärfe und polemische Zuspitzung" gekennzeichnet ist und mit dem Ibsen auf diese Weise die „bestehende Gesellschaft als Ganzes vor sein künstlerisches Tribunal"[7] stellt.

1 Carlsson (1967), S. 116
2 zitiert nach Bien (1970), S. 227
3 Bien (1970), S. 227
4 Bien (1970), S. 227
5 Bien (1970), S. 226
6 Bien (1970), S. 228
7 Bien (1970), S. 228

3.1 Die Demaskierung des Bürgertums

Ibsen geht es in seinem Gesellschaftsdrama um die kritische Auseinandersetzung mit dem Verfall der Werte und Normen der Gesellschaft gegen Ende des 19. Jahrhunderts. Wie die folgenden Ausführungen zeigen, spiegeln die Bürger der fiktiven norwegischen Kleinstadt daher in unterschiedlicher Ausprägung „starke menschliche Schwächen wider: Eitelkeit, Geiz, Schadenfreude, Dummheit, Sturheit, Undankbarkeit, Neid, Niedertracht, Feigheit, Doppelzüngigkeit"[1], wodurch der Dichter gleichzeitig seine gesellschaftsreformerischen Forderungen indirekt zum Ausdruck bringt.

Die liberale Presse

Zu Beginn des Dramas sind die Vertreter der liberalen Presse um Aufklärung der Bevölkerung bemüht (vgl. S. 31 ff.), denn der „Volksbote" begreift sich, wie der Titel der Zeitung bereits verspricht, als Überbringer von Nachrichten des Volkes bzw. für das Volk, weshalb auch „die Wahrheit allen anderen Rücksichten vorgeht" (S. 32).
Demzufolge sieht Hovstad seine verantwortungsvolle Aufgabe insbesondere darin, notwendige und längst überfällige Veränderungen mit anzuschieben (vgl. S. 31 ff.). Er will daher die Macht der Presse „zur Befreiung der Menge, der Geringen, der Unterdrückten" (S. 33) nutzen. Die aktuelle Debatte um das verseuchte Wasser, dieser „unverantwortliche Missgriff" (S. 37) der Entscheidungsträger, erscheint ihm daher als willkommener Anlass, entsprechenden Druck auf die Obrigkeit, die aus seiner Sicht den eigentlichen Sumpf darstellt, ausüben zu können (vgl. S. 31 f.). Auch Billing, Mitarbeiter des „Volksboten", scheint Hovstads Auffassung zu teilen, denn beim Lesen des Manuskriptes stellt er erfreut fest, dass jedes Wort „wuchtig nieder[haut] wie [...] ein Axthieb" (S. 51), weshalb der Journalist glaubt, bereits „von fern die Revolution kommen" (S. 51) zu hören.
Was zunächst glaub- und ehrenhaft erscheint, entpuppt sich im weiteren Verlauf des Gespräches schnell als purer Eigennutz („Na, was auch geschieht, wir können glücklicherweise die Situation ausnutzen.", S. 52). Diese Skrupellosigkeit der Presse wiederum scheint einerseits im Hinblick auf die finanzielle Notsituation des „Volksboten" (vgl. S. 57, 31) erforderlich zu sein. Andererseits ist diese offenbar typisch für diese Berufsgruppe, denn Hovstad selbst räumt im Gespräch mit Petra Stockmann ein, dass „Zeitungsschreiber [...] nicht viel (S. 151) [taugen]".
Diese brisante Kombination aus Opportunismus und mangelnder Courage der selbst ernannten liberalen Presse, die Wahrheit über das Kurbad auch gegen den Willen des Stadtvogts zu verbreiten (vgl. S. 31), führt letztlich dazu, dass das eigentliche Ziel, diesen sowie die sonstigen Amtsträger zu stürzen, weil „die ganze Kommunalverwaltung in die Hände freisinniger Leute" (S. 52) gehört, aufgegeben wird. Die „Revolution" bzw. der Umsturz der bestehenden gesellschaftlichen Ordnung wird somit bis auf Weiteres vertagt.
Für eben diesen Fall, dass vorerst alles beim Alten bleibt, hat Billing durch seine heimliche Bewerbung „um den Sekretärposten beim Magistrat" (S. 57) sicherheitshalber schon einmal Vorsorge getroffen.

Die kompakte Majorität

Als „Vorsitzender des Vereins der Hausbesitzer" (S. 34), der „außerdem eine Rolle im Mäßigungsverein" (S. 34) spielt, steht Aslaksen in diesem Drama stellvertretend für die kompakte Majorität der fiktiven norwegischen Kleinstadt. Er gilt „als besonnener und gefügiger Staatsbürger", was ihm „einen gewissen Einfluss in der Stadt – eine Art kleiner Machtstellung" (S. 34) verschafft hat.

[1] Brenning (o. J.), S. 75

Weil dies so ist und „diese Sache mit dem Wasserwerk [...] für [die] Kleinbürger enorm wichtig" (S. 34) ist, sichert Aslaksen dem Badearzt seine Unterstützung zu; denn das „Bad verspricht eine kleine Goldgrube für die Stadt [und insbesondere die Hausbesitzer] zu werden" (S. 34). Da außerdem Dr. Stockmann ursprünglich die Idee hatte, dieses Kurbad zu errichten, steht für Aslaksen fest, dass „der Herr Doktor [...] der wahre Freund der Stadt" (S. 55) sei, dem daher die kompakte Majorität zur Seite stehe (vgl. S. 36).
Aslaksen ist überzeugt, dass es ohnehin „nie schaden [könne], die Majorität für sich zu haben" (S. 33), da er sich ihrer Macht bewusst ist. Zudem hat ihn die Erfahrung gelehrt, wie die Obrigkeit funktioniert: So gehen die „Machthaber [...] nicht gern gutwillig auf Vorschläge ein, die von anderer Seite kommen. Und deshalb [...] wär' es nicht unangebracht, wenn wir ein bisschen demonstrierten." (S. 34) Dabei müsse allerdings streng darauf geachtet werden, dass die Obrigkeit nicht verunglimpft werde (vgl. S. 35 f.), weshalb Aslaksen darauf bedacht ist, stets mit „Maß und Ziel" zu handeln, „denn Mäßigung, das ist die erste Bürgerpflicht" (S. 34).
Bereits hieran wird die Ambivalenz Aslaksens deutlich: Einerseits würde er positive Veränderungen begrüßen, andererseits sollen diese aber nur gemäßigt herbeigeführt werden, denn „die l o k a l e n Behörden, die können [zwar] gestürzt werden, [aber] dann kommt vielleicht die Ignoranz ans Ruder zum unersetzlichen Schaden der Hausbesitzer" (S. 56). Deshalb sollte aus seiner Sicht lieber doch alles beim Alten bleiben (vgl. S. 96), zumal Aslaksen befürchten muss, dass Dr. Stockmann „sich [nicht] nur an die Geschichte mit der Badeanstalt halten" (S. 56) wird. In diesem Falle wäre „es nicht ratsam, mit ihm gemeinsame Sache zu machen" (S. 56).
Aslaksens Befürchtungen scheinen sich nicht nur zu bewahrheiten, sondern werden sogar noch übertroffen, denn die Beseitigung des Schadens ist nicht nur ein zeitintensives Unterfangen, sondern soll zudem mithilfe der „poweren Taschen der Kleinbürger!" (S. 64) finanziert werden. Die offene Frage, wovon er als „Hausbesitzer denn so lange leben" (S. 65) soll, ist daher für ihn der Anlass, seine Hilfe zu untersagen (vgl. S. 72). Zugleich wechselt Aslaksen zu seiner eigenen Sicherheit ins andere Lager, denn die „öffentliche Meinung, das aufgeklärte Publikum, die Hausbesitzer und all die andern; d i e regieren die Presse" (S. 71) und ordnen somit die Belange der Stadt.
Wie die starre Denkweise des Buchdruckers Aslaksen, an der sich die meisten orientieren (vgl. S. 75), zeigt, ist das Handeln der „verfluchte[n], kompakte[n], liberale[n] Majorität" (S. 84) in großem Maße lediglich auf den eigenen finanziellen Vorteil ausgerichtet (vgl. S. 79). Dies wiederum führt dazu, dass die kompakte Majorität Dr. Stockmann „verbieten will, die Wahrheit auszusprechen" (S. 85), und auf diese Weise nicht nur ihn als Einzelnem seines Rechtes auf Meinungsfreiheit beraubt, sondern ganz generell die „geistigen Lebensquellen vergiftet und den Boden unter unseren Füßen verpestet" (S. 87).

Der Mob

Der Querschnitt der Kleinbürger, die zur Bürgerversammlung gekommen sind, ist desillusionierend: Bei einer Gruppe von Bürgern offenbart sich eine falsche Motivation für ihr Erscheinen, denn dieser Teil der Anwesenden will lediglich seinen Spaß haben und etwas erleben, wenn in diesem „Krähwinkel [...] [schon mal] etwas wirklich Aufregendes passiert" (S. 58). Dies äußert sich unter anderem darin, dass diese Bürger ihre Trillerpfeifen bzw. „ein mächtig großes Horn" (vgl. S. 74) mitgebracht haben, um für „gute" Stimmung zu sorgen.
Einigen Bürgern ist zudem unklar, weshalb die Bürgerversammlung überhaupt einberufen worden ist (vgl. S. 74). Andere hingegen verlassen sich auf das Urteil des „Volksboten" und sind von vornherein nicht vorurteilsfrei. Demzufolge ist kaum einer der Versammelten in der Lage, sich eine eigene politische Meinung zu bilden. Aus Bequemlichkeit richten sie sich daher „nur nach dem Buchdrucker Aslaksen" (S. 75), indem sie sein Handeln beobachten und es ihm gegebenenfalls gleichtun (vgl. S. 75).

Lediglich einer der Anwesenden ist fähig, ein eigenes Urteil zu fällen. Ironischerweise ist dies allerdings der Betrunkene, der als Einziger für Dr. Stockmann stimmt – noch dazu mit einem blauen Stimmzettel (vgl. S. 95).
Der mangelhafte Bildungsstand und die politische Unmündigkeit des Kleinbürgertums werden zudem durch die Sprache der Figuren entlarvt, wie etwa der Ausruf des zweiten Arbeiters „Das ist der Billing von Aslaksen seiner Zeitung" (S. 75) belegt. Gleichzeitig ist diese Demaskierung der kleinbürgerlichen Mentalität mithilfe der Figurenrede als Teil Ibsens ästhetischen Konzepts zu begreifen.[1]
Zum Glück für Dr. Stockmann ist auch der Hass des geistig trägen Mobs, der lediglich fluchen, drohen und pfeifen kann, nicht wirklich ernst zu nehmen; denn er selbst stellt fest, dass letztlich alle zu feige seien, um ihre Androhungen „vor lauter Rücksicht auf die andern Leute" (S. 99) wahrzumachen.
Aus diesem Grund muss der Badearzt nicht um sein Leben und das seiner Familie fürchten, weshalb er es letztlich wagen kann, in seiner Heimatstadt zu bleiben, um sich für die Aufklärung seiner Mitbürger aufzuopfern – in der Hoffnung, noch etwas bewirken zu können (vgl. S. 117ff.).
Um die Schülerinnen und Schüler an die Intention Ibsens, die Demaskierung des Bürgertums, sukzessive heranzuführen, sollten zunächst geeignete Textstellen vorgegeben werden, die unter folgendem Aspekt zu analysieren sind:

- *Untersuchen Sie exemplarisch anhand der folgenden Textstellen, wie die verschiedenen Bevölkerungsgruppen der fiktiven norwegischen Kleinstadt charakterisiert werden.*

Die liberale Presse:	*S. 31–33*
	S. 51 ff.
	S. 57–60
Die kompakte Majorität:	*S. 34–36*
	S. 56
	S. 64 f.
	S. 71 f.
	S. 96
Der Mob:	*S. 74 f.*
	S. 95
	S. 98

  Ergänzen Sie Ihre Ergebnisse gegebenenfalls um weitere geeignete Textbeispiele.

- *Ziehen Sie aus Ihren Ergebnissen Rückschlüsse auf die Intention Ibsens, die sich möglicherweise hinter dieser Charakterzeichnung verbirgt.*

[1] Näheres zur Sprache der Figuren als Stilmittel im Naturalismus ist dem Abschnitt 4.3.2 (S. 77ff.) zu entnehmen.

Die Ergebnisse dieser Textanalyse sollten im anschließenden Unterrichtsgespräch verglichen, ausgewertet und sprachlich reduziert an der Tafel bzw. auf einer Folie gesammelt werden:

Das Bürgertum der fiktiven norwegischen Kleinstadt

Die liberale Presse

- Wunsch nach Revolution „zur Befreiung [...] der Unterdrückten" (S. 33), da „die ganze Kommunalverwaltung in die Hände freisinniger Leute" (S. 52) gehört
- Eigennutz hat letztlich Vorrang
  - Hovstad: Erhalt seiner Zeitung „Volksbote" (vgl. S. 31, 57)
  - Billing: Zukunftssicherung durch Bewerbung „um Sekretärposten beim Magistrat" (S. 57, 60)
- „Wir Zeitungsschreiber taugen nicht viel" (S. 60)
  - opportunistisches Verhalten
  - mangelnde Courage, die Wahrheit auch gegen den Willen des Stadtvogts zu verbreiten

Die kompakte Majorität

- Mäßigung als „erste Bürgerpflicht", um Konfrontationen mit der Obrigkeit zu vermeiden (vgl. S. 34)
- Handeln ist ausschließlich auf den eigenen materiellen Vorteil ausgerichtet (vgl. S. 65, 72)
- Folge: Intoleranz gegenüber gegenteiligen Meinungen (vgl. S. 87)

Der Mob

- fehlendes politisches Interesse
  - Bürger wollen etwas erleben: Trillerpfeife, Horn usw. (vgl. S. 74)
  - Anlass der Bürgerversammlung ist unbekannt (vgl. S. 74)
- Unmündigkeit: zu keiner eigenen (politischen) Meinungsbildung fähig („Richten Sie sich nur nach dem Buchdrucker Aslaksen; und tun Sie, was d e r tut.", S. 75)
- mangelnder Bildungsstand wird u. a. auch sprachlich deutlich („Das ist der Billing von Aslaksen seiner Zeitung", S. 75)

↓

Entlarvung menschlicher Schwächen: Eitelkeit, Geiz, Schadenfreude, Dummheit, Sturheit, Undankbarkeit, Neid, Niedertracht, Feigheit und Doppelzüngigkeit
→ **Demaskierung des Bürgertums**

3.2 Missstände auf politischer Ebene: Die antike Polis als Vorbild demokratischer Strukturen

Um den Schülerinnen und Schülern einen Einblick in die politischen Hintergründe dieses Dramas zu verschaffen, bietet es sich an, sich in einem ersten Schritt die gesellschaftliche und politische Situation in Norwegen um 1900 zu vergegenwärtigen. Die hierfür vorgesehenen Texte (S. 143–146 im Anhang der Textausgabe) dienen als Vorbereitung auf diese Sequenz und sollten bereits als Hausaufgabe gelesen werden.

- *Informieren Sie sich mithilfe der S. 143–146 im Anhang Ihrer Textausgabe über die politische und gesellschaftliche Situation in Norwegen um 1900 und fassen Sie die wesentlichen Fakten stichwortartig zusammen.*
- *Welche Folgen hat dies für die norwegische Bevölkerung?*

Die Ergebnisse dieser Situationsanalyse können in folgendes Tafelbild münden:

Gesellschaftliche und politische Situation in Norwegen um 1900

gesellschaftliche Situation	politische Situation
• Unterdrückung der in Norwegen lebenden Samen im Zuge der *Norwegisierung* • fehlende Gleichberechtigung der Frau in der Gesellschaft • verpflichtende Mitgliedschaft der Bürger in der Staatskirche → fehlende Trennung von Staat und Kirche • medizinische Unterversorgung insbesondere der ländlichen Bevölkerung • geografisch bedingte Isolation Norwegens von Europa • rückständische wirtschaftliche Entwicklung → später Beginn der Industrialisierung (ab ca. 1840)	• 434 Jahre Fremdherrschaft durch Dänemark enden im Jahre 1814 durch Sieg der Alliierten über Napoleon • neuerliche Abhängigkeit durch die Zwangsunion Norwegens mit Schweden und Verabschiedung einer norwegischen Verfassung • wirtschaftlicher Fortschritt verstärkt den Klassenkonflikt zwischen höheren Beamten und Bauern → Forderung nach demokratischen Reformen • erste Gründung einer Partei in Norwegen im Jahre 1884 (radikale Liberale Partei); wenige Monate später folgt Etablierung der gegnerischen Konservativen Partei • Kampf gegen die schwedische Monarchie für die Einführung des Parlamentarismus → Liberale werfen Konservativen Amtsmissbrauch vor und klagen die Unabhängigkeit des Stortings öffentlich ein • Plebiszit im August 1905 führt zur Beendigung der Union mit Schweden

↓

große Unzufriedenheit innerhalb der norwegischen Bevölkerung
→ Ibsen und viele seiner Landsleute verlassen ihr Heimatland

Alternativ oder auch ergänzend ist ein Einstieg mithilfe einer Fantasiereise möglich, um sich in die Zeit des ausgehenden 19. Jahrhunderts einzufühlen (vgl. **Zusatzmaterial 4**, S. 143f.). Als musikalische Begleitung eignet sich hierbei jede handelsübliche Entspannungsmusik mit sanftem Meeresrauschen im Hintergrund. Zusätzlich können ausgewählte zeitgenössische Bilddokumente an die Wand projiziert werden (vgl. **Zusatzmaterial 5**, S. 145f.).

In einem zweiten Schritt sollen sich die Schülerinnen und Schüler mit den Gegebenheiten der antiken Polis vertraut machen. Durch den unmittelbaren Vergleich mit der Situation in Norwegen um 1900 sind die politischen Anspielungen in dem Drama „Ein Volksfeind" für die Lernenden noch deutlicher zu erkennen. Hierfür sollen sie auf den Informationstext „Grundzüge der athenischen Demokratie" zurückgreifen, der sich im Anhang ihrer Textausgabe (S. 146–154) befindet.
Der Arbeitsauftrag für die arbeitsgleiche Gruppenarbeit könnte folgendermaßen lauten:

- *Informieren Sie sich mithilfe der S. 146–154 im Anhang Ihrer Textausgabe über die Grundzüge der Demokratie einer Polis im antiken Griechenland. Ergänzen Sie die vorliegenden Informationen zur Polis mithilfe anderer Ihnen zugänglicher Quellen (Schulbibliothek, Internet usw.).*
- *Untersuchen Sie Schauplatz und Figuren in Ibsens Drama „Ein Volksfeind" (exemplarisch anhand der S. 8, 28 f., 34, 39–41, 86 f., 95) auf Anzeichen einer antiken Polis.*
- *Erörtern Sie mithilfe der S. 25 f., 72, 81, 93 ff., 117 ff., inwiefern Dr. Tomas Stockmann als idealer Polisbürger gelten kann.*

Johnston zufolge vollzieht sich im Drama „Ein Volksfeind" ein Wandel vom klassischen Bruderkonflikt um die Vormachtstellung in der Polis[1] hin zum sokratischen Konflikt des Einzelnen in der Gesellschaft.[2] Aus diesem Grund tritt im vierten Akt ein anderer, ein energischerer Dr. Tomas Stockmann in Erscheinung, dessen Interessen sich verlagert haben: So ist ihm die Zukunft des Kurbades angesichts der moralischen Verderbtheit seiner Mitbürger nunmehr gleichgültig (vgl. S. 81 ff.).
Seine „Vaterstadt bedeutet [ihm] so viel, dass [er] sie lieber zugrunde richten" (S. 93) möchte. Obwohl die Anwesenden der Bürgerversammlung seine edlen Absichten und Ziele verkennen und er fortan von seinen Mitbürgern als Volksfeind verfemt wird (vgl. S. 93 ff.), hält er in letzter Konsequenz an seinem Vorhaben fest, diese Gemeinschaft, mit der er sich dennoch so sehr identifiziert, retten zu wollen (vgl. S. 117 ff.). Gerade dieser Patriotismus des Badearztes ist es, der ihn zu einem Idealbürger der griechischen Polis machen würde.[3]
Dass die fiktive norwegische Kleinstadt gleich mehrere Parallelen zur antiken Polis aufweist, zeigt zunächst die wichtigste Errungenschaft der Kleinstadt, nämlich das Kurbad. Es steht im Zentrum des bürgerlichen Interesses, denn es sichert sowohl der Stadt als auch seinen Bewohnern Profit und Wohlstand, worauf der Stadtvogt Peter Stockmann gleich zu Beginn des Dramas hinweist, denn „das Bad wird noch die entscheidende Quelle des Wohlstands in unserer Stadt. […] Welch ganz außerordentlichen Aufschwung hat unser Ort nicht bereits in diesen wenigen Jahren genommen. Hier ist Geld unter die Leute gekommen, Leben und Bewegung. Der Wert des Haus- und Grundbesitzes steigt von Tag zu Tag." (S. 8)
Auch in der antiken Polis war das Bad von zentraler Bedeutung. Dabei ging es jedoch weniger um materiellen Wohlstand, sondern um die Realisierung der antiken Vorstellung eines guten Lebens im Sinne einer positiven bzw. gesunden Physis: So verfasste etwa der griechische Arzt Hippokrates (460–375 v. Chr.) eine Abhandlung „Über den Einfluss der Umwelt auf die Gesundheit" und stellte dabei die Bedeutung von Klima, Luft, Wasser und Örtlichkeit für die Befindlichkeit des Einzelnen heraus. Infolgedessen wurden künftig auch hygienische

---

1 Unter einer Polis (griech. pólis = Stadt) wird in archaischer Zeit eine Gemeinschaft von Bürgern verstanden, die mittels politischer, sozialer und religiöser Ordnungssysteme ein Maximum an Selbstbestimmung, Interessenausgleich und innerer Stabilität anstrebte. Sie war daher durch Institutionen wie Rats- und Volksversammlungen und eine demokratische Verfassung gekennzeichnet, in der die Rechte des Einzelnen festgelegt waren. Dies fand seinen Ausdruck in einer besonderen Bürgeridentität und einem zugehörigen Stadtbild. Die Polis bildete folglich die Grundlage der griechischen Zivilisation.

2 Vgl. Johnston (1989), S. 182.

3 Vgl. Johnston (1989), S. 183.

Erfordernisse bei der Stadtplanung berücksichtigt und zunehmend öffentliche Kurbäder errichtet.
Vor diesem historischen Hintergrund bildet Ibsens Gesellschaftsdrama „Ein Volksfeind" für Johnston den Abschluss der hellenischen Tetralogie, die mit „Die Stützen der Gesellschaft" begonnen habe.[1] Das Motiv der Kleinstadt (vgl. Abschnitt 2.1, S. 39f.) wäre demzufolge keine bloße Abrechnung Ibsens mit der norwegischen Provinz, sondern Teil eines umfassenden Programms, in welchem er auf die Entwicklungsgeschichte der antiken griechischen Gesellschaft als Musterbeispiel für die Schaffung demokratischer Strukturen verweist.
Ibsens Kritik an der norwegischen Gesellschaft gegen Ende des 19. Jahrhunderts klingt im Drama „Ein Volksfeind" mehrfach an: Peter Stockmann beharrt auf seinem Standpunkt, dass der Einzelne „sich durchaus dem Ganzen unterordnen [müsse], oder, richtiger gesagt, den Behörden, die über das Gemeinwohl zu wachen haben" (S. 15). Hier wird bereits zu diesem frühen Zeitpunkt der Handlung deutlich, dass der Kommunalpolitiker bestrebt ist, seine Machtposition weiter zu festigen und folglich eher persönliche Interessen verfolgt.
Im Gegensatz zur Polis ist es bezeichnenderweise auch gerade das Kurbad, welches nicht zur Gesundheit der Stadtbevölkerung bzw. Touristen beiträgt. Stattdessen werden durch das verseuchte Wasser Krankheiten ausgelöst. Auch durch diesen Verfremdungseffekt verweist Ibsen symbolisch auf die gesellschaftlichen Missstände Norwegens im 19. Jahrhundert. Dies wird zudem dadurch verstärkt, dass Ibsen seinen Helden die für das menschliche Auge, sinnbildlich für die Mehrheit der Bevölkerung, nicht erkennbaren Mängel mithilfe der modernen wissenschaftlichen Analyse aufdecken lässt.
Das bürgerliche Kollektiv, stellvertretend durch die Machthaber Aslaksen, Hovstad und den Stadtrichter verkörpert, verharrt jedoch in seiner Ignoranz, um sich nicht gegen die eigenen wirtschaftlichen Interessen stellen zu müssen. Aus diesem Grund werden die Bewohner der Kleinstadt in dem bequemen Glauben gelassen, dass die Verschmutzung des Kurbades nur die Idee eines „Wirrkopfes"[2] sei.
Infolgedessen bleibt Dr. Tomas Stockmann im gesamten Handlungsverlauf auch die einzige Figur des Dramas, welche die moralische Verschmutzung der Gemeinschaft wahrnimmt. Die übrigen Vertreter der Kleinstadt hingegen sind von der Verschmutzung des Kurbades nicht überzeugt (vgl. S. 29). So begreift selbst Morten Kiil die Handlungen seines Schwiegersohnes lediglich als dessen bislang größten Schelmenstreich (vgl. S. 29) und auch die Vertreter der regionalen Presse sind nach der Unterredung mit dem Stadtvogt willig, an die Unbedenklichkeit des Kurbades zu glauben (vgl. S. 64ff.).
Dr. Tomas Stockmanns uneigennütziger, idealistischer Kampf für Wahrheit, (Meinungs-) Freiheit und das Ansehen seiner geliebten Heimatstadt wird schließlich vollends verkannt, wenn Hovstad und Aslaksen im fünften Akt von Kiils finanziellen Transaktionen erfahren: Der Aktienkauf wird als intriganter Plan des Badearztes ausgelegt, um in den Besitz des Kurbades zu gelangen (vgl. S. 112f.).
In einer zunehmend kapitalistisch geprägten Gesellschaft muss ein Mensch wie Dr. Tomas Stockmann „wie von einem anderen Stern" wirken. Mit seiner Liebe zur Heimatstadt und seinem Kampfgeist, sich im Sinne des Allgemeinwohls weiterhin aufzuopfern, zeichnet Ibsen mit seinem Helden folglich eine anachronistische Version des idealen Polisbürgers.
Im abschließenden Unterrichtsgespräch sollten die wesentlichen Ergebnisse dieser Textanalyse zusammengetragen und schriftlich fixiert werden:

---

1 Vgl. Johnston (1989), S. 167.
2 Vgl. Ibsens Brief an Frederik Hegel vom 9. September 1882 (S. 124 im Anhang der Textausgabe).

Antike Bezüge im Drama „Ein Volksfeind"

Schauplatz	Dr. Tomas Stockmann
• Kurbad im Zentrum des bürgerlichen Interesses (vgl. S. 8, 34) • Unterschiede zur Polis: – materieller Wohlstand statt Gesundheit und Wohlbefinden – verseuchtes Wasser als Auslöser von Krankheiten statt Hygiene – unsichtbare Bakterien als Symbol für die moralische Verschmutzung der Gemeinschaft	• Einberufung einer Bürgerversammlung zur Aufklärung der Mitbürger (vgl. S. 72) • Zukunft des Kurbades ist angesichts der moralischen Verderbtheit der Mitbürger unwichtig (vgl. S. 81) • starker Patriotismus: – will seine Heimatstadt lieber zugrunde richten, als diese Lügen mit anzusehen (vgl. S. 93) – uneigennütziger, idealistischer Kampf für Wahrheit und Rettung der Stadt (vgl. S. 117 ff.)

↓

antike Polis als Vorbild demokratischer Strukturen + Dr. Stockmann als idealer Polisbürger
→ Ibsens Wunsch nach Veränderungen der politischen Strukturen Norwegens

Nachdem die Ergebnisse an der Tafel fixiert worden sind, sollten die Schülerinnen und Schüler zum Abschluss befragt werden, was Ibsen mit seinen Anspielungen auf die antike Polis beabsichtigt (vgl. Resümee des Tafelbildes).

■ *Welche Absicht verfolgt Ibsen durch die wiederholten Anspielungen auf die Polis im antiken Griechenland?*

3.3 *Exkurs:* Die Rolle der Frau in der Gesellschaft

Im 19. Jahrhundert prägte das Bildungsbürgertum das Idealbild der Ehe, welches im Kern eine Liebesheirat, d. h. die Einheit von seelischer und sinnlicher Liebe, beinhaltete.[1] Allerdings stellte sich die Realität in vielen Fällen leider anders dar, denn trotz freier Partnerwahl im Bürgertum waren Vernunftehen nach wie vor gängig[2] und „blinde Leidenschaft, die sich über alle finanziellen Erwägungen hinwegsetzte"[3], war auch weiterhin verpönt, da leidenschaftliche Liebe als vergänglich erachtet wurde.
Ökonomisch und gesellschaftlich unfrei, waren die bürgerlichen Frauen zudem meist nicht in der Position, einen Antrag überhaupt ablehnen zu können, zumal ihre Heiratschancen auch in beträchtlichem Maße von der Höhe der Mitgift abhingen.[4] Aus Angst vor sozialer Isolation ließ sich daher manche junge Frau auf eine Zweckgemeinschaft ein, denn ohne „solide materielle Grundlage schien eine auf Liebe aufgebaute Ehe eine konfliktträchtige Sache und jähe Leidenschaft eine Gefahr, die es zu bekämpfen galt"[5].

1 Vgl. Schenk (1988), S. 84 f.
2 Vgl. Schenk (1988), S. 87 f.
3 Schenk (1988), S. 89
4 Vgl. Schenk (1988), S. 89.
5 Borscheid (1983), S. 114

Hieran wird deutlich, dass der bürgerlichen Frau in der Gesellschaft die Rolle der Gattin, Mutter und Hausfrau zugedacht war, während der Mann für die Ernährung der Familie verantwortlich war. Dies wiederum führte zur weiteren Festigung der ohnehin vorhandenen patriarchalischen Strukturen innerhalb der bürgerlichen Ehe und verhinderte die wirkliche Gleichberechtigung der Ehepartner.

Bei Weitem nicht so überdeutlich wie in seinem Gesellschaftsdrama „Nora oder Ein Puppenheim", aber immerhin doch spürbar, übt Ibsen auch in seinem Schauspiel „Ein Volksfeind" Kritik am Rollenkonzept der bürgerlichen Frau. Denn mit Käte Stockmann, Ehefrau des Badearztes, begegnet dem Leser eine für die Gesellschaft gegen Ende des 19. Jahrhunderts typische Frauenfigur, die die traditionelle Rolle als Gattin, Mutter und Hausfrau verkörpert und ihrem Mann in allen wesentlichen Belangen untergeordnet ist. Dies zeigt sich gleich beim ersten gemeinsamen Auftritt beider Figuren, wenn Dr. Stockmann seinen Gästen Glühwein anbietet und von seiner Frau erwartet, dass selbstverständlich gleich „der Toddy auf den Tisch [kommt]. Du hast den Toddy doch nicht vergessen, Käte?" (S. 11)

Käte Stockmann wiederum nimmt eine derartige Abwertung ihrer Person stillschweigend und scheinbar gelassen hin, denn sie weiß die Vorzüge, durch die Heirat mit Dr. Stockmann der kleinbürgerlichen Enge im Hause ihres Pflegevaters entronnen zu sein, zu schätzen (vgl. S. 68). Und den mittlerweile erreichten, wenngleich bescheidenen Wohlstand möchte sie sich in jedem Falle erhalten (vgl. S. 50f.), da ihr neben einer guten Erziehung (vgl. S. 20) insbesondere eine gesicherte Zukunft der beiden Söhne am Herzen liegt (vgl. S. 50f.).

Dass sie sich diesen sozialen Aufstieg nach vielen Jahren der Not und Entbehrungen in der fernen Einöde hart erarbeiten musste (vgl. S. 12f.), unterstreicht darüber hinaus ihre Leidensfähigkeit insgesamt.

Für ihr Geschick, mit dem verfügbaren Einkommen gut wirtschaften zu können, schätzt Dr. Stockmann seine Frau und stellt gegenüber seinem Bruder nicht ohne Stolz fest, dass das „alles [...] Käte zusammengespart" (S. 13) habe. Dies täuscht jedoch nicht darüber hinweg, dass trotz aller positiven Charakterzüge des Helden im Hause des Badearztes durchaus patriarchalische Strukturen herrschen: So ist beispielsweise Dr. Stockmann zwar bereit, sich die Meinung seiner Frau anzuhören, dennoch hat sie kein wirkliches Mitspracherecht, weshalb er ihre Wünsche im Ergebnis durchweg ignoriert: Denn auch wenn beispielsweise „Käte sagt, dass [er] fast schon so viel verdiene, wie wir brauchen" (S. 13), fühlt sich Dr. Stockmann nicht veranlasst, sparsamer mit dem Geld umzugehen.

Auch auf die existenziellen Ängste seiner Frau, dass der Badearzt seine Arbeit verlieren werde und die Familie dann „wieder ohne Brot" dastehe (vgl. S. 49), sofern er aus Trotz auf sein Recht beharre, nimmt Dr. Stockmann keinerlei Rücksicht. Stattdessen wirft er ihr vor, „den Verstand verloren" zu haben und „jämmerlich feige" zu sein (vgl. S. 49). Gleichzeitig verkündet er, „nicht zu Kreuze" (S. 50) zu kriechen, weshalb Käte Stockmann nichts anderes übrig bleibt, als die wie üblich allein getroffene Entscheidung ihres Mannes kritiklos hinzunehmen und „in Tränen aus[zubrechen]" (S. 50).

Wie sehr Dr. Stockmann seine Frau dominiert, zeigt sich schließlich, wenn es um scheinbare Männerangelegenheiten geht, die zu regeln sind und in die sich eine Frau einfach nicht einzumischen habe: „Schnickschnack, Käte; – geh nach Hause und kümmere dich um deine Wirtschaft und überlass mir die Sorge um das Gemeinwesen." (S. 67) Dabei beweist Käte Stockmann einen weitaus besseren Instinkt dafür, was der Familie nutzen oder schaden könnte, als ihr Mann, der aufgrund seiner Unbesonnenheit immer dafür „gut" ist, „allesamt ins Unglück [zu] stürzen" (S. 68).

Trotz seiner Schwächen, die sie sehr genau kennt und die sie aufgrund ihres fehlenden Einflusses auch nicht versucht zu ändern, bewundert Käte Stockmann ihren Mann, wie die folgende Äußerung belegt: „Ich weiß wohl, dass du der klügste Mann der Stadt bist, aber du lässt dich so furchtbar leicht verleiten, Tomas." (S. 68)

Um die Schülerinnen und Schüler für die untergeordnete Rolle der Frau in der Gesellschaft um 1900 zu sensibilisieren, ist das **Arbeitsblatt 6** (S. 64) auszuhändigen, welches folgende Arbeitsaufträge enthält[1]:

- *Geben Sie die Kernaussagen des vorliegenden Textes wieder.*
- *Überprüfen Sie anhand der S. 11–13, 20, 49 f., 68 f. des Dramas, ob Käte Stockmann für ihren „Mann in erster Linie [ein] Genussobjekt" ist, das, „ökonomisch und gesellschaftlich unfrei, [...] ihre Versorgung in der Ehe erblicken" muss und auf diese Weise zu einem „Stück Eigentum von ihm" wird.*

Die Ergebnisse dieser Textanalyse können zu folgendem Tafelbild zusammengefasst werden:

Die Rolle der Frau in der Gesellschaft: Käte Stockmann

Käte Stockmann als Genussobjekt? (keine Angaben im Text)

Ökonomische und gesellschaftliche Unfreiheit Käte Stockmanns

- Ehe als Versorgungsanstalt
  - geht keiner eigenen beruflichen Tätigkeit nach, wird auf ihre Rolle als Frau und Mutter reduziert (vgl. S. 69)
  - hat wegen des Streits um Dr. Stockmanns Gutachten große Existenzängste (vgl. S. 49 ff.)
- gesellschaftliche Vorteile durch Heirat mit dem Badearzt
  - entkommt der kleinbürgerlichen Enge im Hause ihres Pflegevaters, „dem alten Dachs" (vgl. S. 68 f.)
  - sozialer Aufstieg bzw. besseres Ansehen (vgl. S. 13, 49)

Käte Stockmann als Stück Eigentum ihres Mannes

- patriarchale Strukturen im Hause des Badearztes
  - kein Mitspracherecht bei wichtigen familiären Entscheidungen (vgl. S. 49 f.)
  - befolgt Befehl, sich aus Männerangelegenheiten herauszuhalten (vgl. S. 68 f.)
- muss Abwertungen ihrer Person und Beleidigungen hinnehmen (vgl. S. 11, 49, 69)

↓

Käte entspricht dem für die Gesellschaft gegen Ende des 19. Jh.s typischen Frauenbild.
→ Ibsens Forderung nach Gleichstellung der Frau in der Gesellschaft

Zur Vertiefung kann eine vergleichende Figurenanalyse zwischen Käte Stockmann und ihrer Tochter Petra initiiert werden. Letztere stellt eine Kontrastfigur zur Frau des Badearztes dar, denn Petra Stockmann ist mutig, emanzipiert und selbstbewusst und zu einer eigenen politischen Meinungsbildung fähig. Sie verkörpert den fortschrittlichen Frauentyp um die Jahrhundertwende, der sich im Rahmen der beginnenden Frauenbewegung für die Gleichstellung der Geschlechter engagiert.

---

[1] Alternativ kann auch Zusatzmaterial 6 (S. 147 f.) ausgegeben werden, welches die Schlussszene aus „Nora oder Ein Puppenheim enthält und die Frauen- bzw. Eheproblematik in literarischer Form verdeutlicht.

Käte Stockmann hingegen wird aufgrund ihrer ökonomischen und gesellschaftlichen Unfreiheit sowie ihrer persönlichen Unmündigkeit eine derartige emanzipatorische Entwicklung versagt bleiben.

3.4 Die Verantwortung des Einzelnen

Den Stoff für dieses Drama lieferten Ibsen die nach wie vor unzureichenden hygienischen Verhältnisse in der zweiten Hälfte des 19. Jahrhunderts. Die mangelhafte oder gänzlich fehlende Kanalisation in Europa führte zu einer Umweltschädigung, deren tatsächliches Ausmaß sowohl von den Entscheidungsträgern als auch der Bevölkerung lange Zeit nicht erkannt und vielfach nicht als Problem gesehen wurde.[1] Die Ableitung von Fäkalien, Hausmüll usw. führte zur Verseuchung der Gewässer und somit des Trinkwassers, was wiederum schwere Epidemien auslöste, die viele Menschenleben forderten.[2]
Wie verantwortungslos mit der Umwelt und folglich mit der Gesundheit der Bevölkerung damals tatsächlich umgegangen wurde, belegt die folgende Antwort eines Zeitzeugen[3] der großen Cholera-Epidemie in Hamburg im Jahre 1892 auf die Frage, woher die Stadt ihr Trinkwasser beziehe: „,Aus der Elbe, nachdem es in einigen großen Bassins seinen Schmutz abgesetzt hat.' Als ich darauf sagte, dass das eine vorsündflutartige Schweinerei sei, fielen alle Anwesenden über mich her. ‚Das Elbwasser ist das gesündeste Getränk', schallte es mir entgegen. ‚Alle großen Ozeandampfer nehmen Elbwasser in der Gegend von Blankenese als Trinkwasser an Bord, weil es sich tadellos hält.' Von Bakteriologie hielt Oberarzt Dr. Gläser nichts. Ich konnte naturgemäß meine Auffassung nicht ändern, erhielt aber als Nichthamburger eine mitleidige Verzeihung für meine Ketzerei."[4]
Um den Schülerinnen und Schülern einen Einblick in die hygienischen Gegebenheiten im 19. Jahrhundert zu verschaffen, bietet es sich an, exemplarisch zwei typische Umweltskandale dieser Epoche sowie deren Hintergründe und Folgen zu betrachten. Der eine Vorfall ereignete sich in Norwegen, der andere in Deutschland. Die entsprechenden Informationstexte, die von einzelnen Kursteilnehmern in Form von Kurzreferaten vorgetragen werden sollten, sind den **Zusatzmaterialien 8–10** (S. 150 ff.) zu entnehmen.
„Das Urbild aller Verantwortung ist die von Menschen für Menschen"[5], weiß Jonas. Auch in Ibsens Drama wird das Thema der Verantwortung des Einzelnen für die Gesellschaft entfaltet, indem diverse Interessenkollisionen zwischen privater und beruflicher Ebene bei den handelnden Figuren sichtbar gemacht werden (vgl. Bausteine 1 und 2):
Wenn Dr. Stockmann mithilfe des derzeit technisch Machbaren der Wissenschaft feststellt, dass „[d]as ganze Bad [...] eine Pesthöhle" (S. 22) ist, und er bereits im Vorfeld „die Mängel aufdecken [will], die früher oder später ans Tageslicht kommen müssen" (S. 47), handelt er im vollen Bewusstsein seiner Verantwortung, die er als Einzelner gegenüber der Allgemeinheit hat, und stets „im Namen der Wahrheit und um [s]eines Gewissens willen" (S. 55). Und er weiß aus Erfahrung, „dass Freisinn sich beinah' ganz mit Moralität deckt" (S. 91).
Insofern kommt er zum einen seiner Pflicht als Bürger nach, zum anderen verhält er sich auch unter berufsethischen Gesichtspunkten vorbildlich: In seiner Eigenschaft als Arzt gehören nicht nur die Behandlung von Erkrankungen, sondern insbesondere auch deren Prävention zu seinen zentralen Aufgaben. Als Versprechen, diese stets gewissenhaft zu erfüllen, hat

1 Vgl. Brüggemeier (1990), S. 78.
2 Vgl. zu Castell Rüdenhausen (1990), S. 149 ff.
3 Hierbei handelt es sich um Prof. Dr. Theodor Rumpf, seinerzeit Leiter des AK Eppendorf.
4 Rumpf (1892), zitiert nach: www.schauspielhaus.de/spielplan/... (Aufruf: 2009-04-09)
5 Jonas (1987), S. 184

er den hippokratischen Eid abgelegt. Als Wissenschaftler wiederum hat er unbekanntes Terrain zu erforschen, um der Gesellschaft zum (technischen) Fortschritt zu verhelfen. Zwar gibt es für diese Berufsgruppe keine vergleichbare Vereidigung, dennoch herrscht auch hier die unausgesprochene Übereinkunft, dass dieser Fortschritt nicht zulasten des Gemeinwohls gehen darf.

Vor diesem Hintergrund ist es nachvollziehbar und absolut berechtigt, wenn Dr. Stockmann sich dagegen wehrt, seine wichtige Entdeckung nicht der Öffentlichkeit mitteilen zu dürfen („Das geht zu weit! Ich, als Arzt, als Mann der Wissenschaft, sollte nicht das Recht haben, zu –!", S. 45). Denn er ist sich seiner Verantwortung in jeder Hinsicht bewusst und muss folglich „die Freiheit haben, [s]ich über alle möglichen Angelegenheiten der Welt auszusprechen!" (S. 45) Ein Verschweigen dieser zum Schutz der Gesundheit aller wichtigen Informationen hingegen „wäre eine Hinterlist – ein Betrug, eine Lüge, geradezu ein Verbrechen am Publikum, an der ganzen Gesellschaft!" (S. 41)

Dass er im Sinne der *moralischen* Rettung der Allgemeinheit schon zu lange geschwiegen hat und „[s]ich schon längst auf die Hinterbeine [hätte] stellen, – ihnen die Zähne zeigen" (S. 48) müssen, wird ihm allerdings erst anlässlich der hitzigen Debatte um das Kurbad bewusst. Auch hier beweist er bürgerliche Größe und entscheidet sich schließlich, aus diesem Grund in seiner Heimatstadt zu bleiben, denn „die Verdummung, die Armut, die Elendigkeit der Lebensverhältnisse, die sind es, die dieses Teufelswerk verrichten!" (S. 92).

Im Gegensatz zu Dr. Stockmann sind sich die übrigen Figuren des Dramas ihrer Verantwortung als Einzelne gegenüber der Gesellschaft nicht bewusst oder ignorieren diese, da ihnen der persönliche Nutzen mehr bedeutet als das Wohl der Allgemeinheit, was der Badearzt bei seinem Bruder recht frühzeitig durchschaut: „Meine Darstellung ist schlagkräftig und richtig, das weiß ich! Und du siehst das auch sehr wohl ein, Peter; aber du willst es nur nicht wahrhaben. D u hast es durchgesetzt, dass die Badegebäude wie auch das Wasserwerk da angelegt wurden, wo sie jetzt liegen; und d a s ist es – dieser verdammte Missgriff ist es, den du nicht eingestehen willst." (S. 41)

Zu Recht belehrt er daher seinen älteren Bruder dahingehend, dass „[e]in freier Mann [...] sich nicht wie ein Lump besudeln [darf]; er darf sich nicht so benehmen, dass er sich selbst ins Gesicht spucken müsste!" (S. 106). Hierdurch fordert Dr. Stockmann ihn indirekt zu mehr Integrität und zur gewissenhaften Erfüllung seiner beruflichen Pflichten als Beamter im öffentlichen Dienst auf. Denn schon allein die Tatsache, dass Peter Stockmann gleich diverse Ämter angehäuft hat, ist ein Zeichen für das persönliche Machtstreben des „Stadtvogt[s], Haupt[es] der Polizei und Vorsitzende[n] der Badeverwaltung usw." (S. 5) und dessen Wahn, sein lupenreines Ansehen in der Stadt bewahren zu wollen.

Auch bei Hovstad, Billing und Aslaksen kollidieren private Motive für ihr Handeln mit ihrem Berufsethos als Vertreter der Presse: Obwohl sie im Rahmen ihrer Tätigkeit zur wahrheitsgemäßen Berichterstattung und damit zur Aufklärung der Öffentlichkeit verpflichtet sind (vgl. S. 31), zumal andernfalls Gegendarstellungen, Unterlassungsklagen usw. drohen, die den Ruf einer seriösen Zeitung nachhaltig schädigen, lassen sie sich auf die „Machtspielchen" des Stadtvogts ein, da dies finanzielle Zuwendungen, berufliche Vorteile usw. (vgl. Baustein 2) verspricht.

Den Nachweis des verantwortungsvollen Umgangs des Badearztes mit den Belangen seiner Mitmenschen bzw. die Interessenkollision zwischen privater und beruflicher Ebene bei den übrigen Figuren sollen die Schülerinnen und Schüler mithilfe des **Arbeitsblattes 7** (S. 66) erbringen[1]:

[1] Alternativ zu dieser textanalytischen Vorgehensweise ist auch die Durchführung einer Podiumsdiskussion aller Interessengruppen zum Thema „Gesundheitsgefährdung durch das Kurbad" möglich. Hier können die o. a. Zusatzmaterialien integrativ behandelt und durch weitere Informations- und Werbebroschüren aus Kurorten usw. ergänzt werden.

- *Erörtern Sie anhand der S. 23, 31, 41, 45, 47, 55, 57, 60, 91, 106 sowie gegebenenfalls weiterer geeigneter Textstellen, inwiefern diese Figuren verantwortungsbewusst handeln bzw. inwieweit Interessenkollisionen zwischen privater und beruflicher Ebene nachzuweisen sind.*
- *Stellen Sie differenziert dar, wie die zentralen Figuren des Dramas (Dr. Tomas Stockmann, Stadtvogt Peter Stockmann sowie die Pressevertreter Hovstad, Billing und Aslaksen) denken und handeln müssten, um ihre beruflichen Aufgaben dem Berufsethos entsprechend zu erfüllen.*

Die Ergebnisse dieser Textanalyse können in gegebenenfalls sprachlich reduzierter Form auf Wandplakaten gesammelt werden:

Verantwortung des Einzelnen für die Gesellschaft

Dr. Tomas Stockmann

- „will die Mängel aufdecken, die früher oder später ans Tageslicht kommen müssen" (S. 47), ein Verschweigen hingegen wäre „ein Verbrechen [...] an der ganzen Gesellschaft" (S. 41)
- bedient sich aktueller wissenschaftlicher Methoden, um fundierte Ergebnisse zu erhalten (vgl. S. 23)
- handelt stets im Namen der Wahrheit und um seines Gewissens willen (vgl. S. 55)
- weiß, „dass Freisinn sich beinah' ganz mit Moralität deckt" (S. 91)
- fordert „als Arzt, als Mann der Wissenschaft" (S. 45) die Freiheit ein, sich „über alle möglichen Angelegenheiten der Welt auszusprechen" (S. 45)

→ ist sich seiner persönlichen Bürgerpflicht und seiner beruflichen Verantwortung als Arzt (vgl. hippokratischer Eid) und Wissenschaftler voll bewusst

Stadtvogt Peter Stockmann

- „dieser verdammte Missgriff ist es, den [er] nicht eingestehen" will (S. 41), und Vertuschung der getroffenen Fehlentscheidung, um Ansehen und Autorität in der Stadt nicht zu gefährden (vgl. S. 41)
- Vorwurf, sich durch nicht integres Handeln wie ein Lump zu besudeln (vgl. S. 106)

→ ignoriert seine berufliche Verantwortung als Beamter im öffentlichen Dienst gegenüber den Bürgern der Stadt

Hovstad, Billing und Aslaksen

- zur wahrheitsgemäßen Berichterstattung zur Aufklärung der Öffentlichkeit verpflichtet (vgl. S. 31)
- opportunes Verhalten, um eigene Vorteile zu sichern (vgl. S. 31, 57, 60)

→ vernachlässigen ihre berufliche Verantwortung als Vertreter einer seriösen Zeitung

↓

Das Urbild aller Verantwortung ist die von Menschen für Menschen. (Jonas, 1987)
→ Ibsens Appell an den Leser, sich dessen bewusst zu werden

Im Sinne der Intention Ibsens, dass sich der Leser seiner eigenen Verantwortung bewusst werden solle, kann es interessant sein, die Schülerinnen und Schüler ihre eigene Position in umweltethischer Hinsicht selbst entdecken zu lassen. Zu diesem Zweck erhalten die Kursteilnehmer einen Fragebogen (vgl. **Arbeitsblatt 8**, S. 65ff.), den jeder zunächst für sich ausfüllt.
Die anschließende Auswertung des Fragebogens (vgl. **Arbeitsblatt 9**, S. 69f.) liefert wertvolle Gesprächsanlässe über die unterschiedlichen Modelle der Schülerinnen und Schüler, die deren umweltgerechtes Handeln begründen.

Die Rolle der Frau in der Gesellschaft

August Bebel: Das Elend des heutigen Ehelebens

Durch unsere sozialen und geschlechtlichen Beziehungen ist die Frau mit allen Fasern ihrer Existenz auf die Ehe hingewiesen[1], ganz natürlich bilden Ehe- und Heiratsangelegenheiten einen wesentlichen Teil ihrer Unterhaltung und Aspiration.[2] Auch ist für die physisch schwächere, durch Sitten und Gesetze dem Manne unterworfene Frau die Hauptwaffe gegen ihn die Zunge, und selbstverständlich benutzt sie dieselbe. Ähnlich verhält es sich mit der heftig getadelten Putz- und Gefallsucht, die ihre abschreckende Höhe in den immer exzentrischer werdenden Modetorheiten erreicht und oft Väter und Ehemänner in die größten Nöte und Verlegenheiten bringt. Die Erklärung hierfür liegt nahe. Die Frau ist für den Mann in erster Linie ein Genussobjekt; ökonomisch und gesellschaftlich unfrei, muss sie ihre Versorgung in der Ehe erblicken, sie hängt also vom Manne ab und wird ein Stück Eigentum von ihm. Ihre Lage wird noch ungünstiger dadurch, dass in der Regel die Zahl der Frauen noch größer ist als die der Männer […]. Durch dieses Missverhältnis steigt die Konkurrenz der Frauen unter sich, die noch verstärkt wird, weil aus den verschiedensten Gründen eine Anzahl Männer nicht heiratet. Die Frau ist so genötigt, durch möglichst günstige Darstellung ihrer äußeren Erscheinung mit ihren Geschlechtsgenossinnen in den Wettbewerb um den Mann einzutreten.

Man beachte nun die lange Dauer dieser Missverhältnisse durch viele Generationen, und man wird sich nicht mehr wundern, dass diese Erscheinungen bei dauernd wirkenden Ursachen ihre heutige extreme Gestalt angenommen haben. Dazu kommt, dass vielleicht in keinem Zeitalter der Konkurrenzkampf der Frauen um die Männer so heftig war als im gegenwärtigen, teils aus schon angeführten, teils aus noch zu erörternden Ursachen. Auch weisen sowohl die immer größeren Schwierigkeiten, eine auskömmliche Existenz zu erlangen, als auch die steigenden gesellschaftlichen Anforderungen die Frau mehr als je zuvor auf die Ehe als „Versorgungsanstalt" hin.

Die Männer lassen sich diesen Zustand gerne gefallen, denn sie ziehen die Vorteile daraus. Es sagt ihrem Stolz, ihrer Eitelkeit und ihrem Interesse zu, die Rolle des Herrn zu spielen, und in dieser Herrscherrolle sind sie, wie alle Herrschenden, schwer Vernunftgründen zugänglich. Umso mehr liegt es im Interesse der Frauen, sich für Herstellung von Zuständen zu erwärmen, die sie aus dieser entwürdigenden Stellung befreien. Die Frauen dürfen so wenig auf die Hilfe der Männer warten, wie die Arbeiter auf die Hilfe der Bourgeoisie[3] warteten. […]

August Bebel (1879): Die Frau und der Sozialismus. Berlin: Dietz Verlag 1974, S. 179f.

[1] **hingewiesen** = hier: angewiesen
[2] **Aspiration** = Hoffnung, Bestrebung, Vorsatz
[3] **Bourgeoisie** = wohlhabender, selbstzufriedener Bürgerstand

- *Geben Sie die Kernaussagen des vorliegenden Textes wieder.*
- *Überprüfen Sie anhand der S. 11–13, 20, 49f., 68f. des Dramas, ob Käte Stockmann für ihren „Mann in erster Linie [ein] Genussobjekt" ist, das, „ökonomisch und gesellschaftlich unfrei, […] ihre Versorgung in der Ehe erblicken" muss und auf diese Weise zu einem „Stück Eigentum von ihm" wird.*

Wissen und Verantwortung des Einzelnen

Das Urbild aller Verantwortung
ist die von Menschen für Menschen.
Hans Jonas (1987)

„Das ganze Bad ist eine Pesthöhle“ (S. 22), stellt Dr. Stockmann gleich zu Beginn des Dramas fest und will der Öffentlichkeit diese wichtige Entdeckung mitteilen. – Den Stoff für dieses Drama lieferten Ibsen die nach wie vor unzureichenden hygienischen Verhältnisse in der zweiten Hälfte des 19. Jahrhunderts. Die mangelhafte oder gänzlich fehlende Kanalisation in Europa führte zu einer Umweltschädigung, deren tatsächliches Ausmaß sowohl von den Entscheidungsträgern als auch der Bevölkerung lange Zeit nicht erkannt und vielfach nicht als Problem gesehen wurde. Die Ableitung von Fäkalien, Hausmüll usw. führte zur Verseuchung der Gewässer und somit des Trinkwassers, was wiederum schwere Epidemien auslöste, die viele Menschenleben forderten.

Wie verantwortungslos mit der Umwelt und folglich mit der Gesundheit der Bevölkerung damals tatsächlich umgegangen wurde, belegt z. B. die folgende Antwort eines Zeitzeugen der großen Cholera-Epidemie in Hamburg im Jahre 1892 auf die Frage, woher die Stadt ihr Trinkwasser beziehe:

> „Aus der Elbe, nachdem es in einigen großen Bassins seinen Schmutz abgesetzt hat.“ Als ich darauf sagte, dass das eine vorsündflutartige Schweinerei sei, fielen alle Anwesenden über mich her. „Das Elbwasser ist das gesündeste Getränk“, schallte es mir entgegen. „Alle großen Ozeandampfer nehmen Elbwasser in der Gegend von Blankenese als Trinkwasser an Bord, weil es sich tadellos hält.“ Von Bakteriologie hielt Oberarzt Dr. Gläser nichts. Ich konnte naturgemäß meine Auffassung nicht ändern, erhielt aber als Nichthamburger eine mitleidige Verzeihung für meine Ketzerei.
>
> Prof. Dr. Theodor Rumpf, Leiter des AK Eppendorf (1892)

- *Erörtern Sie anhand der S. 23, 31, 41, 45, 47, 55, 57, 60, 91, 106 sowie gegebenenfalls weiterer geeigneter Textstellen, inwiefern diese Figuren verantwortungsbewusst handeln bzw. inwieweit Interessenkollisionen zwischen privater und beruflicher Ebene nachzuweisen sind.*
- *Stellen Sie differenziert dar, wie die zentralen Figuren des Dramas (Dr. Tomas Stockmann, Stadtvogt Peter Stockmann sowie die Pressevertreter Hovstad, Billing und Aslaksen) denken und handeln müssten, um ihre beruflichen Aufgaben dem Berufsethos entsprechend zu erfüllen.*

Fragebogen zur eigenen umweltethischen Position

Die folgenden Fragen sind Teil eines eher spielerischen (aber nicht unernsten!) Versuchs, Ihrer persönlichen Haltung zum Thema Umweltethik näherzukommen. Bitte lesen Sie sich die folgenden Statements aufmerksam durch und kreuzen Sie jeweils die Passage an, die Ihrer Haltung am ehesten entspricht. Sie dürfen zu jeder Frage nur ein Kreuz machen.
Nach der Bearbeitung wird jeder Antwort eine bestimmte Punktzahl zugeteilt. Welcher Ethiktyp Sie sind, wird dann am Ende deutlich werden.

1. *Interessen sind Interessen und sollten im gleichen Maß in Erwägung gezogen werden, ob sie die Interessen von menschlichen oder nicht menschlichen, selbstbewussten oder nicht selbstbewussten Lebewesen sind.*

- ❑ Ich stimme dieser Aussage zu; denn Leben ist Leben.
- ❑ Ich stimme der Aussage zu, möchte aber noch hinzufügen, dass auch die Interessen von Nichtlebewesen beachtet werden müssen.
- ❑ Ich stimme der Aussage nicht zu; denn zwischen menschlichem Leben und nicht menschlichen Lebewesen besteht ein prinzipieller Unterschied.
- ❑ Ich stimme der Aussage nicht zu; denn es gibt Lebewesen, die keine Empfindungen haben und deren Interessen (etwa auf Überleben) daher eher missachtet werden können.

2. *Der wahrhaft ethische Mensch steht somit allem Leben bei, ohne Unterschiede etwa nach der Empfindungsfähigkeit zu machen. Denn: Ich bin das Leben, das leben will, inmitten von Leben, das leben will. (Albert Schweitzer)*

- ❑ Diesen Satz lehne ich ab. Zentrales Ziel der Ethik muss es sein, Schmerz und Leid vor allem bei bestimmten Lebewesen zu verringern, nämlich denen, die Schmerz empfinden und sich nicht gegen den Menschen wehren können. Die Empfindungsfähigkeit ist das wichtigste Kriterium.
- ❑ Der Satz ist Unsinn: Kein Mensch kann allem Leben gerecht werden. Wenn derartige Maximalforderungen aufgestellt werden, löst sich die Ethik langfristig auf.
- ❑ Ich stimme zu: Natürlich kann man dieser Forderung nie gerecht werden. Gerade dieses Gefühl der notwendigen Schuld treibt aber meine Hingabe an das Leben erst an.
- ❑ Es stimmt: Die Empfindungsfähigkeit kann nicht das ethische Kriterium sein. Darum sollte man auch andere, nicht lebende Naturwirklichkeiten in die Ethik einbeziehen, etwa Flüsse, Gebirge oder Ökosysteme.

3. *Der ursprüngliche Zusammenhang der Menschheit mit der übrigen Welt ist der naturgeschichtliche. Die Natur ist damit die Kraft, die die obersten Normen gibt. Ethik heißt, diese Normen stellvertretend zur Verwirklichung zu bringen.*

- ❑ Stimmt; die Natur ist der eigentliche Akteur, nicht der Mensch. Der Mensch ist Produkt der Evolution und kann auch nicht sein. Die Natur aber bleibt immer.
- ❑ Der Satz stimmt, aber ich möchte präzisieren: Nicht die Natur ist die oberste Norm, sondern das Leben. Tote Materie kann keine Norm sein.
- ❑ Ich stimme nicht zu; Grundlage der Ethik kann nur etwas Geistiges sein. Nicht die Natur ist ethisch, sondern nur der Mensch, der Verantwortung übernimmt und seine Handlungen rechtfertigt.
- ❑ Die Natur kann keine Normen geben. Im Gegenteil: Die Natur ist oft grausam und ungerecht. Hier ist der Mensch gefragt, die oberste Norm zu realisieren: die Verringerung von Schmerz und Leid.

4. *Eine Rechtsgemeinschaft ist keine Solidargemeinschaft derer, die Interessen, Bedürfnisse und Wünsche haben, sondern eine Gemeinschaft der Handlungsmächtigen zum Selbstschutz. Es ist daher unsinnig, der Natur gewisse Rechte zuzuschreiben, die der Mensch zu erfüllen hätte.*

- ❑ Stimmt; der Mensch ist frei, und es ist eine Ausübung der Tugendpflicht, wenn er sich umweltgerecht verhält. Einen Rechtsanspruch der Natur kann man jedoch nicht behaupten.
- ❑ Ich stimme nicht zu: Es gibt ein Recht jeden Lebens zumindest auf die Nichtzufügung von Schmerz. Hier ist der Mensch verpflichtet.
- ❑ Der Satz ist ein typisches Beispiel einer verirrten Ethik, die nur abstrakte Kategorien anwendet und zu unsinnigen Sätzen gelangt. Natürlich hat eine Rechtsgemeinschaft etwas mit Solidarität zu tun, und natürlich muss der Mensch mit der ganzen Natur (Tiere, Pflanzen, Flüsse) Solidarität üben.
- ❑ Ich stimme insofern zu, als nicht die ganze Natur Rechte beanspruchen kann. Wohl kann aber jedes Leben das Recht beanspruchen, nicht getötet oder in seiner Entfaltung unzulässig behindert zu werden.

5. *Der Mensch darf die übrigen Lebewesen zu seiner Selbstverwirklichung gebrauchen, sogar verbrauchen. Denn erst die vom Menschen entwickelte Kultur verleiht der toten Materie wie den subhumanen Lebewesen ihren vollen Sinn.*

- ❑ Ich stimme nicht zu: Die Natur war vor dem Menschen und wird nach dem Menschen sein. Nicht die Natur wird durch den Menschen verwirklicht, sondern der Mensch durch die Natur.

❑ Ich stimme nicht zu: Der Mensch wird schuldig, wenn er Leben „verbraucht".
❑ Ich stimme zu: Nur der Mensch kann im eigentlichen Sinn als Selbstzweck gesehen werden. Daher hat die Natur zwar ihren Eigensinn, ist aber darauf hingeordnet, dass der Mensch durch die Naturdinge die Idee des Humanen zur Geltung bringt.
❑ Ich stimme insofern zu, als der Mensch die tote Materie verbrauchen darf. Niemals aber darf er bestimmte Rechte der Lebewesen missachten, vor allem nicht das Recht auf Nichtleiden.

6. *Wie kämen wir dazu, den Fisch in seinem Eigenwert zu respektieren und ebenso die Wasserpflanze, unter denen er lebt, nicht aber den Fluss, der beiderlei Leben umfasst? Flüsse haben ihre je eigene Persönlichkeit oder Seele, mehr noch als „Interessen".*
❑ Ich stimme nicht zu: Nur Personen bzw. höhere Wirbeltiere (z. B. Schimpansen) können „Interessen" entwickeln.
❑ Ich stimme nicht zu: Wie sollen nicht belebte Phänomene eine Seele haben? Nicht einmal die Tiere, nur der Mensch hat so etwas wie Persönlichkeit oder Seele.
❑ Ich stimme zu: Es ist zu kurz gedacht, nicht auch die anorganischen Phänomene der Natur ethisch einzubeziehen.
❑ Ich stimme nicht zu: Das Leben ist die zentrale Kategorie, darum haben Lebewesen eine Seele, nicht aber Flüsse.

7. *Tiere haben keine Rechtsansprüche, und der Mensch hat gegenüber Tieren keine Rechtspflichten.*
❑ Ich stimme nicht zu: Tiere haben ein Recht auf Schmerzfreiheit.
❑ Ich stimme nicht zu: Tiere haben ein Recht auf Leben.
❑ Ich stimme nicht zu. Tiere sind Teil der Natur, und die Natur als Ganzes hat Rechtsansprüche gegenüber dem Menschen.
❑ Ich stimme zu.

8. *Man kann durchaus ethisch argumentieren, dass die permanente menschliche Kultur auf Kosten der anderen Lebewesen einen für die Natur nicht mehr hinnehmbaren Akt darstellt und dass somit das Verschwinden der Menschheit eine begrüßenswerte Entwicklung wäre.*
❑ Ich stimme zu: Es ist tatsächlich nicht tolerierbar, dass der Mensch ständig Leben verletzt. Vom Standpunkt des Lebens aus hat der Mensch keine Vorrechte gegenüber anderem Leben.
❑ Ich stimme nicht zu: Diese Konsequenz wäre antihumanistisch.
❑ Ich stimme zu: Der Mensch hat sich schwer gegen den gesamten Kosmos verschuldet. Im Grunde gibt es kein Argument dagegen, warum die Natur sich nicht wehren sollte.
❑ Ich stimme zu, aber es wäre aus ethischer Sicht zu beachten, dass die Liquidation der Menschheit möglichst schmerzfrei geschieht.

9. *Der zentrale Begriff der Ethik ist: Personalität. Diese setzt sich zusammen aus Bewusstheit und Vernunftbegabung. Somit kann ein gesunder Menschenaffe (oder ein Delfin) als Person und ein geistig verwirrter Greis als Nichtperson bezeichnet werden. Und weil unbewusste Wesen (wie der Greis) nicht über ihr Leben bewusst verfügen, ist das Leben des ersteren dem zweiteren vorzuziehen.*
❑ Ich stimme zu: Für unbewusste Wesen ist der Tod einfach nur Stillstand von Erfahrung und damit unproblematisch.
❑ Ich stimme zu, allerdings würde ich erweitern: Wir müssen auch der unbelebten Natur personale Rechte zusprechen.
❑ Ich stimme nicht zu: Erstens entspricht er nicht der Würde des Menschen; und zweitens wäre ja nach dieser Definition auch ein schlafender Mensch seiner Lebensrechte beraubt.
❑ Ich stimme nicht zu: Im Hinblick auf das Leben gibt es keine Unterschiede. Alles Leben ist hinsichtlich seiner Existenzberechtigung gleich zu werten.

10. *Der Landmann, der auf seiner Wiese tausend Blumen zur Nahrung für seine Kühe hingemäht hat, ist ethisch ungerechtfertigt, wenn er auf dem Heimweg in geistlosem Zeitvertreib eine Blume am Rand der Landstraße köpft, denn damit vergeht er sich am Leben, ohne unter der Gewalt der Notwendigkeit zu stehen.*
❑ Ich stimme nicht zu: Es ist zwar nicht toll, was der Landmann auf dem Heimweg macht, aber darauf eine ethische Pflicht oder gar ein Recht der Blume auf Leben ableiten zu wollen, erscheint mir als zu weit hergeholt.
❑ Ich stimme nicht zu: Pflanzen sind niedere Wesen ohne Bewusstsein und ohne Empfindung. Es ist, ethisch gesehen, egal, ob er die Blume köpft oder nicht.
❑ Ich stimme zu: Das Leben ist unbedingt zu achten. Auch durch das Mähen der tausend Blumen ist der Landmann schuldig geworden.
❑ Ich stimme zu: Der Mensch vergeht sich durch derlei Gedankenlosigkeit schon seit Hunderten von Jahren an der Natur. Diese Haltung ist die zentrale Ursache unserer Umweltmisere.

Nach der Punktezuordnung tragen Sie nun Ihre Punktzahl ein: ______ Punkte
[…]

Aus: Matthias Sellmann/Stephanie Conein: Die eigene ethische Position entdecken. In: KSI – Katholisch-Soziales Institut (Hrsg.): Medienset „Vernetzen lernen!", Bad Honnef, 1998

Auswertung des Fragebogens

Die Auswertung des Fragebogens führt zur Bestimmung von Modellen, die umweltgerechtes Handeln begründen.

Punkteverteilung zum Fragebogen „Die eigene ethische Position entdecken"

Statement	*Antwort 1*	*Antwort 2*	*Antwort 3*	*Antwort 4*
1	5	7	1	3
2	3	1	5	7
3	7	5	1	3
4	1	3	7	5
5	7	5	1	3
6	3	1	7	5
7	3	5	7	1
8	5	1	7	3
9	3	7	1	5
10	1	3	5	7

10–25 Punkte
Sie vertreten den „anthropozentrischen[1] Ansatz". Für Sie hat der Mensch eine Sonderstellung innerhalb der Natur. Denn: Nur der Mensch kann überhaupt ethische Ansprüche erfüllen. Es gibt für Sie einen prinzipiellen Unterschied zwischen menschlichem und anderem Leben: Der Mensch allein ist Vernunftwesen. Darum hat auch der Mensch Ihrer Meinung nach vor allem eine Verantwortung für den anderen Menschen. Dies gilt auch für die noch gar nicht geborenen Menschen der kommenden Generationen. Die Verantwortung für die Natur und die Umwelt ist eine abgeleitete Verantwortung: Denn dem Menschen geht es ohne eine intakte Natur nicht gut. Also ist das ökologische Problem eigentlich ein soziales Problem.
Die Natur ist Ihrer Meinung nach primär dazu da, dem Menschen zu nützen (Ernährung, Erholung usw.). Und der Mensch soll die Natur auch für seine Zwecke gebrauchen und umwandeln. Sie halten es für Unsinn und auch für gefährlich, wenn man den Tieren oder Pflanzen oder gar Flüssen und Gebirgen Rechte zubilligt; hier wittern sie naive Romantik oder gar Ökofundamentalismus[2].

[1] **anthropozentrisch** (von griech. *anthropos* = Mensch) = den Menschen in den Mittelpunkt stellend

[2] **Fundamentalist** = Mensch, der kompromisslos an seinen (politischen, religiösen) Grundsätzen festhält

26–45 Punkte
Sie vertreten den „pathozentrischen[3] Ansatz". Für Sie ist es keineswegs ausgemacht, dass der Mensch eine Sonderrolle innerhalb der Natur einnehmen soll. Ihr oberstes Urteilskriterium ist nämlich die (Schmerz-) Empfindungsfähigkeit und das vorhandene Selbstbewusstsein eines Lebewesens. Und bewusste Schmerzen können auch höhere Wirbeltiere (z. B. Gorillas oder Delfine) empfinden. Dagegen gibt es Menschen, die eben keine Schmerzen wahrnehmen können und kein Selbstbewusstsein haben (z. B. Embryonen oder verwirrte alte Leute). Sie sagen: Schmerz und Leiden auf der Welt zu verhindern ist die vornehmste Aufgabe des Menschen und höchster Sinn von Ethik. Wenn Leben gegen Leben steht, meinen Sie, dass jenes Leben schützenswert ist, welches weniger leiden muss. Der Pflicht zur Schmerzvermeidung entspricht also ein moralisches Recht von Tieren, z. B. nicht gequält zu werden. Was Sie weniger interessiert, ist die nicht empfindsame Natur, also Pflanzen oder Steine. Hier kann der Mensch ruhig eingreifen – Pflanzen und Steine empfinden ja nichts!

[3] **pathozentrisch** (von griech. *pathein* = leiden, fühlen) = die Empfindungsfähigkeit eines Wesens in den Mittelpunkt stellend

46–60 Punkte

Sie vertreten den „biozentrischen[1] Ansatz". Sie finden es eigentlich absurd, dass es Leute gibt, die zwischen Leben und Leben Unterschiede machen. Für Sie ist zunächst einmal jeder Ausdruck von Leben in sich sinn- und zweckvoll und darum schützenswert. Sie denken da gar nicht viel drüber nach – es drängt Sie einfach dazu, vor jedem Leben Ehrfurcht zu empfinden. Ihr Grundprinzip lautet: „Es ist gut, Leben zu erhalten. Es ist böse, Leben zu zerstören." Natürlich kommen Sie da oft in Konflikte, denn um zu (über-) leben, müssen Sie oft anderes Leben für sich in den Dienst nehmen. Aber es ist gerade dieses Schuldgefühl, das Sie für ganz wichtig halten. Es treibt Sie an, niemals grundlos Leben zu zerstören. Grundlose Zerstörung von Leben ist etwas, was Sie zutiefst ablehnen.

61–75 Punkte

Sie vertreten den „holozentrischen Ansatz".[2] Ihrer Meinung nach sollte man die Diskussion gar nicht vom Menschen oder vom Leben her aufrollen, sondern von der ganzen Natur aus. Die ganze Natur ist auf ein Ziel hin angelegt, und auch der Mensch sollte sich diesem Ziel unterordnen. Die Natur ist das Gute. Richtig wäre es, wenn sich die Natur durch den Menschen vollziehen könnte, wenn dieser die Interessen der ganzen Natur stellvertretend zur Geltung bringen würde. Der Mensch aber hat sich selbst absolut gesetzt und aus diesem Netz der Natur gelöst. Sie sehen die Kraft der Natur in Menschen, Tieren, Pflanzen, aber auch in Flüssen und Gebirgen wirken. Hier gibt es keine Vorrangstellung von irgendwas. Alles sollte einklagbare subjektive, konkrete und am besten in der Verfassung garantierte Rechte haben. Alles ist Mit-Welt.

Aus: Matthias Sellmann/Stephanie Conein: Die eigene ethische Position entdecken. In: KSI – Katholisch-Soziales Institut (Hrsg.): Medienset „Vernetzen lernen!", Bad Honnef 1998

1 **biozentrisch** (von griech. *bios* = Leben) = das Leben als solches in den Mittelpunkt stellend

2 **holozentrisch** (von griech. *holo* = ganz, völlig, vollständig) = die Natur als Ganzes in den Mittelpunkt stellend

Dramentheorie

4.1 Der traditionelle Aufbau des Dramas

Ibsens „Volksfeind" folgt mit seiner geschlossenen Bauform streng dem Vorbild des traditionellen Dramas nach Aristoteles[1]:
Der erste Akt bildet die **Exposition**, in welcher die handelnden Figuren sowie die Ausgangssituation vorgestellt werden. Zentral ist dabei zum einen das problematische Verhältnis der Brüder sowie die Erkenntnis Dr. Stockmanns, dass das Wasser des Kurbades verseucht ist.
Im zweiten Akt (**Verwicklung**) wird der dramatische Konflikt entfaltet, welcher auf den gegensätzlichen Interessen der Brüder Stockmann (Bedürfnis nach Wahrheit vs. Sicherung des politischen Ansehens) beruht; denn obwohl ihm sein Bruder die Entlassung androht, sofern Dr. Stockmann seine Untersuchungsergebnisse veröffentlicht, will er die Bevölkerung über die Missstände informieren – ohne Rücksicht auf die finanziellen Konsequenzen für sich und seine Familie.
Der dritte Akt bringt die schicksalhafte Wende für Dr. Stockmann, als er das böse Spiel, das die opportune Presse und sein Bruder gemeinsam mit ihm treiben, durchschaut. Der dramatische Konflikt erreicht im vierten Akt dann seinen **Höhepunkt**, wenn der Badearzt im Verlauf der von ihm selbst einberufenen Bürgerversammlung offziell zum Volksfeind erklärt wird.
Der fünfte Akt (**Katastrophe**) führt zum Abschluss der Handlung, wobei der Held entweder untergeht (Tragödie) oder siegt (Komödie). Wie sein Brief an Frederik Hegel vom 21. Juni 1882 beweist, war sich Ibsen selbst „nicht ganz im Klaren, ob [er] das Stück ein Lustspiel oder ein Schauspiel nennen soll; [denn] es hat viel vom Charakter des Lustspiels[2], doch auch einen ernsten Grundgedanken"[3].
Er entschied sich schließlich für den neutralen Untertitel „Schauspiel", zumal der Schluss des Dramas als offen zu bezeichnen ist: Zwar beschließt Dr. Stockmann in der letzten Szene, auch weiterhin für seine Heimatstadt zu kämpfen und erkennt, dass „der stärkste Mann hier auf dieser Welt [...] der [sei], der ganz für sich allein steht" (S. 119). Allerdings weist Brenning darauf hin, dass dieses Schlusswort des Badearztes gleichzeitig „die genaue Entsprechung zu seiner naivstolzen Behauptung: ‚[Käte], weißt du, was ich hinter mir habe? Die kompakte Majorität!'" sei.[4]
Diesen Deutungsansatz legt zudem Ibsen selbst nahe. So weist er in seinem Brief vom 9. September 1882 darauf hin, dass die Figur des Dr. Stockmann noch viel „mehr Wirrkopf als [er sei] und außerdem zahlreiche andere Eigenheiten"[5] aufweise, womit der Dichter insbesondere auf die komischen Züge seines Helden anspielt.[6]
Vor diesem Hintergrund muss der Leser auch den Erfolg dieses neuerlichen Plans des Badearztes anzweifeln. Zudem können die zu Beginn des Aktes verübten Anschläge auf den Volksfeind (vgl. S. 98f.) und die hierin begründeten Auswanderungspläne formal die Funk-

1 Vgl. Kafitz (1982), S. 311; vgl. Bien (1970), S. 11.
2 Mittlerweile werden die Begriffe „Lustspiel" und „Komödie" in der Regel synonym verwendet.
3 Carlsson (1967), S. 120
4 Brenning (o. J.), S. 50
5 Carlsson (1967), S. 121
6 Vgl. in diesem Zusammenhang den Klausurvorschlag 5 (Zusatzmaterial 1, S. 136)

tion der **Retardation** zugeschrieben werden, was wiederum ein Hinweis auf den unabwendbaren Untergang des Helden wäre.
Auch dieses Ende ist denkbar, denn in seinem Brief an Georg Brandes vom 12. Juni 1883 (vgl. S. 125 f. im Anhang der Textausgabe) weist Ibsen auf die geistige Beschränktheit seiner Zeitgenossen hin, indem er feststellt, dass „kein geistiger Avantgardist die Mehrzahl gewinnen *kann*. In zehn Jahren steht die Mehrzahl vielleicht auf dem Standpunkt, den Dr. Stockmann in der Bürgerversammlung vertrat. […] Die Mehrheit, die Menge, die Masse holt ihn niemals ein."
Mithilfe der folgenden Arbeitsaufträge sollen die Schülerinnen und Schüler nicht nur grundlegende Kenntnisse zur Dramentheorie erwerben, vielmehr ermöglicht diese strukturell angelegte Textanalyse den Schülerinnen und Schülern einen weiteren Zugang zu diesem Drama und trägt somit zum tieferen Verständnis bei.

- *Informieren Sie sich mithilfe der S. 190–192 im Anhang Ihrer Textausgabe über den Aufbau eines traditionellen Dramas und weisen Sie dessen Struktur bildende Elemente in Ibsens Drama „Ein Volksfeind" nach.*
- *Bewerten Sie den Schluss des Dramas, indem Sie eine begründete Entscheidung treffen, ob es sich bei Ibsens Werk um eine Tragödie oder Komödie handelt. Nutzen Sie hierfür Ibsens Briefe vom 9. September 1882 und 12. Juni 1883 (S. 124 f., 125 f.) sowie den kurzen Überblick über die Formen des Dramas (S. 187–190).*

Die Ergebnisse können zu folgendem Tafelbild zusammengefasst werden:

Dramentheorie I: Aufbau des Dramas

1. Akt: Exposition
Dr. Stockmanns Entdeckung löst einen Interessenkonflikt zwischen den Brüdern aus (S. 23 ff.)

3. Akt: Wendepunkt
Dr. Stockmann durchschaut das böse Spiel seines Bruders und der Presse (S. 71)

4. Akt: Höhepunkt und Peripetie
Die Bürgerversammlung erklärt Dr. Stockmann zum Volksfeind (S. 96)

Retardation
Auswanderungspläne aufgrund der verübten Anschläge (S. 101 ff.)

5. Akt: Katastrophe
Entschluss des Badearztes sich aufzuopfern, um seine Heimatstadt zu retten (S. 115 ff.)
→ offener Schluss

↓

Schauspiel mit geschlossener Bauform (traditionell) und dem „Charakter des Lustspiels", das „auch einen ernsten Grundgedanken" enthält (S. 123)

4.2 Ibsens Theaterkunst

Wie Szondi ausführlich darlegt, befand sich das Drama um die Jahrhundertwende in einer Krise. So wurde immer wieder die geschlossene Bauform der Klassik der offenen Shakespeares gegenübergestellt. Die Forderung nach neuen Formen wurde laut, weshalb die Dramatiker angehalten waren, ihr Verhältnis zur Theorie des Dramas neu zu definieren.[1]
Wie die bisherigen Ausführungen gezeigt haben, schafft Ibsen mit seinem Drama „Ein Volksfeind" zwar kein neues dramaturgisches System (vgl. Abschnitt 4.1, S. 71 f.), allerdings greift er mit seiner Theaterkunst vielen Stilrichtungen des 20. Jahrhunderts vor und liefert mit dem von ihm initiierten kritisch-realistischen Drama wertvolle Impulse für verschiedenartigste Bestrebungen zur Erneuerung des Theaters[2], wie im Folgenden dargelegt werden soll.
Bien stellt fest, dass das Innovative in Ibsens Theaterkunst darin bestehe, dass „er die in der epischen Literatur des 19. Jahrhunderts weithin vorgebildete Methode des kritischen Realismus in außergewöhnlich schöpferischer Weise für die Zwecke des Gegenwartsdramas nutzbar"[3] gemacht habe: Indem zunehmend epische Züge in sein Drama gelangen, wird die dramatische Handlung über den zeitlich begrenzten Rahmen der üblichen Bühnenhandlung ausgedehnt. Letzteres wiederum ermöglicht dem Dramatiker, geschichtliche und soziale Kausalzusammenhänge in ihrer Vielschichtigkeit und Dynamik im Sinne des Realismus vermitteln zu können.[4] Als weitere Errungenschaft durch Ibsens Dramatik ist in diesem Zusammenhang auch die Ausgestaltung „einmaliger, unverwechselbarer Charaktere und ihrer gegenseitigen Beziehungen mit einer tiefer gehenden s o z i a l e n A n a l y s e des bürgerlichen Gesellschaftssystems"[5] anzuführen.
Dieses Phänomen ist auch im Drama „Ein Volksfeind" erkennbar: Mit der Figur des Badearztes findet der Leser einen ausdifferenzierten Charakter mit menschlichen Stärken und Schwächen vor (vgl. Abschnitt 1.2, S. 18 ff.). Auch die Ursache für den im Drama entfalteten sozialen Konflikt liegt viele Jahre vor dem Beginn der eigentlichen Dramenhandlung, denn Dr. Stockmann erkennt, dass es „dieser verdammte Missgriff ist […], den [sein Bruder] nicht eingestehen" (S. 41) will.
Durch den Gebrauch individueller Figurensprache, ausführlicher Regieanweisungen usw. (vgl. S. 126–133 im Anhang der Textausgabe) gelingt es Ibsen in seinem Gesellschaftsdrama „Ein Volksfeind", ein wahrheitsgetreues, künstlerisches Abbild der Wirklichkeit zu schaffen, welches „nicht nur die zersetzenden und zerstörenden Wirkungen der bürgerlichen Gesellschaft auf menschliche Schicksale enthüllt, sondern auch die in ihr enthaltenen Elemente der Auflehnung und des Protestes sichtbar macht"[6].
Nachdem die Lehrkraft die Hintergründe zur Krise des Dramas um 1900 im Rahmen eines kurzen Vortrags geschildert hat (vgl. **Zusatzmaterial 11**, S. 156), sollen die Schülerinnen und Schüler erfahren, wie Ibsen diese Krise zu überwinden versucht. Zu diesem Zweck verschaffen sie sich einen Überblick über Ibsens Theaterkunst, indem sie den Informationstext im Anhang ihrer Textausgabe lesen und aufgrund der Komplexität des Lerninhaltes in arbeitsgleicher Gruppenarbeit wie folgt bearbeiten:

- *Fassen Sie Ibsens Auffassung von Theaterkunst (S. 126–133 im Anhang Ihrer Textausgabe) zusammen. Erläutern Sie in diesem Zusammenhang außerdem, inwiefern die Theaterhäuser geeignete Maßnahmen ergreifen mussten, um seinen Anforderungen an das moderne Drama gerecht zu werden.*

---

1 Vgl. Szondi (1965), S. 20 ff.
2 So gilt Ibsen als Vorgänger naturalistischer Dichter wie Hauptmann, Tschechow usw., aber auch Brecht, dessen episches Theater deutlich erkennbare Parallelen aufweist.
3 Bien (1970), S. 9
4 Vgl. Bien (1970), S. 9 f.
5 Bien (1970), S. 10
6 Bien (1970), S. 9

- *Überprüfen Sie, inwiefern Ibsen seine Theateranschauung im Drama „Ein Volksfeind" bereits verwirklicht hat. Belegen Sie Ihre Ausführungen mithilfe geeigneter Textbeispiele.*

Die Ergebnisse dieser ausführlichen Textanalyse während der Gruppenarbeit sollten im anschließenden Unterrichtsgespräch verglichen, ausgewertet und an der Tafel gesammelt werden:

Ibsens Dramentheorie

- das Drama ist von der Position des Zuschauers aus zu arrangieren (S. 127, Z. 23 ff.)
  - Berücksichtigung des sich verändernden Publikumsgeschmacks
  - Verwendung der neu entwickelten Bühnentechnik
- Ziel ist, das wirkliche Leben auf der Bühne zu zeigen (S. 127 ff.)
  - natürliches Spiel: jede Szene und jedes Bild soll die Wirklichkeit widerspiegeln
  - detaillierte Regieanweisungen zu Dekoration, Requisiten, Kostümen und Beleuchtung
  - gezielte Auswahl der Schauspieler
  - charakteristische und naturgetreue Wiedergabe der Rollen
  - natürliche, lebendige Sprache als Ausdruck für die Identität der Figur (statt Deklamation)
  - natürliche Auf- bzw. Abgänge sowie Positionswechsel der Schauspieler
- keine Ablenkung durch Orchestermusik und andere Aufführungen davor und danach (S. 128, Z. 25 ff.)
- Zusammenspiel des Ensembles als Schwerpunkt (S. 129, Z. 2 ff.) und Voraussetzung für eine gute Gesamtleistung

↓

Gebrauch neuer Stilmittel als Ausweg aus der Krise des Dramas um 1900
→ wahrheitsgetreues Abbild der Wirklichkeit (= Realismus)

Nachdem die Ergebnisse an der Tafel fixiert worden sind, sollten die Schülerinnen und Schüler abschließend befragt werden, wie Ibsen die Krise des Dramas um die Jahrhundertwende zu überwinden versucht (vgl. Resümee des Tafelbildes).
Zur Vertiefung sollten die Schülerinnen und Schüler Hanssens Aufsatz „Ibsen und der Realismus" (S. 195–198 im Anhang der Textausgabe) lesen, der zum einen die bisherigen Ergebnisse zusammenfasst und zum anderen zum folgenden Abschnitt überleitet.

- *Weist Ibsens Schauspiel „Ein Volksfeind" alle vier Merkmale des realistischen Gegenwarts- bzw. Problemdramas auf? (Finden Sie jeweils ein geeignetes Beispiel.) Inwiefern klingt Ibsens Forderung nach Emanzipation der Frau auch in diesem Drama an?*

4.3 Ein Volksfeind: Ein naturalistisches Drama?

Mit dem Begriff „Naturalismus" wird eine Literaturströmung in der zweiten Hälfte des 19. Jahrhunderts bezeichnet, die in Frankreich, Skandinavien und Russland begann und sich etwa ab der Jahrhundertwende allmählich auch in Deutschland entwickelte. Hierbei „handelt

[es] sich [...] eher um ein Experiment, das den Zusammenhang zwischen Wissenschaft und Kunst betont"[1], denn ohne jegliche Rücksicht auf etwaige Konventionen und bürgerliche Kunstauffassungen soll in der Kunst ein möglichst deckungsgleiches Abbild der Realität geschaffen werden.
Im Zuge der rasanten Entwicklung der Naturwissenschaften im 19. Jahrhundert bedeutet dies folglich auch, dass sich die Dichter der neuesten wissenschaftlichen Erkenntnisse der Soziologie, Psychologie und Biologie bedienen und diese literarisch verarbeiten.
Im Naturalismus fungiert die Literatur als Spiegel der Realität, weshalb das, was für die bürgerlichen Realisten der Jahrhundertmitte noch ein Tabuthema gewesen ist, wie etwa die Elendsquartiere der Großstädte, das Milieu der Fabriken, Mietskasernen und Kneipen, nun zum Hauptgegenstand dieser literarischen Richtung wird: Folglich rücken das Kleinbürgertum und das Proletariat mitsamt den Lebensbedingungen, der Sprache und den gesellschaftlichen Missständen ins Zentrum der Betrachtung.
Vor dem Hintergrund der bereits im vorherigen Abschnitt erarbeiteten Theaterauffassung erscheint Ibsens Zugehörigkeit zum Naturalismus eindeutig. Zudem herrscht in der Literatur Einigkeit darüber, dass der Dichter durch seine analytischen Gesellschaftsdramen nicht nur der Theaterkunst in Deutschland entscheidende Impulse gegeben, sondern auch den deutschen Naturalismus stark geprägt hat.
Allerdings distanziert sich der Dichter „ausdrücklich von der naturalistischen Bewegung, insbesondere vom Zolaismus"[2], da Émile Zolas Werk in großem Maße von metaphorischen Bildern geprägt ist, was wiederum im Widerspruch zum kunstästhetischen Programm des Naturalismus steht. Ibsen hingegen tendiert eindeutig zum Realismus, weshalb der Dichter in einer Expost-Betrachtung eher mit Gerhart Hauptmann vergleichbar wäre, dem der Norweger in vielerlei Hinsicht als Vorbild diente und der aus heutiger Sicht als typischer Vertreter des Naturalismus in Deutschland gilt.
Gerade weil sich auch andere Dramatiker des deutschen Naturalismus gern an dem Skandinavier ein Beispiel nahmen, wird Ibsens Werk in der Fachliteratur fast ausnahmslos dem Naturalismus zugeordnet, wenngleich signifikante Unterschiede zu erkennen sind, wie die folgenden Ausführungen zeigen.

4.3.1 Die Konzeption des Dramas

Über Ibsens Gesamtwerk hat sich Brecht 1963 wie folgt geäußert: „Es ist wahr, daß seit geraumer Zeit und in den Werken der bedeutendsten Dramatiker die eigentliche Handlung im Grunde nicht mehr auf der Bühne vor sich geht. Es ist nicht mehr der Mensch, der handelt, sondern das Milieu. Der Mensch reagiert nur (was nur den Anschein eines Handelns ergibt). Am reinsten tritt das bei den naturalistischen Meisterwerken Ibsens in Erscheinung. Da ist irgendwann irgendwo so und so gehandelt worden, und nun erst beginnt das Drama und zeigt, wie gewisse Personen dies ‚ausbaden'."[3]
Im Drama „Ein Volksfeind" ist dies Dr. Stockmann, der seinen Bruder damit konfrontiert, den Bau sowohl des Kurbades als auch des Wasserwerkes an ungeeigneter Stelle angeordnet zu haben. Zugleich wirft er ihm vor, dass es genau „dieser verdammte Missgriff ist [...], den [der Stadtvogt] nicht eingestehen" (S. 41) will. Diese weit vor Dramenbeginn getroffene Fehlentscheidung bildet den Ausgangspunkt für die eigentliche Handlung, die durch den unermüdlichen Einsatz des Badearztes gekennzeichnet ist, diesen Fehler nun endlich zu korrigieren.
Diese in diesem Zitat zudem anklingende deterministische Sicht konkretisiert Dr. Stockmann, denn er ist der Überzeugung, dass „die Verdummung, die Armut, die Elendigkeit der

1 Gahmann (1992), S. 1
2 Bien (1970), S. 10
3 zitiert nach Harenberg (1994), S. 1413

Lebensverhältnisse [...] dieses Teufelswerk verrichten" (S. 92). Mit der Figur des Badearztes steht hier folglich „eine herausgehobene Einzelgestalt" im Mittelpunkt des Dramas, an der diese Bewusstseinsentwicklung exemplarisch vorgeführt wird, wodurch „es zu einer [...] dynamischen Verlaufsgestalt [kommt], die zwar nicht mehr dem klassischen Handlungsdrama entspricht, aber doch dessen Zielspannung beibehält."[1]

Dabei verläuft Dr. Tomas Stockmanns Erkenntnisprozess „von innerer und äußerer Gebundenheit an gesellschaftliche Konventionen in der dem Dramengeschehen vorausliegenden Vergangenheit über die Diskrepanz zwischen Bewusstsein und Verhalten bis hin zur Deckung beider am Ende des Dramas"[2]. Mit seinem Ausruf „d e r ist der stärkste Mann der Welt, der allein steht" (S. 119) signalisiert der Held, die Wahrheit für sich endgültig gefunden zu haben.

Dieser Schluss des Dramas zeigt allerdings auch, dass Ibsens Realismus „von der in sich kreisenden Wiederholung als Darstellungsweise auswegloser Gebundenheit"[3] der Naturalisten wie etwa Holz dadurch abweicht, dass (noch) Hoffnung auf positive Veränderungen besteht, weshalb Dr. Stockmann seinen Kampf zur Rettung der geliebten Heimatstadt nicht aufgibt.

Anders als die meisten Naturalisten, bei denen der durch Herkunft, Milieu und Zeitumstände determinierte Mensch im Mittelpunkt der Handlung steht, hat Ibsen kein ausschließlich deterministisches, sondern ein aufklärerisch-individualistisches Welt- bzw. Menschenbild, was sich gleichzeitig auch in seiner Dramenkonzeption niederschlägt: So folgt der Dichter nicht dem streng geschlossenen Zustandsdrama des Naturalismus[4], vielmehr schafft er ein dynamisches Bewusstseinsdrama, vom welchem er „sich eine ‚Revolution des Menschengeistes' auf der Grundlage des Individualismus" erhofft, da er selbstverantwortliches Handeln und Selbstverwirklichung als „das höchste Ziel des Menschen"[5] erachtet.

Ibsens geht es somit „um provokative Desillusionierung überholter Ideale als Voraussetzung der Erkenntnis der Wahrheit"[6]. Der Streit um die desolaten Verhältnisse im Zusammenhang mit dem Kurbad ist folglich als Symbol „einst gültiger, inzwischen überholter, abgestorbener Ansichten" zu verstehen, „die als weiterwirkende Vorstellungen die freie Entfaltung des Menschen [be]hindern"[7]. Diesen Deutungsansatz legt Dr. Stockmann selbst nahe, wenn er *„unbeirrt"* (S. 55) feststellt, dass es jetzt „nicht mehr um das Wasserwerk und die Kloake allein" gehe, sondern „das ganze Gemeinwesen [...] desinfiziert werden" (S. 55 f.) müsse.

Während Naturalisten wie Holz, Hauptmann und Schlaf „bei der konstatierenden Wiedergabe einer unveränderlichen Zuständlichkeit stehen" bleiben, führt Ibsen in seinem gesellschaftskritischen Drama „Ein Volksfeind" einen „zum Ziel gelangenden Bewusstseinsprozess vor"[8], indem der Badearzt das soziale Gefüge analysiert, im Dialog kritisch reflektiert und auf diese Weise die Missstände der Gesellschaft sukzessive aufdeckt.

Das Ergebnis dieses Erkenntnisprozesses ist der mündige Bürger, der der Wahrheit, dass es „überhaupt keine zuverlässige Wahrheit [gibt] – außer der einen: dass keine Gesellschaft gesund bleiben kann, die von [...] wertlos gewordenen Wahrheiten lebt" (S. 86 f.), auf die Spur gekommen ist. Einen freidenkenden Menschen wie Dr. Stockmann hat Ibsen in der gesellschaftlichen Wirklichkeit allerdings vermisst.[9]

Aufgrund der Komplexität dieses Lerngegenstandes bietet sich an dieser Stelle eine arbeitsgleiche Partnerarbeit an, um möglichst vielfältige Ergebnisse zu den Aufgabenstellungen des **Arbeitsblattes 10** (S. 85 f.) zu erhalten.

---

[1] Kafitz (1982), S. 310
[2] Kafitz (1982), S. 311
[3] Kafitz (1982), S. 311
[4] Vgl. etwa Gerhart Hauptmanns Tragikomödie „Die Ratten".
[5] Kafitz (1982), S. 312 f.
[6] Kafitz (1982), S. 311
[7] Kafitz (1982), S. 311
[8] Kafitz (1982), S. 312
[9] Vgl. Kafitz (1982), S. 312.

- *Vergleichen Sie Dramenkonzeption der Vertreter des Naturalismus mit Ibsens Drama „Gespenster" und beurteilen Sie, inwiefern der Dichter als typischer Vertreter des Naturalismus anzusehen ist.*
- *Überprüfen Sie, inwiefern die Aussagen zu den „Gespenstern" auf das Drama „Ein Volksfeind" übertragen werden können. Belegen Sie Ihre Ausführungen mithilfe geeigneter Textbeispiele.*

Die Ergebnisse können in sprachlich reduzierter Form an der Tafel bzw. auf einer Folie festgehalten werden:

Ein Volksfeind: Ein naturalistisches Drama?

Dramenkonzeption der Naturalisten	Henrik Ibsen: Ein Volksfeind
Handlung und deren Intention	
• Sehen und Zeigen statt poetisierender Deutung der Wirklichkeit (Z. 7 ff.) • statisches Zustandsdrama (vgl. Z. 101 f.) – „situationsgebundene Figurengruppe" (Z. 19) bzw. der durch Herkunft, Milieu und Zeitumstände determinierte Mensch steht im Mittelpunkt des Dramas – „kreisende Wiederholung" zeigt die Ausweglosigkeit auf, die Lebensbedingungen zu verbessern (vgl. Z. 28 ff.)	• unvoreingenommene Darstellung der Wirklichkeit (Z. 11 f.) • dynamisches Bewusstseinsdrama (vgl. Z. 88 ff.) – „hervorgehobene Einzelgestalt", die sich ihrer Abhängigkeit bewusst wird (vgl. Z. 20 ff.) – Entlarvung überholter Ideale als Voraussetzung zur Verbesserung der Lebensbedingungen („Enthüllungsdramatik", Z. 56 ff.)
Dialog	
• situationsgebundenes Sprechen (vgl. Z. 13 ff.) • überwiegend reine Gegenwartsdialoge (vgl. Z. 43 f.)	• situationsgebundenes und reflektierendes Sprechen (Z. 66) • analytische Technik: sukzessive Enthüllung der Vergangenheit mithilfe des Dialoges (vgl. Z. 41 ff.)

↓

Ibsen liefert zwar wertvolle Impulse für den Naturalismus in Skandinavien und Deutschland (vgl. Gemeinsamkeiten), distanziert sich selbst jedoch ausdrücklich.
→ Ibsens Realismus

4.3.2 Die Sprache der Figuren als Stilmittel

Um die Wirklichkeit auf der Theaterbühne möglichst naturgetreu und natürlich inszenieren zu können, führen die Vertreter des Naturalismus eine wesentliche stilistische Neuerung ein: Indem die zentralen Figuren nunmehr vorwiegend aus dem Kleinbürgertum oder Proletariat stammen, halten folglich Umgangssprache, Jargon und Dialekt in bis dahin unbekanntem Ausmaß Einzug in die Literatur.
Auch Ibsen verzichtet zugunsten einer realistischen bzw. wirklichkeitsnahen Darstellung auf

(Blank-)Verse, denn sein „Schauspiel ist keine Tragödie im älteren Verstande", vielmehr will er „Menschen schildern und sie gerade darum nicht ‚die Sprache der Götter' sprechen lassen", wie er Edmund Gosse in seinem Brief im Jahre 1874 mitteilt.[1] Diese Auffassung vertritt Ibsen auch knapp zehn Jahre später, denn zu deklamierende „Prologe, Epiloge und alles Derartige sollten unbedingt von der Bühne verschwinden", da die „Versform [...] der Schauspielkunst außerordentlich geschadet" habe. Aus diesem Grund habe er selbst „in den letzten 7–8 Jahren kaum einen Vers geschrieben, sondern [sich] ausschließlich der weit schwierigeren Kunst befleißigt, in einer durchweg echten Wirklichkeitssprache zu dichten"[2].

Sehr viel ausgeprägter als beispielsweise noch in seinem Schauspiel „Stützen der Gesellschaft" versucht Ibsen, seinen Figuren in dem Gesellschaftsdrama „Ein Volksfeind" eine ganz individuelle, charakteristische Sprache zu verleihen. Denn Ibsen sieht seine Aufgabe als Dichter „nicht in einer poetisierenden Deutung der Wirklichkeit, sondern im Sehen und Zeigen", weshalb „‚[e]chte Wirklichkeitssprache' [...] an die Stelle poetischer Stilisierung treten"[3] müsse.

Anders als später die deutschsprachigen Naturalisten wie etwa Gerhart Hauptmann (z. B. „Die Ratten") differenziert Ibsen in seinem Drama „Ein Volksfeind" jedoch nicht nach Ständen und verzichtet auch auf den Gebrauch des Dialektes, vielmehr ordnet er einzelnen Figuren für sie typische Redewendungen bzw. Ausdrücke zu, anhand derer sie der Leser identifizieren kann[4]:

Der Badearzt **Dr. Tomas Stockmann** neigt zu impulsiven Ausrufen, Kraftausdrücken und Flüchen (z. B. „Schockschwerenot, ja", S. 89), was ihm ein insgesamt burschikoses und temperamentvolles Image verleiht. Zudem bedient er sich einer sehr bildhaften Sprache, denn mit zahlreichen medizinischen Metaphern geht Dr. Stockmann an die Öffentlichkeit, um seine Position zu vertreten.[5]

So vergleicht er das Kurbad zunächst mit einer „Pulsader" bzw. dem „Lebensnerv der Stadt" und hält es für das „pochende Herz" (S. 22). Nach seiner Entdeckung bezeichnet er das Kurbad als „Pesthöhle" (S. 22) und „übertünchtes, vergiftetes Grab" (S. 22). Auch die Lebensverhältnisse in seiner Heimatstadt umschreibt er mit der Feststellung, dass die „sämtlichen geistigen Lebensquellen vergiftet" seien und die „ganze bürgerliche Gesellschaft auf dem verpesteten Boden der Lüge" (S. 55) ruhe, weshalb diese gründlich „gereinigt, desinfiziert werden" (S. 55) müsse.

Die konservative Obrigkeit hingegen sollte man „ausrotten wie andere schädliche Tiere" (S. 83), obgleich sie im Grunde harmlos sei und folglich „keines Doktors Hilfe [brauche, um] möglichst schnell in die Grube zu fahren" (S. 84); denn diese Machthaber sind es nicht, „die zur Vergiftung unserer geistigen Lebensquellen und zur Verpestung des Bodens, auf dem wir stehen, das meiste beitragen" (S. 84), sondern „diese verdammte kompakte Majorität" (S. 87). Denn diese verbreite „solche bejahrten Wahrheiten [...] immer schauerlich spindeldürr" (S. 86), welche „als gesunde geistige Nahrung" (S. 86) empfohlen werden, obwohl „kein großer Nährwert in solcher Kost" (S. 87) stecke und diese dem „ranzige[n], verdorbene[n], neugesalzene[n] Schinken" (S. 87) des Vorjahres gleiche.

Die Folge dieser sinnbildlich falschen Ernährung ist „dieser ganze moralische Skorbut, der rings in allen Gesellschaftsschichten grassiert" (S. 87), weshalb Dr. Stockmann seine Hoffnungen auf „die jungen, keimenden Wahrheiten" (S. 86) setzt; denn er ist der Überzeugung, dass „keine Gesellschaft ein gesundes Leben führen kann auf Grund solcher alten, marklosen Wahrheiten" (S. 87).

Die ihm widerfahrene Kränkung durch eben diese kompakte Majorität sitzt bei Dr. Stock-

---

1 Carlsson (1967), S. 85f.
2 Carlsson (1967), S. 127f.
3 Kafitz (1982), S. 309
4 Vgl. Brenning (o. J.), S. 51.
5 Vgl. Brenning (o. J.), S. 61.

mann tief, denn als Volksfeind verfemt zu werden „hat sich [...] unter der Herzgrube [festgesetzt], da liegt es und bohrt und zieht wie saure Säfte. Und dagegen hilft kein Magnesia." (S. 102f.)

Seiner Kämpfernatur entsprechend gebraucht Dr. Stockmann neben dieser medizinisch geprägten Bildsprache ferner militärische Metaphern, um seine Meinung zum Ausdruck zu bringen. So will er sich „im ‚Volksboten' [...] vor Anker legen und sie [die Obrigkeit] mit einem explodierenden Aufsatz nach dem andern bestreichen" (S. 54). Zudem will er die Machtinhaber „zu Boden schlagen, [...] zerschmettern, ihre Festungswerke [...] wegrasieren" (S. 54).

Ist die konservative Obrigkeit erst einmal beseitigt, muss die freiheitlich und fortschrittlich denkende Minderheit „junge, frische Bannerträger suchen, [...] [denn] auf allen Vorposten müssen wir neue Kommandeure haben" (S. 55). Dr. Stockmann ist überzeugt, dass die „Wahrheit und das Volk [...] die Schlacht gewinnen" werden, denn er sieht bereits „den ganzen freisinnigen Bürgerstand, wie er sich schart zu einem siegreichen Heere" (S. 69), um „morgen Revolution in der Stadt" (S. 70) zu machen. Im Kampf um die Wahrheit vertraut er dabei auf diejenigen Männer, die „draußen als Vorposten [die Stellung halten und die so] weit vorgeschoben [sind], dass die kompakte Majorität ihnen noch nicht nachgerückt ist" (S. 86).

Als Kontrast zu seinem temperamentvollen und impulsiven Bruder dient die durch den Nominalstil und die verwendete Fachterminologie betont sachliche und steife Amtssprache des Stadtvogts **Peter Stockmann**, mit der er zum einen Privates auszuschalten und zum anderen Überlegenheit zu demonstrieren versucht, wie das Gespräch der Geschwister im zweiten Akt belegt (vgl. S. 39).

Der Buchdrucker **Aslaksen** ist ein ängstlicher, spießiger Kleinbürger, was insbesondere in der Entwertung der eigentlich positiv konnotierten Begriffe wie „Besonnenheit" und „Mäßigung" (vgl. S. 33ff., S. 53ff. usw.) zum Ausdruck kommt; denn aus seinem Munde sind diese als Synonym für „Feigheit" und „Kleinlichkeit" zu verstehen. Diese Ironie wiederum lässt die Figur insgesamt komisch erscheinen.

Dr. Stockmanns Schwiegervater, der Gerbermeister **Morten Kiil**, spricht nahezu durchweg Umgangssprache (vgl. S. 28ff.), wodurch auf die niedere Gesinnung dieser Figur verwiesen wird. Diese Deutung legt Kiil selbst nahe, denn er stellt fest, dass ihn die Bürger der Kleinstadt als „Dachs" bezeichnen, welcher „ja so 'ne Art Schmutzferkel" (S. 109) sei. Die Doppeldeutigkeit dieses Spitznamens resultiert zum einen aus dem Umstand, dass die Wasserverseuchung im Wesentlichen auf die Gerberei Kiils zurückzuführen ist (vgl. S. 109). Zum anderen bestimmen Geiz und Habsucht sein Handeln, sodass er nicht vor riskanten Spekulationsgeschäften mit dem Erbe seiner Pflegetochter zurückschreckt (vgl. 109f.).

Um diese sprachanalytische Betrachtung zu initiieren, könnte der Arbeitsauftrag folgendermaßen formuliert werden, der bei schwächeren Lerngruppen arbeitsteilig zu bearbeiten ist:

- *Untersuchen Sie die Besonderheiten der Sprache ausgewählter Figuren des Dramas anhand folgender und gegebenenfalls weiterer geeigneter Textbeispiele:*

Dr. Tomas Stockmann:	*S. 22, S. 69f., S. 102f.*
	S. 54, S. 84ff.
Stadtvogt Peter Stockmann:	*S. 39ff.*
Aslaksen:	*S. 33f.*
	S. 53ff.
Morten Kiil:	*S. 28 und 109f.*

- *Ziehen Sie aus den Ergebnissen Ihrer Sprachanalyse Rückschlüsse auf den Zusammenhang zwischen Sprache und Inhalt des Dramas.*

Die Ergebnisse können in sprachlich reduzierter Form auf Wandplakaten bzw. Folien festgehalten werden:

Die Sprache der handelnden Figuren im Drama

Dr. Tomas Stockmann

- spontane Ausrufe, Kraftausdrücke und Flüche (z. B. „Schockschwerenot, ja", S. 89)
- Metaphern aus dem Bereich der Medizin
  - Kurbad: erst „Pulsader" bzw. „Lebensnerv der Stadt" (S. 22), später „Pesthöhle" und „übertünchtes, vergiftetes Grab" (S. 22)
  - kompakte Majorität: trägt das meiste „zur Vergiftung unserer geistigen Lebensquellen und zur Verpestung des Bodens, auf dem wir stehen", bei (S. 84); verbreitet „solche bejahten Wahrheiten [...] immer schauerlich spindeldürr" (S. 86), welche „als gesunde geistige Nahrung" (S. 86) empfohlen wird, obwohl „kein großer Nährwert in solcher Kost" (S. 87) stecke; folglich grassiert „dieser ganze moralische Skorbut [...] rings in allen Gesellschaftsschichten" (S. 87)
  - konservative Obrigkeit: sollte man „ausrotten wie andere schädliche Tiere" (S. 93)
- Metaphern aus dem Bereich des Militärs
  - will die konservative Obrigkeit „zu Boden schlagen, [...] zerschmettern, ihre Festungswerke [...] wegrasieren" (S. 54)
  - hofft auf freiheitlich und fortschrittlich denkende, „junge, frische Bannerträger" bzw. „Kommandeure", die „auf allen Vorposten" für die Wahrheit kämpfen (S. 55)
  - will mit dem „ganzen freisinnigen Bürgerstand" gemeinsam „morgen Revolution in der Stadt" (S. 70) machen

→ burschikose, temperamentvolle und impulsive Kämpfernatur

Stadtvogt Peter Stockmann

- betont sachliche, steif anmutende Amtssprache
  - viele Substantivierungen (= Nominalstil): „in Erwägung ziehen" (S. 39), „Ich habe in deiner Abhandlung nicht die Überzeugung gewinnen können, dass die Wasserverhältnisse [...] so bedenklich sind" (S. 41)
  - häufiger Gebrauch von Fremdworten und Fachbegriffen: „Und dann kommst du in deiner Deduktion zu dem Resultat, dass wir eine Kloake bauen müssen, die besagten Schmutz aus dem Mühltal aufnehmen kann, und dass die Wasserleitung umgelegt werden muss." (S. 39)

→ Versuch des Stadtvogts, Überlegenheit zu demonstrieren

Aslaksen

- wiederholter Gebrauch der Wörter „Besonnenheit" und „Mäßigung" (S. 30 ff., S. 53 ff.): Entwertung der eigentlich positiv konnotierten Begriffe, da sie hier synonym für „Feigheit" und „Kleinlichkeit" stehen

→ Ironie; Figur wirkt komisch und wird ad absurdum geführt

Morten Kiil

- überwiegend Umgangssprache („Sie hundsfottierten mich aus dem Stadtrat 'raus. Wie einen Hund haben sie mich 'rausvotiert, die Leute! Aber jetzt kriegen sie ihr Fett", S. 29)
- Doppeldeutigkeit des Spitznamens „Dachs":
  - Gerberei ist der Hauptverursacher der Wasserverseuchung (vgl. S. 109)
  - Geiz und Habsucht als Motive seines Handelns (vgl. S. 109 f.)

→ Verdeutlichung der niederen Gesinnung dieser Figur

↓

Ibsen nutzt die Sprache zur Charakterisierung der handelnden Figuren.
→ individuelle und natürliche Sprache als Stilmittel zur Abbildung der Wirklichkeit

Zur Vertiefung dieses Untersuchungsgegenstandes können die Kursteilnehmer wahlweise die in den **Zusatzmaterialien 12–13** (S. 157–160) enthaltenen Arbeitsaufträge zur Betrachtung der Sprache des Naturalismus bearbeiten.

4.3.3 Die Bedeutung der Regieanweisungen

Regieanweisungen sind gezielte Hinweise des Dichters für den Regisseur, die Schauspieler sowie den Leser in Bezug auf Schauplatz, Bühnenbild, Requisiten, Kostüme, Körpersprache der Figuren usw. und sind für das Textverständnis und die Interpretation des Dramas ebenso bedeutsam wie die Dialoge. Insbesondere die Anleitungen zur Gestaltung des Schauplatzes lassen häufig auf dessen symbolischen Gehalt schließen, während körpersprachliche Hinweise wiederum vor allem der Beschreibung des tragischen Konfliktes sowie der Charakterisierung der Figuren dienen. Im Grunde beginnen die Regieanweisungen bereits mit dem Personenverzeichnis, denn dieses vermittelt oftmals einen ersten Eindruck von der Figurenkonstellation (vgl. Abschnitt 1.1, S. 17f.).
Vor allem im naturalistischen Drama sind die Regieanweisungen zu Schauplätzen und Figuren meist sehr ausführlich und detailliert, wodurch einige Szenen einen epischen Charakter bekommen. Die Regieanweisungen dienen vor allem dem Anliegen der Vertreter des Naturalismus, die Wirklichkeit aufs Genaueste abzubilden, denn (nur) hier kann die für diese Strömung charakteristische Schreibtechnik des Sekundenstils realisiert werden (vgl. Abschnitt 4.4, S. 83f.).
Um die Schülerinnen und Schüler für die Bedeutung der Regieanweisungen in einem Drama zu sensibilisieren, sollen sie in arbeitsteiliger Gruppenarbeit Plakate mit Bühnenbildern für die Akte 1, 3, 4 und 5 entwerfen, die im Klassenraum aufgehängt, präsentiert und reflektiert werden. Mithilfe des **Arbeitsblattes 11** (S. 87) kann die Gruppenarbeit entsprechend initiiert werden.

- *Erläutern Sie auf der Grundlage des vorliegenden Textes die Funktion, die den Regieanweisungen im modernen Drama zukommt.*

- *Versetzen Sie sich in die Rolle eines Bühnenbildners und skizzieren Sie auf einem DIN-A3-Plakat das Bühnenbild für den ____. Akt. Halten Sie sich dabei an die Regieanweisungen Ibsens.*

- *Bereiten Sie sich auf die Präsentation Ihrer Arbeitsergebnisse vor, indem Sie*
  - *die Funktion der Regieanweisungen exemplarisch an „Ihrem" Akt nachweisen und*
  - *die wesentlichen gestalterischen Entscheidungen stichwortartig erläutern.*

Die Ergebnisse können zu folgendem Tafelbild zusammengefasst werden:

Die Bedeutung der Regieanweisungen im Drama

Regieanweisungen …

- sind gezielte Hinweise des Dichters für Regisseure, Schauspieler und Leser (vgl. Z. 5 ff.) in Bezug auf Schauplatz, Bühnenbild, Requisiten, Kostüme, Körpersprache der Figuren usw. (vgl. Z. 15 ff.).
  - Schauplätze haben oftmals symbolischen Gehalt (vgl. Z. 24 ff.).
  - Hinweise zur Körpersprache dienen vor allem der Beschreibung des tragischen Konfliktes sowie der Charakterisierung der Figuren (vgl. Z. 31 f.).
- beginnen bereits mit dem Personenverzeichnis und vermitteln einen ersten Eindruck von der Figurenkonstellation (vgl. Z. 1 ff.).
- sind im naturalistischen Drama sehr ausführlich und detailliert, wodurch einzelne Szenen u. U. sogar einen epischen Charakter bekommen (vgl. Z. 9 ff.).

Im anschließenden Unterrichtsgespräch sollten die Schülerinnen und Schüler die Ergebnisse dahingehend kritisch reflektieren, inwiefern die jeweiligen Bühnenbilder den Anforderungen an Ibsens szenischen Realismus (vgl. Abschnitt 4.2) gerecht werden. Anhand der den Handlungsprodukten zugrunde liegenden Regieanweisungen sollten die Lernenden insbesondere zu folgenden Erkenntnissen gelangen:

1. Akt: Zum einen ist das Wohnzimmer der Familie Stockmann „sehr einfach, aber nett eingerichtet und möbliert“ (S. 6), zum anderen reicht „Frau Stockmann […] ihm [Billing] eine Schüssel mit einem großen Stück Rinderbraten“ (S. 6). Anhand dieser Regieanweisungen wird für den Leser der bescheidene Wohlstand erkennbar, den die Familie Stockmann mittlerweile erlangt hat. Gleichzeitig wird auf diese Weise auf die Gastfreundschaft und Geselligkeit des Helden hingewiesen.

3. Akt: Im Gegensatz zum gemütlichen Wohnzimmer der Familie Stockmann ist das Redaktionsbüro der Mitarbeiter des „Volksboten“ „finster und ungemütlich, das Mobiliar alt, die Lehnstühle sind schmutzig und zerschlissen“ (S. 51). Durch diese Kontrastierung werden einerseits die finanziellen Nöte der Zeitung veranschaulicht, andererseits wird zudem die moralische Verkommenheit der Vertreter der Presse symbolisiert, weshalb die Regieanweisungen hier vorausdeutenden Charakter haben.

4. Akt: Die Bürgerversammlung findet im „große[n], altmodische[n] Saal“ (S. 74) in Horsters Haus statt, welcher ausschließlich „durch Armleuchter erhellt“ (S. 74) wird. Die warme Atmosphäre spiegelt somit die positiven Charaktereigenschaften des Hausherren wider, denn die Figur des Schiffskapitäns steht stellvertretend für traditionelle humanistische Werte wie Hilfsbereitschaft, Nächstenliebe, Zuverlässigkeit, Familiensinn usw.

5. Akt: Am Morgen nach der Bürgerversammlung ist der Badearzt damit beschäftigt, in seinem Arbeitszimmer einen Stein „unter einem der Spinde“ (S. 98) hervorzuholen, um ihn „zu einem Haufen anderer auf dem Tische“ (S. 98) zu legen. Auch insgesamt ist das „Zimmer […] in Unordnung“ (S. 98), denn „[r]echts an der Wand befinden sich zwei Fenster, an denen alle Scheiben zerschlagen sind“ (S. 98), wodurch auf die in der Nacht verübten Anschläge der Kleinbürger verwiesen wird. Insbesondere durch die Fenstersplitter wird zudem die Zerbrechlichkeit der gesellschaftlichen Ordnung im Allgemeinen symbolisiert.

4.4 *Exkurs*: Das Drama als naturalistische Gattung

Zur Vertiefung des vorangegangenen Lerngegenstandes (vgl. Abschnitt 4.3) können die Schülerinnen und Schüler angeregt werden, zu beurteilen, inwiefern das Drama als literarische Gattung geeignet ist, den Anforderungen der Vertreter des Naturalismus gerecht zu werden. Entsprechende Anregungen hierfür bietet der Text „Das Drama als naturalistische Gattung" von Möbius (S. 192–195 im Anhang der Textausgabe).
Im Mittelpunkt dieses Textauszuges steht die These des Autors, dass die Dramatik die ideale literarische Gattung sei, um die naturalistische Kunstauffassung zu verwirklichen. Begründet wird dies vor allem damit, dass die Darstellung des Milieus durch die typischen Elemente des Dramas (Dialog, Körpersprache, szenisches Bild usw.) vereinfacht werde (vgl. S. 192ff.). Denn anders als in epischen Gattungen, in welchen insbesondere nicht sprachliche Teile der Handlung durch einen Erzähler wiederzugeben seien, könne hier das gesamte Spiel in Echtzeit erfolgen (vgl. S. 193f.).
Diese Einheit von Ort, Zeit und Handlung wiederum ermögliche die vom naturalistischen Dichter intendierte naturgetreue Reproduktion der Wirklichkeit, die der Zuschauer als seine eigene wiedererkennen solle (vgl. S. 193f.).
Des Weiteren wird der Begriff des Sekundenstils eingeführt, welcher eine Schreibtechnik der Naturalisten bezeichnet und sich darin äußert, in der Realität Beobachtetes detailgetreu, d. h. Sekunde für Sekunde, zu beschreiben (vgl. S. 193f.). Dabei wird die Deckungsgleichheit von Erzählzeit und erzählter Zeit angestrebt, äußere und innere Wirklichkeit werden als gleichwertig erachtet.
Im naturalistischen Drama werden diese Beobachtungen in der Regel in Form von sehr umfangreichen Regieanweisungen realisiert (vgl. Abschnitt 4.3.3, S. 81f.), weshalb diese und die eigentlichen Dialoge im Hinblick auf die Interpretation als gleichrangig anzusehen sind. Denn hier werden der Zeitablauf einer Handlung, Vorgänge (z. B. Tropfen eines Wasserhahns) oder Verhalten und Eigenart der handelnden Figuren (z. B. Dialekt, Stottern, Gähnen) akribisch genau dargestellt, wodurch die Regieanweisungen im naturalistischen Drama eindeutig epische Züge aufweisen.
Die gegebenenfalls als Hausaufgabe zu erteilenden Arbeitsaufträge können wie folgt formuliert werden:

- *Erläutern Sie, weshalb dem Verfasser das Drama als ideale literarische Gattung zur Verwirklichung der naturalistischen Kunstauffassung erscheint.*
- *In diesem Textauszug wird der Begriff des Sekundenstils als gängige Schreibtechnik naturalistischer Dichter eingeführt. Erklären Sie, was hierunter zu verstehen ist, und stellen Sie Vermutungen darüber an, wie diese Technik in einem Drama realisiert wird.*
- *Nehmen Sie kritisch zu der Position des Verfassers Stellung und beurteilen Sie, ob Ibsens Drama „Ein Volksfeind" auch als naturalistischer Roman denkbar wäre. Begründen Sie Ihre Ausführungen mithilfe geeigneter Textbeispiele.*
  Alternativ:
  Schreiben Sie exemplarisch die Szene III/7 (S. 70–73) des Dramas „Ein Volksfeind" in eine Erzählung um und bewerten Sie das Ergebnis im Hinblick auf die von den Vertretern des Naturalismus beabsichtigte Wirkung.

Die Ergebnisse können an der Tafel festgehalten werden:

Hanno Möbius: Das Drama als naturalistische Gattung

- einfache Darstellung des Milieus durch Dialoge, Körpersprache und szenisches Bild (vgl. S. 192 f.)
- anders als in der Epik bzw. Lyrik ist hier ein objektiver Zeitablauf („Echtzeit") durch die Einheit von Ort, Zeit und Handlung gegeben (S. 193)
  → z. B. keine Vermittlung nichtsprachlicher Teile der Handlung durch einen Erzähler erforderlich (vgl. S. 193 f.)
- dies wiederum ermöglicht die realistische, naturgetreue Reproduktion der Wirklichkeit (vgl. S. 193 f.)
- Sekundenstil: Schreibtechnik der Naturalisten
  - in der Realität Beobachtetes wird detailgetreu, d. h. Sekunde für Sekunde, beschrieben
  - Deckungsgleichheit zwischen Erzählzeit und erzählter Zeit wird angestrebt
  - äußere und innere Wirklichkeit werden als gleichwertig erachtet

  → wird im Drama i. d. R. in Form von ausführlichen Regieanweisungen realisiert

↓

Der Zuschauer erkennt seine eigene Lebenswelt wieder (→ Identifikation).

Notizen

Ein Volksfeind: Ein naturalistisches Drama?

Karikatur von Ernst Retemeyer aus dem „Kladderadatsch" (1890)

Als weiteres Beispiel soll die Dramatik Ibsens, speziell die „Gespenster" (1881), eines der am meisten diskutierten Stücke der Zeit, mit dem die Freie Bühne[1] eröffnet wurde, am naturalistischen Drama Holz'scher[2] Prägung überprüft werden. Der Untertitel „Ein Familiendrama" deutet einen direkten inhaltlichen Bezug zur „Familie Selicke" an. Wie Arno Holz sieht Ibsen die Aufgabe des Dichters nicht in einer poetisierenden Deutung der Wirklichkeit, sondern im Sehen und Zeigen, auch er wendet sich gegen eine „Tragödie im älteren Verstande" und strebt die unvoreingenommene Darstellung von einem „Stück" Wirklichkeit an [...]. „Echte Wirklichkeitssprache" solle an die Stelle poetischer Stilisierung treten [...]. Orientiert man sich bei der Analyse der „Gespenster" an den Darstellungsformen, fallen dem gleichen Ausgangspunkt zum Trotz sogleich die Unterschiede zur Verfahrensweise von Holz auf. Im Mittelpunkt des Dramas steht nicht eine situationsgebundene Figurengruppe, sondern eine herausgehobene Einzelgestalt, die ursprünglich auch im Titel erscheinen sollte. Vorgeführt wird die Bewusstseinsentwicklung einer zentralen Figur; dadurch kommt es zu einer die Zuständlichkeit Holz'scher Dramatik überlagernden dynamischen Verlaufsgestalt, die zwar nicht mehr dem klassischen Handlungsdrama entspricht, aber doch dessen Zielspannung beibehält. [...]

Die Skizze des Handlungsbogens kann verdeutlichen, wie sehr Ibsens Dramatik von der in sich kreisenden Wiederholung als Darstellungsweise auswegloser Gebundenheit bei Arno Holz abweicht. Der Befund wird bestätigt durch die unterschiedliche Dialogtechnik. In den „Gespenstern" bleibt das duale Konfliktschema des klassischen Dialogdramas in der Bezogenheit von Frau Alving und Pastor Manders[3] erhalten, wenn es auch nicht mehr zur dialektischen[4] Entfaltung der

[1] Die **Freie Bühne** war ein 1889 in Berlin gegründeter Theaterverein, der geschlossene Theateraufführungen für seine Mitglieder veranstalten wollte. Auf diese Weise sollte die Zensur der preußischen Regierung umgangen werden, um die seinerzeit verpönten naturalistischen Dramen aufführen zu können.

[2] Arno **Holz** (1863–1929) = deutscher Dramatiker des Naturalismus; schrieb 1890 gemeinsam mit Johannes Schlaf das Drama „Die Familie Selicke"

[3] **Frau Alving** = Heldin des Dramas „Gespenster"; **Pastor Manders** = ihr „Gegenspieler"

[4] Dialektik = Erforschung der Wahrheit durch die Auflösung von Widersprüchen

Handlung aus dem Zusammenstoß von Spiel und Gegenspiel kommt, sondern nur noch zu einer Profilierung am Gegenbild. Pastor Manders in seiner starren Normenfixierung gibt den Anstoß, der Frau Alving zum Nachdenken provoziert. Hinzu kommt das für Ibsens Dramatik charakteristische analytische Verfahren; die Handlung entfaltet sich nicht rein aus dem Gegenwartsdialog, sondern wird mitbestimmt durch die im Gespräch enthüllte Vergangenheit. Die analytische Technik erzielt einen Zuwachs an sozialem Wirklichkeitsgehalt, sie schafft einen breiten Erklärungshintergrund für das Vordergrundgeschehen. Dadurch gelingt es Ibsen, einmal seiner Forderung nach realistischer Dramatik gerecht zu werden, da das analytische Verfahren als Transportmittel zur Integrierung komplexer sozialer Verhältnisse dient, zum andern ermöglicht es das Festhalten am finalen Dialogdrama trotz der Vielschichtigkeit des Zustandsbildes. […]

Ibsens Intentionen zielen auf Enthüllungsdramatik, es geht ihm um provokative Desillusionierung überholter Ideale als Voraussetzung der Erkenntnis der Wahrheit. Die „Gespenster“ […] sind Symbol einst gültiger, inzwischen überholter, abgestorbener Ansichten, die als weiterwirkende Vorstellungen die freie Entfaltung des Menschen hindern. Die einengenden, die Wirklichkeitswahrnehmung trübenden „Gespenster“ werden im Verlauf des Dramas als das durchschaut, was sie sind, als Vorurteile. Zielgerichtete Spannungsdynamik und reflektierender Dialog samt analytischem Verfahren sind Organisationsformen eines Erkenntnisvorgangs, der sich zwar nicht in Handlungsaktion umsetzt, aber doch bis zur Grenze möglichen selbstverantwortlichen Handelns führt. Bleiben Holz und Schlaf bei der konstatierenden[1] Wiedergabe einer unveränderlichen Zuständlichkeit stehen, führt Ibsen […] einen zum Ziel gelangenden Bewusstseinsprozess vor. Dadurch tritt der Unterschied bei einem Vergleich zwischen der analytischen Technik in den „Gespenstern“ und Ansätzen zum analytischen Verfahren in Schlafs „Meister Oelze“ hervor. Bei Ibsen kommt es zu einer reflektierenden Bewältigung der Vergangenheit in Verbindung mit dem steten Fortschreiten der Gegenwartshandlung – Frau Alving erscheint in der Vergangenheit „in einem ganz neuen Licht“ […] –, in „Meister Oelze“ wird dagegen in insistierender[2] Wiederholung die Bindung an die verdrängte Vergangenheit gezeigt, die trotz aller Bemühungen im Dunkel bleibt. Die analytische Technik muss in einem Drama, das die Unfreiheit des Menschen darstellen will, ins Leere laufen.

Die Dramenkonzeption Ibsens, das dynamische Bewusstseinsdrama, weist auf das Menschenbild des Autors. Ein scharfer Kritiker der bürgerlichen Gesellschaft, entnimmt Ibsen die Wertmaßstäbe seiner Kritik doch dem bürgerlich-liberalen Aufklärungsdenken. Einen sozialen Umsturz, um das Kollektiv an die Stelle des versagenden Individuums zu setzen, lehnt er ab, er erhofft sich eine „Revolution des Menschengeistes“ auf der Grundlage des Individualismus. In der Selbstverwirklichung sieht er das höchste Ziel des Menschen […]. Der freie Geist, den er in der gesellschaftlichen Wirklichkeit seiner Zeit vermisst, ist der positive Kern, der aus der sozialkritischen Hülle seiner Dramen entspringt. Wie das statische Zustandsdrama von Holz und Schlaf dem überindividuellen positivistischen Kausalitätsdenken der Verfasser entspricht, das bei Holz als sozialpsychologische Gebundenheit der Figuren, bei Schlaf als unterbewusste oder monistische Abhängigkeit in Erscheinung tritt, so das traditionelle Dramenformen mit modernen Inhalten verknüpfende Verfahren Ibsens einem kritisch-aufklärerischen Individualismus.

Aus: Dieter Kafitz: Grundzüge einer Geschichte des deutschen Dramas von Lessing bis zum Naturalismus. Band 2. Königstein: Athenäum Verlag. 1982, S. 309–313 (Auszug, gek.)

1 **konstatieren** = feststellen

2 **insistieren** = auf etwas (hartnäckig) bestehen bzw. beharren

- *Vergleichen Sie die Dramenkonzeption der Vertreter des Naturalismus mit Ibsens Drama „Gespenster“ und beurteilen Sie, inwiefern der Dichter als typischer Vertreter des Naturalismus anzusehen ist.*
- *Überprüfen Sie, inwiefern die Aussagen zu den „Gespenstern“ auf das Drama „Ein Volksfeind“ übertragen werden können. Belegen Sie Ihre Ausführungen mithilfe geeigneter Textbeispiele.*

Die Bedeutung der Regieanweisungen im Drama

Erste Aufschlüsse zur Personenkennzeichnung und -konstellation liefert bereits das Personenverzeichnis, das jedem Drama vorangestellt ist, und mit dem die Regieanweisungen gewissermaßen beginnen. Regieanweisungen sind Anleitungen des Autors für die Inszenierung, den Regisseur und die Schauspieler, aber auch für den Leser und die Interpretation. Ausführlichkeit und Genauigkeit der Regieanweisungen sind sehr unterschiedlich: Während sie im naturalistischen Drama sehr umfangreich sind, im Extremfall sogar den Dialogteil einer Szene überwiegen und beinahe schon Erzählcharakter bekommen können, sind im Regelfall die Regieanweisungen quantitativ untergeordnet, können aber immer wichtige Einzelhinweise enthalten – z. B. zum Schauplatz, zum Bühnenbild, zu den Requisiten, zu den Kostümen, zur Mimik oder Gestik der Personen.

Während man einer Regisseurin oder einem Regisseur künstlerische Freiheiten im Umgang mit den Regieanweisungen – natürlich auch mit dem Dialogtext selbst – zubilligt, erwartet man von einer Textinterpretation einer dramatischen Szene auch den textgetreuen Umgang mit Regieanweisungen.

Hinweise des Verfassers zum Schauplatz können wichtig sein, weil sie nicht nur als konkret-realistische Festlegungen verstanden werden können [...], sondern oft auch in ihrem atmosphärischen oder symbolischen Gehalt von Bedeutung sein können für das Gesamtverständnis einer Szene. Gleiches gilt für Requisiten und Kostüme: Auch hier muss eine Interpretation auf versteckte Hinweise achten. Bemerkungen zur Mimik und Gestik sind vor allem für die Beschreibung des dramatischen Konflikts und die Figurenkennzeichnung verwertbar. [...]

Aus: Deutsch für die berufliche Oberstufe. Ein Lehr-, Text- und Arbeitsbuch. © 1997 M. Müller, W. Eschenbach, S. Karl-Gersch, H. Karg; Bildungsverlag EINS GmbH 1997

- *Erläutern Sie auf der Grundlage des vorliegenden Textes die Funktion, die den Regieanweisungen im modernen Drama zukommt.*

- *Versetzen Sie sich in die Rolle eines Bühnenbildners und skizzieren Sie auf einem DIN-A3-Plakat das Bühnenbild für den ____. Akt. Halten Sie sich dabei an die Regieanweisungen Ibsens.*

- *Bereiten Sie sich auf die Präsentation Ihrer Arbeitsergebnisse vor, indem Sie*
  - *die Funktion der Regieanweisungen exemplarisch an „Ihrem" Akt nachweisen und*
  - *die wesentlichen gestalterischen Entscheidungen stichwortartig erläutern.*

Rezeption des Dramas

Ibsens vorangegangenes Gesellschaftsdrama „Gespenster" hatte das ohnehin bereits gärende politische und soziale Leben Norwegens gegen Ende des 19. Jahrhunderts noch zusätzlich erschüttert[1], sodass die Kritik fast ausnahmslos überaus negativ ausfiel. Wie bereits in der Einführung zu Baustein 3 (vgl. S. 50) deutlich geworden ist, sollte daher das Schauspiel „Ein Volksfeind" einerseits Ibsens literarische Antwort auf die „kritischen Gewalttätigkeiten" gegen seine „Gespenster" darstellen.[2]
Andererseits war dem Dichter bewusst, dass er eine Brücke zu seinem Publikum und den Theaterhäusern schlagen musste, um seine „wichtigste und dringlichste Aufgabe, das [norwegische] Volk zu wecken und groß denken zu lehren"[3], zu der er sich berufen fühlte, erfüllen zu können. Aus diesem Grund versprach er Hegel mit seinem neuen Schauspiel „ein friedliches Stück, das die Staatsräte und Grossisten samt ihren Damen lesen können, vor dem die Theater keine Angst zu haben brauchen"[4]. Ibsen war sicher, dass er mit Dr. Stockmann eine Heldenfigur geschaffen hatte, von der „man sich [...] vieles sagen lassen wird, was man vielleicht aus [seinem] Munde nicht ganz so wohl aufgenommen hätte"[5].
Inwiefern sich diese Einschätzung Ibsens bewahrheiten sollte, wird im Rahmen dieses Bausteins (vgl. Abschnitte 5.1 – 5.2) ergründet. Zudem soll die Wirkung des Dramas aus heutiger Sicht beleuchtet werden (vgl. Abschnitte 5.3 – 5.4).

5.1 Zeitgenössische Kritik

Mit dem Schauspiel „Ein Volksfeind" gelang Ibsen tatsächlich die Aussöhnung mit dem Publikum und den Verantwortlichen der Theaterhäuser. Die Mehrheit der Kritiken war voll des Lobes über das Drama und vor allem den Hauptdarsteller. In der vorliegenden zweiteiligen Rezension[6] aus der norwegischen Zeitung „Morgenbladet" (vgl. S. 171 – 181 im Anhang der Textausgabe) werden aber auch kritische Töne angeschlagen, die vor allem dem Werk selbst gelten:
So berichtet der Verfasser im **ersten Teil** (15. Januar 1883) zunächst von seiner Ratlosigkeit, ob er das Schauspiel für tragisch oder komisch halten soll (vgl. S. 172, Z. 16ff.), und gelangt zu dem Ergebnis, dass es am „ehesten [...] wohl keines von beiden" (S. 172, Z. 20f.) sei. Er belegt diese Ansicht am Beispiel des Dramenschlusses. Dieser sollte einerseits eigentlich „tragisch sein, da der Kampf des Helden um das Wahre und Rechte Unglück über ihn bringt" (S. 172, Z. 21f.), andererseits jedoch wirke der Ausgang durch die „offensichtliche Übertreibung der Dinge" komisch, sodass beim Zuschauer das Gefühl entstehe, „dem armen Mann setze all dies derart zu, dass er nicht mehr ganz bei Trost ist" (S. 172, Z. 33ff.).

1 Vgl. Bien (1970), S. 227.
2 Vgl. Bien (1970), S. 226.
3 Carlsson (1967), S. 34
4 Carlsson (1967), S. 119
5 Carlsson (1967), S. 121 f.
6 Der erste Teil ist vor der Aufführung datiert und kündigt die aktuelle Ibsen-Inszenierung des Christiania Theaters an, der zweite enthält die eigentliche Aufführungskritik.

Der Theaterkritiker stellt zudem fest, dass in diesem Drama – anders als in der Vergangenheit – lediglich „vereinzelt Repliken vor[kämen], die treffend wirken und als Schlagwörter im Gedächtnis haften bleiben werden" (S. 173, Z. 3ff.), und attestiert Ibsen damit indirekt, mit „Ein Volksfeind" ein insgesamt eher lebloses Werk geschrieben zu haben. Hieraus folgert er weiter, dass das Drama „‚Ein Volksfeind' mehr als irgendeines von Ibsens früher gespielten Stücken von der Beschaffenheit seiner Inszenierung abhängig" (S. 172, Z. 12) sei. Demzufolge sei diesem Drama auf längere Sicht nur dann eine erfolgreiche Zukunft beschieden, „solange [beispielsweise] die Hauptrolle so besetzt ist wie jetzt" (S. 175, Z. 27f.).
Die Sprache der Figuren dieses Dramas könne aus Sicht des Rezensenten hier jedenfalls keine wirklichen Akzente setzen, wie die abfälligen Äußerungen über die vulgäre Alltagssprache und die vielen Flüche der handelnden Personen (vgl. S. 174, Z. 5ff.) belegen.
Der **zweite Teil** (17. Januar 1883) der Rezension beginnt mit einem Seitenhieb auf die „Fremde Schauspielkunst" des Dänen Edvard Brandes und die jahrhundertelange dänische Herrschaft über Norwegen (vgl. S. 174, Z. 22) und liefert somit ganz nebenbei ein wenig Zeitkolorit. Denn dass sich dieser Umstand nicht nur auf die norwegische Sprache, sondern auch die Kultur Norwegens in erheblichem Maße ausgewirkt hat, belegt das angeführte Zitat, in welchem die (als unberechtigt empfundenen) dänischen Hegemonialansprüche auch über die norwegischen Dramatiker Ibsen und Bjørnson deutlich werden (vgl. S. 174f.).
Es folgt eine für diese Textsorte übliche Inhaltsangabe (vgl. S. 175, Z. 30), die zudem eine ausführliche Charakterisierung des Helden enthält, vor dessen „fachlichen Fähigkeiten [...] man [allerdings] keinen großen Respekt" (S. 175, Z. 33) bekommen müsse, wenngleich er „zweifelsohne etwas Geniales an sich [habe], das gewöhnliche Durchschnittsmenschen nicht verstehen können" (S. 176, Z. 28f.).
Auf dieser Grundlage hebt der Verfasser die weit überdurchschnittliche schauspielerische Leistung des Hauptdarstellers hervor, dem es gelungen sei, alle „einzelnen Züge dieses Bildes [...] in seiner Darstellung mit vollkommenem Verständnis zu sammeln und unterzubringen" (S. 172, Z. 12f.). Die Besetzung sei zudem auch aufgrund der „natürlichen Voraussetzungen, die korpulente Statur und das tiefe, klangvolle Organ [...], aber auch die Maske – das dunkle, lockige Haar mit beginnender Glatze, der Vollbart und die goldene Brille" (S. 177, Z. 17f.) in jeder Hinsicht geglückt, weshalb „man sofort Stockmanns eigenartige Persönlichkeit vor sich" (S. 177, Z. 19) habe.
Auch die übrigen Schauspieler werden für ihre insgesamt gute Darstellung gelobt, vereinzelt auftretende Schwächen – z. B. bei der Umsetzung der Figur des Redakteurs Hovstad (vgl. S. 179, Z. 15ff.) – werden differenziert dargelegt. Lediglich die Figur des Stadtvogts hält der Kritiker für fehlbesetzt, da aus seiner Sicht „die komische Seite dieser Figur" (S. 178, Z. 33) stärker hätte hervorgehoben werden müssen, sodass „ein wirkungsvollerer Gegensatz zwischen den beiden Brüdern" (S. 178, Z. 31) entstanden wäre.
Als weiteren Kritikpunkt an dieser Inszenierung führt der Rezensent die zu leblose Bürgerversammlung des vierten Aktes an. Hier hätte sich der Intendant an die Regieanweisungen Ibsens, der an entscheidenden Stellen Störungen durch die empörten Bürger vorgesehen hat, halten müssen (vgl. S. 180, Z. 9ff.), welche aus Angst, „es könnte sonst zu viel des starken Tobaks sein" (S. 180, Z. 16f.), lediglich in abgeschwächter Form dargestellt worden sind. Gerade dieser Highlights hätte es aus seiner Sicht aber bedurft, um „nicht Gefahr zu laufen, [dass der lange Monolog des Badearztes] etwas einförmig und ermüdend" (S. 180, Z. 18f.) ausfällt.
Abschließend äußert der Theaterkritiker seinen Wunsch nach mehr Textsicherheit des Ensembles insgesamt und knüpft damit indirekt an seine eingangs formulierte Feststellung an, „dass die Darsteller [...] verleitet wurden, noch mehr [...] Kraftausdrücke einzuflechten" (S. 174, Z. 10f.), als das Stück ohnehin schon vorsieht. Diese Veränderung der Dialoge sei jedoch gerade bei „norwegischen Stücken, [...] bei Ibsen" (S. 181, Z. 4) fatal.
Zunächst sollen sich die Schülerinnen und Schüler über die Wirkung des Dramas auf zeitgenössische Literaturkritiker informieren, weshalb sie die im Anhang ihrer Textausgabe befind-

liche Rezension lesen und die wesentlichen Aussagen entnehmen. Anschließend können die Kursteilnehmer untereinander diskutieren, inwiefern sie die Wertung des Rezensenten in Bezug auf das Werk nachvollziehen können.

- *Lesen Sie die Kritik zur Uraufführung von Ibsens Drama „Ein Volksfeind" am 13. Januar 1883 im norwegischen Kristiania (S. 171–181 im Anhang Ihrer Textausgabe) und stellen Sie die aus Sicht des Rezensenten positiven und negativen Aspekte dieser Inszenierung tabellarisch gegenüber.*
- *Nehmen Sie kritisch zu der Position des Rezensenten insbesondere zum Werk selbst Stellung.*

Unerheblich ist letztlich, welchen Aspekten im Einzelnen zugestimmt wird. Entscheidend ist, dass die eigene Position fachlich fundiert begründet wird und die Argumentation in sich schlüssig ist.
Zur Vertiefung kann es jedoch interessant sein, die Frage des Theaterkritikers, ob das Drama eher tragisch oder komisch zu verstehen ist, aufzugreifen – zumal sich der Dichter eine ähnliche Frage gestellt hat, wie sein Brief vom 21. Juni 1882 (vgl. S. 123 im Anhang der Textausgabe) belegt: So ist sich Ibsen selbst „noch nicht ganz im Klaren, ob [er] das Stück ein Lustspiel oder ein Schauspiel nennen soll".
Um selbst zu einer fundierten Einschätzung zu gelangen, sollten die Schülerinnen und Schüler hierfür den ersten Abschnitt zur Dramentheorie „Formen des Dramas" (vgl. S. 123 im Anhang der Textausgabe) zu Hilfe nehmen. Gleichzeitig ist auf diese Weise der bereits in Baustein 4 erarbeitete Lerngegenstand, nämlich die Theaterauffassung Ibsens, mit den neuen Erkenntnissen zu vernetzen (vgl. S. 89 ff.).

Die Ergebnisse können zu folgendem Tafelbild (Folie) zusammengefasst werden:

„Ein Volksfeind": Kritik zur Uraufführung am 13. Januar 1883

positive Kritik	negative Kritik
Inszenierung, Leistung der Schauspieler	
• Idealbesetzung des Badearztes (S. 175 f.) – gelungen, alle Facetten der Figur darzustellen – Aussehen und Maske des Schauspielers bewirken, dass „man sofort Stockmanns eigenartige Persönlichkeit vor sich sieht" • bis auf wenige Schwächen der Figur des Hovstad gute Leistung der übrigen Schauspieler (vgl. S. 179, Z. 15 ff.)	• Fehlbesetzung des Stadtvogts (S. 178, Z. 31) – „die komische Seite dieser Figur" fehlt – daher zu wenig wirkungsvoller Gegensatz zwischen den Brüdern • Forderung nach insgesamt mehr Textsicherheit des Ensembles (vgl. S. 174, Z. 10, und S. 180, Z. 9) • Bürgerversammlung im 4. Akt zu leblos (vgl. S. 180, Z. 9) – Regieanweisungen, die tumultartige Störungen vorsehen, zu schwach umgesetzt – dadurch wirkt der lange Monolog des Badearztes „etwas einförmig und ermüdend"
Werk	
	• tragische oder komische Handlung? (S. 172, Z. 16 ff.) • vulgäre Sprache der Figuren: viele Flüche und Kraftausdrücke (S. 174, Z. 5 ff.) • wenig Repliken, „als Schlagwörter im Gedächtnis haften bleiben werden" (S. 173, Z. 3 ff.) • Erfolg des Werkes hängt daher letztlich von der Qualität der Inszenierung ab (vgl. S. 172, Z. 12 und S. 175, Z. 27 f.)

5.2 *Exkurs:* Das Problem der autobiografischen Bezüge im Drama

Obgleich jedem Literaturanhänger und -kenner bewusst ist, dass Poesie und Wirklichkeit strikt voneinander zu trennen sind und jegliche Gleichsetzung von Dichtern und dessen Charakteren äußerst problematisch ist, stellt sich bei der Rezeption eines Werkes dennoch immer wieder die Frage nach dessen Verhältnis von Dichtung und Wahrheit. Auf Ibsens Drama bezogen hieße dies mit anderen Worten: Inwiefern ist Henrik Ibsen Dr. Tomas Stockmann und umgekehrt?

Auch Ibsens Zeitgenossen erlagen der Versuchung, in der Figur des Badearztes den Dichter selbst zu identifizieren, wie das Gespräch zwischen Ibsen und Rosenberg am 3. April 1898

in Kopenhagen (vgl. **Arbeitsblatt 12**, S. 97) belegt. Dass dies dem Dichter sehr missfiel, geht aus diversen zeitgenössischen Zeugnissen hervor.
So beklagt Ibsen in seinem Brief vom 6. Januar 1882 (S. 121 f. im Anhang der Textausgabe), „für die Ansichten einzelner Dramenpersonen verantwortlich" gemacht zu werden, obwohl „in dem ganzen Buch keine einzige Ansicht, keine einzige Äußerung auf das Konto des Verfassers"[1] gehe. Auch in einem Gespräch mit William Archer über sein Drama „Gespenster" wird Ibsens Unmut deutlich: „Die Leute im Norden sind schrecklich. Da habe ich ein Stück mit fünf Personen geschrieben, und sie bestehen darauf, eine sechste hineinzubringen – nämlich mich. Ich habe kein Stück geschrieben, das weniger meine persönliche Meinung ausdrückt als dieses."[2]
Eine gegenteilige Theorie stellt Ferguson in seiner Ibsen-Biografie auf. Seiner Auffassung nach galt dies nicht für Ibsens Drama „Ein Volksfeind", denn „bei verschiedenen Gelegenheiten hat Ibsen sich mit den Ansichten seines Helden Dr. Stockmann weitgehend identifiziert"[3]. Tatsächlich wird diese These beispielsweise durch Ibsens Begleitbrief zum Manuskript vom 9. September 1882 (vgl. S. 124 f. im Anhang der Textausgabe) gestützt: „Doktor Stockmann und ich kamen so vortrefflich miteinander aus; wir sind uns in vielen Stücken so einig; doch der Doktor ist mehr Wirrkopf als ich und hat außerdem zahlreiche andere Eigenheiten, denen zuliebe man sich von ihm vieles sagen lassen wird, was man vielleicht aus meinem Munde nicht ganz so wohl aufgenommen hätte."[4]
Dieses Bekenntnis zeigt, dass Ibsen mit Dr. Tomas Stockmann eine literarische Figur konzipiert haben muss, mithilfe derer er seine Gesellschaftskritik ganz gezielt in der Öffentlichkeit verbreiten konnte. Denn die Anfeindungen, die ihm knapp ein Jahr zuvor durch sein Drama „Gespenster" widerfahren waren, die Beunruhigung über die Ausbreitung der Demokratie in der Heimat und der Ärger über den Storting wegen der Nichterhöhung seines Jahresgehalts „hatte[n] ihn reichlich mit jenem schöpferischen Zorn versorgt, den er brauchte [...]. Diesen Ärger verrührte er mit ein wenig Sozialdarwinismus", sodass „all diese Elemente ein brisantes Gebräu für *Ein Volksfeind*"[5] bildeten.
Dass Ibsens Identifikation mit seinem Helden ganz bewusst und weitreichend war, belegen zudem die Regieanweisungen innerhalb des Dramas, denn zum Höhepunkt des Dramas im vierten Akt lässt der Dichter den Badearzt mit typischem Ibsen-Outfit auftreten: *„Er trägt einen schwarzen Anzug (Gehrock) und eine weiße Krawatte."* (S. 76)
Weitere Parallelen werden bei der schriftstellerischen Tätigkeit in Verbindung mit ihrem gesellschaftspolitischen Engagement sichtbar: „Ein Doktor (Ibsen gebrauchte diesen Titel ständig, nachdem er ihm 1877 verliehen worden war) hat ein hässliches, aber notwendiges Schriftstück produziert (Stockmanns Zeitungsartikel, Ibsens *Gespenster*), und zwar über das Thema Krankheit. Die Besitzer der Medien der Kommunikation zwischen den beiden Doktoren und ihren Mitmenschen (die Lokalzeitung, das Christiania-Theater) weigern sich, es zu veröffentlichen."[6] Und obwohl sie persönlich große Opfer bringen müssen, halten beide an ihrem Kampf zur Verbreitung der Wahrheit fest.
Um die Schülerinnen und Schüler an das Problem der autobiografischen Bezüge des Dramas heranzuführen, sollen sie sich in einem ersten Schritt mit Ibsens Leben und Werk im Allgemeinen auseinandersetzen. Hierfür sollen die relevanten Lebensstationen Ibsens (vgl. S. 133–138 der Textausgabe) in Gruppen erarbeitet und in Form eines fiktiven Radiointerviews mit Henrik Ibsen präsentiert werden. Durch den Anreiz der produktionsorientierten Aufgabenstellung soll eine intensivere Auseinandersetzung mit der Biografie Ibsens erfolgen.
Die Kursteilnehmer werden auf vier Gruppen verteilt, von denen jede ein etwa fünfminütiges

[1] Carlsson (1967), S. 116
[2] Arpe (1972), S. 72 (Band 10/II)
[3] Ferguson (1998), S. 355
[4] Carlsson (1967), S. 121 f.
[5] Ferguson (1998), S. 353
[6] Ferguson (1998), S. 356

Radiofeature produziert. Dabei wird insofern arbeitsteilig vorgegangen, als dass sich jede Gruppe mit einem anderen Lebensabschnitt (vgl. 1–4) Ibsens beschäftigt. Bei großen Lerngruppen können alternativ acht Gruppen gebildet werden, sodass sich immer zwei Gruppen mit einem Lebensabschnitt befassen.

- *Ihre Gruppe ist für den ____. Lebensabschnitt Henrik Ibsens (s. u.) verantwortlich. Informieren Sie sich über sein Leben und Werk in dieser Zeit (vgl. Anhang Ihrer Textausgabe). Ergänzen Sie die vorliegenden Daten mithilfe anderer Ihnen zugänglicher Quellen (Schulbibliothek, Büchertisch, Internet usw.).*
  1. *Familiäre Herkunft, Kindheit und Ausbildung (1828–1850)*
  2. *Kristiania und Bergen (1850–1864)*
  3. *Freiwilliges Exil in Deutschland und Italien (1864–1891)*
  4. *Rückkehr nach Norwegen (1864–1891)*

- *Entwickeln Sie im Auftrag von Radio Kristiansand (Norwegen) ein etwa fünfminütiges Interview mit Henrik Ibsen, indem Sie*
  - *die Fragen des Moderators und die jeweiligen Antworten des Dichters erarbeiten,*
  - *das Konzept der Sendung planen (zeitlicher Ablauf, Musik, Geräusche usw.),*
  - *festlegen, wer in dem Interview die Rolle des Moderators und des Gastes spielen wird, und*
  - *das Interview mithilfe eines geeigneten Aufnahmegerätes (z. B. Kassettenrekorder, Computer) aufzeichnen.*[1]

In chronologischer Reihenfolge präsentieren die Gruppen nacheinander ihre Handlungsprodukte, wobei sich die Zuhörer während der Interviews stichwortartige Notizen bei eventuell auftretenden Verständnisschwierigkeiten machen. In der Reflexion soll schwerpunktmäßig auf die Fragen der Schülerinnen und Schüler eingegangen werden. Sofern acht Gruppen gebildet worden sind, bietet es sich an, die andere Gruppe mit arbeitsgleicher Aufgabenstellung zu befragen, ob die dargebotenen Informationen ergänzt werden müssen und/oder bestimmte Teilaspekte entbehrlich sind.
Mit den nunmehr vorliegenden Handlungsprodukten, auf die bei Bedarf jederzeit wieder zurückgegriffen werden kann, ist die notwendige Basis gelegt, auf der vertiefend weitere Details aus der Biografie Henrik Ibsens erschlossen werden müssen.
Nach diesem Überblick über Henrik Ibsen als Person sollen in einem zweiten Schritt die besonderen Eigenarten des Dichters, die teils originalgetreu, teils in abgewandelter Form in der Figur des Badearztes verwirklicht wurden, im Drama aufgespürt werden. Zu diesem Zweck bearbeiten die Schülerinnen und Schüler das **Arbeitsblatt 12**, S. 97, das folgende Arbeitsanweisungen bereithält:

- *Untersuchen Sie auf der Grundlage dieses Gespräches das Verhältnis zwischen Dichtung und Wirklichkeit im Drama „Ein Volksfeind", indem Sie Gemeinsamkeiten und Unterschiede zwischen Henrik Ibsen und Dr. Tomas Stockmann herausstellen. Ergänzen Sie die vorliegenden Daten mithilfe anderer Ihnen zugänglicher Quellen (Schulbibliothek, Internet usw.).*

- *Lesen Sie Ibsens Briefe vom 6. Januar 1882, 9. September 1882 und 12. Juni 1883 (S. 121 f., 124 f. und 125 f. im Anhang Ihrer Textausgabe) und erläutern Sie die beabsichtigte Wirkung, die der Dichter mit der Gestaltung seiner literarischen Figur in dieser Weise verfolgt.*

[1] Alternativ kann hier auch die Methode des szenischen Spiels eingesetzt werden, indem die Schülerinnen und Schüler ihre Interviews vortragen. In jedem Fall sollte das Ergebnis in irgendeiner Form aufgezeichnet werden.

Die Ergebnisse können zu folgendem Tafelbild zusammengefasst werden:

Verhältnis von Wirklichkeit und Dichtung: Autobiografische Bezüge im Drama

Henrik Ibsen	Dr. Tomas Stockmann
• typische Kleidung: schwarzer Gehrock, weiße Krawatte • 1877: Ibsen wird der Doktortitel verliehen • 1881: Veröffentlichung des Gesellschaftsdramas „Gespenster" sorgt für einen Skandal • Christiania-Theater weigert sich, das Stück aufzuführen • kämpft für die Verbreitung der Wahrheit und verbringt 27 Jahre im freiwilligen Exil in Deutschland und Italien	• trägt beim Höhepunkt des Dramas im vierten Akt ein „Ibsen-Outfit" (vgl. S. 76) • Badearzt • Veröffentlichung des Gutachtens zum Thema „Krankheit" soll verhindert werden (vgl. S. 43 ff.) • Lokalzeitung weigert sich, den Artikel zu drucken (vgl. S. 70 ff.) • kämpft für die Verbreitung der Wahrheit und verzichtet auf gesicherten Lebensunterhalt, nimmt die Ächtung durch die Gesellschaft in Kauf (vgl. S. 115 ff.)

↓

Henrik Ibsen ≠ Dr. Tomas Stockmann
→ Held als Sprachrohr des Dichters:
Ibsens Gesellschaftskritik wird hierdurch leichter angenommen (vgl. S. 124 ff.)

5.3 Rezeption heute: Die Aktualität des Dramas

Ibsen legt die scheinbar zeitlosen Probleme der Gesellschaft in seinem Drama „Ein Volksfeind" schonungslos offen. Aufgrund seiner ungebrochenen Aktualität ist dieses Schauspiel demzufolge beinahe ständig auf irgendeinem Spielplan einer deutschen Bühne zu finden.
Wie bereits die Szenenbilder ausgewählter Inszenierungen zeigen (vgl. **Zusatzmaterial 2**, S. 137 ff.), erfolgt die konkrete Umsetzung der literarischen Vorlage Ibsens jeweils in sehr unterschiedlicher Weise. Dieser Umstand wiederum wirft die zwar rein hypothetische, jedoch interessante Frage auf, inwiefern dem Dichter selbst diese Inszenierung gefallen bzw. was er an der Realisierung möglicherweise kritisiert hätte.
Dieser Frage sollen die Schülerinnen und Schüler bei der Lektüre ausgewählter Kritiken zu heutigen Theaterinszenierungen (S. 181 – 186 im Anhang der Textausgabe) schwerpunktmäßig nachgehen. Dabei ist die Vernetzung zum bereits erarbeiteten Lerngegenstand, der Theaterauffassung Ibsens (vgl. Baustein 4.1, S. 73 f.), erforderlich.

- *Lesen Sie ausgewählte Kritiken zu heutigen Theaterinszenierungen von Ibsens Drama „Ein Volksfeind" (S. 181 – 186 im Anhang Ihrer Textausgabe).*
- *Beurteilen Sie die Qualität der unterschiedlichen Inszenierungen im Hinblick auf Ibsens Theaterauffassung. Informieren Sie sich gegebenenfalls mithilfe des Internets über weitere Details zu den jeweiligen Aufführungen.*

Die **Berliner Inszenierung** fand anlässlich des 100. Todestages des Dichters im Rahmen des Festprogramms zum „Ibsen-Jahr" 2006 statt. Als Veranstaltungsort wurde die Norwegische Botschaft in Berlin, das sogenannte „Felleshus", gewählt. Das eigentlich Besondere dieser Inszenierung ist, dass das Schauspiel im gesamten Gebäude (einschließlich der Gänge, Treppen und Terrasse) aufgeführt wurde – umgeben vom Publikum, welches den Verlauf der Handlung „hautnah" miterleben konnte, indem es den Darstellern durch das Felleshus folgte (vgl. S. 181 f.).
Dieses unkonventionelle und sicherlich zudem natürliche Spiel, das sich an den architektonischen Rahmenbedingungen des Felleshus' orientiert und bei dem per se reale Requisiten usw. verwendet werden, dürfte dem Anspruch Ibsens, wirkliches Leben auf der Bühne zu zeigen, gerecht werden. Dadurch, dass die Zuschauer sich um die Schauspieler herum scharen, wird ferner die Forderung des Dramatikers erfüllt, dass das Stück von der Position des Publikums aus zu arrangieren ist. Auch das gleichzeitige Sprechen und Essen des Badearztes erscheint vor diesem Hintergrund als gelungener Versuch, die Figuren möglichst authentisch und natürlich darzustellen (vgl. S. 182).
Bei näherer Betrachtung des Szenenbildes (vgl. **Zusatzmaterial 2**, S. 138) fällt auf, dass an markanten Stellen des „Bühnenbildes" Schlüsselwörter stehen, die den Gang der Handlung leitmotivisch begleiten. Inwiefern Ibsen die hier enthaltene Symbolik gutheißen würde, ist jedoch fraglich.
Letzteres gilt auch für die **Hamburger Inszenierung** aus dem Jahre 2008, bei der ebenfalls auf viele symbolische Elemente gesetzt wird, um das Gesprochene visuell zu untermauern. Prägnant ist insbesondere der blutrote Teppich, mit dem der gesamte Bühnenboden ausgelegt ist und der gegen Ende „das ganze Plastikpuppenheim schluckt" (S. 185). Ebenso wenig würden Ibsen die „übergroße[n] Hunde-Menschwesen, die obenrum große goldene Hundemasken, untenrum als Menschen schwarze Unterwäsche tragen" (S. 185) gefallen.
Dass der Regisseur hingegen hinreichend Mut für Neues beweist, indem er „die reale Kulisse der Finanzkrise inklusive aktueller Hilferufe von Banken und aus der Industrie" (S. 184) in das Drama einfließen lässt, zeugt wiederum von einem hohen Aktualitätsgehalt und spiegelt folglich das gegenwärtige Zeitgeschehen realitätsnah wider. Indem Patarki am Schluss der Inszenierung den Sohn die Entscheidung treffen lässt, nicht in die neue Welt auszuwandern, verändert der Regisseur allerdings die Intention des Dichters in einem Maße, die dieser sicherlich nicht toleriert hätte, wenn er die Chance gehabt hätte, auf die Art der konkreten Umsetzung seines Schauspiels Einfluss zu nehmen.
Zusätzlich zur Analyse dieser Kritiken ist es zudem sinnvoll, eine aktuelle Theaterinszenierung im Rahmen einer Studienfahrt zu besuchen.[1] Zur Vertiefung können die Schülerinnen und Schüler anschließend beauftragt werden, diese zu rezensieren, was sich insbesondere als Hausaufgabe eignet. Entsprechende Tipps für das Verfassen einer Rezension sind dabei dem **Zusatzmaterial 14** (S. 161) zu entnehmen.

5.4 Eigene Rezeption: Einen Poetry Slam organisieren

Während bei den Schülerinnen und Schülern zu Beginn der Unterrichtsreihe eine ausschließlich emotional begründete Bewertung des Dramas zu erwarten gewesen ist (vgl. Baustein 1), sind sie nach intensiver Behandlung des Werkes im Unterricht nun in der Lage, zu einer fachlich fundierten und somit objektiveren Einschätzung zu gelangen.

---

[1] Alternativ hierzu kann im Unterricht ein Mitschnitt der gewünschten Vorstellung gezeigt werden. Dieser kann direkt bei denjenigen Theaterhäusern, die diesen Service mittlerweile anbieten, käuflich erworben werden.

Aus diesem Grund sollen die Lernenden erneut Gelegenheit erhalten, über das Werk zu urteilen. Im Rahmen eines Poetry Slams sollen sie ihre Gedanken zum Drama „Ein Volksfeind“ äußern, die sie während der Unterrichtsreihe beschäftigt haben. Hierfür verfassen sie eigene Slam-Texte in ihrer eigenen Sprache, die sie anschließend auf die (Theater-)Bühne bringen. Die einzelnen Kunstwerke werden gegenseitig beurteilt, der Sieger der „Dichterschlacht“ wird bekannt gegeben und geehrt.[1] Letzteres soll zugleich die Motivation der Lernenden fördern, sich nochmals intensiv mit dem Drama „Ein Volksfeind“ auseinanderzusetzen.
Je nachdem, wie viel Raum der Poetry Slam einnehmen soll, ist es sinnvoll, die Schülerinnen und Schüler an der Planung zu beteiligen, indem entsprechende Teams gebildet werden, die für bestimmte Bereiche (Ablauf, Räumlichkeiten, Musik usw.) zuständig sind. Auch die Kritierien zur Bewertung der Auftritte der Slammer sollten die Kursteilnehmer gemeinsam festlegen.
Die Beurteilung der jeweiligen Performance wiederum schafft vielfältige Anlässe für eine Anschlusskommunikation über die persönliche Einschätzung des besprochenen Dramas, etwaige Schwierigkeiten bei der schauspielerischen Umsetzung des Slam-Textes usw. Gleichzeitig stellt die Bewertung eine Einführung in den Bereich der Literaturkritik dar.
Entsprechende Hilfestellungen für diesen produktiven Schreibauftrag hält das **Arbeitsblatt 13** (S. 98f.) bereit. Eine Checkliste für die Organisation dieses Wettstreites sowie ein möglicher Vorschlag zur Bewertung der jeweiligen Performance ist den **Zusatzmaterialien 15–16** (S. 162f.) zu entnehmen.

- *Verfassen Sie Ihren Slam-Text zu Henrik Ibsens Drama „Ein Volksfeind“ und lernen Sie diesen möglichst auswendig. Planen Sie zudem Ihre Live-Performance einschließlich der Begrüßung des Publikums und des Bühnenabganges.*

Notizen

1 Nähere Informationen zum Poetry Slam sind im Internet unter *www.arte.tv/de/Kultur-entdecken/Poetry-Slam/Poetry-Slam-von--A-Z-/1773528,CmC=1763232.html* zu finden.

Autobiografische Bezüge im Drama

Immer wieder greifen Dichter reale und/oder (auto-) biografische Begebenheiten auf, um diese literarisch zu verarbeiten. Dies bedeutet, dass der Dichter einzelne Elemente seiner Erfahrungswirklichkeit in Poesie verwandelt, indem er an bestimmten Stellen bewusst von der Vorlage abweicht, um seinem Publikum die von ihm zu vermittelnden Zusammenhänge zu verdeutlichen.

Dieser Umstand ist im Hinblick auf die Rezeption durch das Publikum häufig problematisch, da stets die Frage aufgeworfen wird, was an einem Werk eigentlich Dichtung und was hingegen Wahrheit ist. Folglich begibt es sich auf die Suche nach identischen Verhaltensweisen und Ansichten zwischen dem Dichter und seinen literarischen Figuren, was wiederum zur Folge haben kann, dass das Publikum vom Hauptsächlichen abgelenkt wird und den Dichter letztlich missversteht.

Dass es Henrik Ibsens Zeitgenossen auch nicht immer gelang, Wirklichkeit und Poesie auseinanderzuhalten, belegt das Gespräch des Dichters mit Peter Andreas Rosenberg am 3. April 1898 in Kopenhagen:

Ibsen: „Man spricht hierzulande von meiner Philosophie. Ich *habe* keine Philosophie. Man nennt mich bisweilen einen Wahrheitsverkünder. Ich bin mir nicht bewusst, eine einzige Wahrheit verkündet zu haben. Oder habe ich das?"
Martinius Nielsen meinte: „Sie haben doch gesagt, ein Mann, der meist allein steht, sei der stärkste."
„Einen Augenblick!", erwiderte Ibsen, „*wann* habe ich das gesagt?"
„Im *Volksfeind*!"
„Das sagt doch Stockmann, nicht wahr?"
„Jaa –"
„Ich bin nicht verantwortlich für all das Gewäsch, das er da anbringt."
„Nein, aber man bekommt doch im Lauf der Handlung das deutliche Gefühl, wo Ihre Sympathien stecken." –
„Glauben Sie das zu wissen?", erwiderte er. „Vielleicht irren Sie."

Aus: Verner Arpe: Dichter über ihre Dichtungen. Henrik Ibsen. Studienausgabe in zwei Bänden. Band 10/II. Heimeran Verlag. München 1972, S. 107

- *Untersuchen Sie auf der Grundlage dieses Gespräches das Verhältnis zwischen Dichtung und Wirklichkeit im Drama „Ein Volksfeind", indem Sie Gemeinsamkeiten und Unterschiede zwischen Henrik Ibsen und Dr. Tomas Stockmann herausstellen. Ergänzen Sie die vorliegenden Daten mithilfe anderer Ihnen zugänglicher Quellen (Schulbibliothek, Internet usw.).*
- *Lesen Sie Ibsens Briefe vom 6. Januar 1882, 9. September 1882 und 12. Juni 1883 (S. 121 f., 124 f. und 125 f. im Anhang Ihrer Textausgabe) und erläutern Sie die beabsichtigte Wirkung, die der Dichter mit der Gestaltung seiner literarischen Figur in dieser Weise verfolgt.*

Eigene Rezeption des Dramas (Poetry Slam)

Ein Poetry Slam[1] ist ein Dichterwettbewerb zwischen meist unbekannten Künstlern und Laien, der auf einer offenen Bühne (Theater, Kneipe o. Ä.) ausgetragen wird. Jeder Teilnehmer („Slammer") erhält die Möglichkeit, seinen selbst verfassten, in der Regel unveröffentlichten Text innerhalb eines vorgegebenen Zeitlimits (ca. 5–10 Minuten) mittels Mikrofon auf der Bühne vorzutragen. Dabei ist alles erlaubt, was mit Stimme und Körper möglich ist. Das Publikum hat die Aufgabe, die jeweilige Performance, d. h. den Inhalt, die sprachliche Gestaltung sowie die Darbietung insgesamt, zu bewerten und den Gewinner des Poetry Slams zu bestimmen. Dies kann auf unterschiedliche Weise erfolgen: Entweder wird nach dem Zufallsprinzip aus dem Publikum eine zuvor festgelegte Anzahl von Personen in die Jury gewählt oder es werten alle Zuschauer (Stimmzettel am Ende des Slams, Lautstärke des Applauses o. Ä.).
Der sogenannte „Master of Ceremony (MC)" führt während des Wettstreites durch die Veranstaltung.

Foto: Dichterwerkstatt e. V.

Tipps zur Vorbereitung auf den Poetry Slam

1. Führen Sie während der Unterrichtseinheit zu Ibsens Drama „Ein Volksfeind" ein Notizbuch, in welchem Sie alles aufschreiben, was Sie gerade bewegt:
   Umwelt ++ Ibsen ++ Dr. Tomas Stockmann ++ Gefühlswelt ++ Wünsche ++ interessante Wörter ++ Verhaltensweisen der Figuren ++ Bildung ++ Fortschritt ++ Gesellschaftskritik ++ Politik ++ Heimat ++ liberale Presse ++ …
2. Tragen Sie das Notizbuch immer bei sich, um „frische" Ideen, Eindrücke, Themen und Texte sammeln zu können.
3. Überlegen Sie, welche Slam-Texte Ihrem Schreibstil entsprechen könnten, indem Sie folgende Fragen für sich beantworten:
   Bevorzugen Sie eher lyrische (Gedicht, Rap usw.), epische (Kurzgeschichte, Märchen, Witz usw.) oder dramatische Texte (Sketch usw.)?
   Welche Stilrichtung mögen Sie (komisch, ernst, gruselig, aggressiv, verträumt usw.)?
4. Nutzen Sie Ihr Notizbuch als Inspirationsquelle und legen Sie das Thema fest, zu dem Sie Ihren Slam-Text schreiben möchten.
5. Schreiben Sie aufrichtig und versuchen Sie nicht, andere mit dem zu beeindrucken, was Sie für Poesie halten. Schreiben Sie zügig und überarbeiten Sie nicht zu viel. Auf diese Weise bleibt Ihr Slam-Text authentisch.
6. Überlegen Sie, wie Sie Ihren Slam-Text sprachlich (Artikulation, Rhythmus, Lautstärke, Betonung, Sprechpausen usw.) und körpersprachlich (Mimik, Gestik, Körperhaltung) performen wollen, um beim Publikum die von Ihnen beabsichtigte Wirkung zu erzielen.
7. Üben Sie Ihre Performance möglichst mehrmals für sich. Stoppen Sie in jedem Fall die Zeit, um sicherzustellen, dass Sie das vorgegebene Zeitlimit während des Poetry Slams einhalten.

■ *Verfassen Sie Ihren Slam-Text zu Henrik Ibsens Drama „Ein Volksfeind" und lernen Sie diesen möglichst auswendig. Planen Sie zudem Ihre Live-Performance einschließlich der Begrüßung des Publikums und des Bühnenabganges.*

[1] **slam** (engl.) = (Tür) zuschlagen; Schlag, Knall

Als Anregung finden Sie hier ein Beispiel für einen Slam-Text, mit welchem die Schweizerin Lara Stoll beim „Slam 2006" in München den Titel als beste U20-Slammerin im deutschsprachigen Raum gewann:

Weshalb ich manchmal gerne ein John Deere Traktor 7810 Powershift mit Gewicht in der Fronthydraulik wäre

Wenn ich ein John Deere Traktor 7810 Powershift mit Gewicht in der Fronthydraulik wäre, dann hätte ich bestimmt kein Frauenproblem mehr.

Wenn ich nämlich ein John Deere Traktor 7810 Powershift mit Gewicht in der Fronthydraulik wäre, müsste ich mir morgens nie wieder Gedanken machen, was ich anziehen soll, denn ein John Deere Traktor 7810 Powershift mit Gewicht in der Fronthydraulik ist grün. Immer.

Wenn ich ein John Deere Traktor 7810 Powershift mit Gewicht in der Fronthydraulik wäre, dann bräuchte ich mir auch ein Leben lang keinen Hut mehr zu kaufen, denn ein John Deere Traktor 7810 Powershift mit Gewicht in der Fronthydraulik hat bereits sechs Zylinder.

Da jetzt bestimmt schon alle recht genervt sind von dem langen Satzfragment „John Deere Traktor 7810 Powershift mit Gewicht in der Fronthydraulik", kürze ich das an dieser Stelle mit „John Deere Traktor 7810 Powershift" ab.

Mit meinem heißen allradbetriebenen John Deere 7810 Fahrwerk müsste ich mich auch nie wieder der Figur wegen sportlich betätigen, ein John Deere Traktor 7810 Powershift braucht keine engen Dieseljeans, er trägt Diesel pur in seinem 344-Liter-Tank.

Apropos Allrad, all die Radfahrerinnen, die sich im Sommer deswegen abschwitzen, würde ich mit meinem John Deere Powershift 6081TRW02 Motor absichtlich immer wieder und wieder überholen, während ich sie mit dem laut hörbaren Geräusch meiner eingebauten Klimaanlage auslache.

Und als John Deere Traktor 7810 Powershift hätt ich auch keine Menstruationsbeschwerden mehr, denn alles, was dann bei mir noch einen Zyklus hätte, wäre die Luft des John Deere effizienzgeprüften Lüftungssystems.

Wenn ich also ein John Deere Traktor 7810 Powershift wäre, dann hätte ich bestimmt auch keine Männerprobleme mehr … Männer … Männer! Ja, z. B. Mario … Mario, ich würde dir einfach mit meiner John-Deere-nassen Lamellen-Kupplung im 4. Gang nachfahren, bis ich dich überwalzen könnte, ja Mario. Und dann rase ich mit 40 km/h durch die Straßen von Wagenhausen und posaune auch herum, dass du ganz schön billig warst, Mario, wer lacht jetzt, häh?!

Und Muhamed, ach ja Muhamed, wenn ich ein John Deere Traktor 7810 Powershift wäre, dann warte ich so lange oben auf dem Hügel, bis ich sehe, dass du ganz unten einen Zebrastreifen überquerst, dann würde ich meine 14.9R30 Vorder- und meine 18.4R42 Hinterreifen einfach rollen lassen und glaub ja nicht, dass ich kurz vorher meine nassen Vollbremsenscheiben in der Hinterachse hydraulisch betätige, ja Muhamed, wer ist jetzt prüde, häh?!

Und Philipp … Philipp, der krasse Philipp-ich-krieg-jede-rum-und-melde-mich-dann-nie-mehr, ja Philipp … als John Deere Traktor 7810 Powershift würde ich in einer Toilette versteckt auf dich warten, bis du dem Drang der Natur nachgehen müsstest und mit dem Gesicht zur Wand stündest, ja und dann würde ich dich mal mit meiner Fronthydraulik und meiner 3,012 m Breite von hinten nehmen!!

Apropos Arsch, da fällt mir Rüdiger ein, aber diesmal würdest du abgeschleppt und zwar mit meiner 106.2 kW Zugleistung und nicht ins nächste Bett, nein, wir würden durch Feuer und Eis über Stock und Stein und dicke und dünne Stacheldrähte gehen …

Wär ich ein John Deere Traktor 7810 Powershift, dann würd ich mich auch an Thomas rächen, ach am besten ich überfahr einfach alle Männer, außer die Dicken … die sind allgemein netter.

Damit ich jetzt nicht total männerfeindlich rüberkomme, würde ich als John Deere Traktor 7810 Powershift auch noch ein paar Frauen überfahren, der Emanzipation wegen.

Und wenn ich schon dabei bin, überfahre ich auch gleich noch 'n paar nervige nicht zuordnungsbare Geschlechter, z. B. Wolfgang Petri, Bill von Tokio Hotel und Angela Merkel. Ach und wenn wir schon bei den Politikern sind, überwalze ich als John Deere Traktor 7810 Powershift mit meinen 7 t und 60 kg auch noch die schlechten Gedichte von SVP Nationalrat Oskar Freysinger und wenn ich irgendwo einen Deutschen glücklich aus einer Liechtensteiner Bank laufen sehe und ich durch Zurückziehen des Lenkrads Gasgeben könnte, dann würde ich aber so was von Steuerhinterziehen! Wortwitze kommen eigentlich immer gut an und ich hab die Minuspunkte, die ich vorhin bei den Teeniegirls wegen des „killed" Bill von Tokio Hotel kassiert hab, auch wieder rausgeholt.

Ja manchmal wär ich wirklich gerne ein John Deere Traktor 7810 Powershift mit Gewicht in der Fronthydraulik, aber man kann halt nicht alles haben, deshalb geh ich nachher nach Hause und tue das, was ich sonst am liebsten tue:

Ich setz mich mit einer riesen Packung der letzten brasilianischen Rinderdarm-Cervelats vor die Glotze und träume davon, ein Traktor zu sein.

Baustein 6

Die Verantwortung des Wissenschaftlers: Dramen im Vergleich

Nachdem das Drama „Ein Volksfeind" ausführlich im Unterricht besprochen worden ist, können fakultativ verschiedene literarische Figuren, die sich der Forschung verschrieben haben, miteinander verglichen werden.[1] Nach der Maxime Jonas' „Das Urbild aller Verantwortung ist die von Menschen für Menschen"[2] soll in den ausgewählten Dramenszenen die Frage nach der sozialen Verantwortung des Wissenschaftlers in den Mittelpunkt dieser Betrachtung gerückt werden.

Im Rahmen dieses Bausteines werden zwei mögliche Vorgehensweisen vorgestellt:

Variante 1: Die Lernenden erarbeiten die unterschiedlichen Positionen der Wissenschaftler textanalytisch (vgl. Abschnitte 6.1–6.3, S. 100ff.) und vergleichen diese mit der Figur des Dr. Stockmann.

Variante 2: Alternativ zu diesem Verfahren können die inhaltlichen Gemeinsamkeiten und Unterschiede auch in Form einer Talkshow thematisiert und diskutiert werden (vgl. Abschnitt 6.4, S. 108f.).

6.1 Georg Büchner: Woyzeck

In der achten Szene aus Büchners Dramenfragment „Woyzeck" treffen der Doktor, Akademiker und somit Vertreter des gehobenen (Bildungs-)Bürgertums, und der Stadtsoldat Woyzeck, der dem Proletariat angehört, aufeinander. Der Anlass dieses Arztbesuches ist die turnusmäßige Kontrolle, denn der Held hat sich für den wissenschaftlichen Versuch des Doktors als Versuchsperson zur Verfügung gestellt, um sich zu seinem dürftigen Sold etwas hinzuzuverdienen. Ziel dieses wissenschaftlichen Projektes des Doktors ist es, die physischen und psychischen Reaktionen des menschlichen Körpers bei Mangelernährung zu erforschen, weshalb er Woyzeck eine strenge Erbsendiät verordnet hat (vgl. S. 111).
Von Beginn an ist offensichtlich, dass der Doktor Woyzeck schon aufgrund des Standesunterschiedes nicht als menschliches Individuum wahrnimmt („Er ist ein interessanter casus. Subjekt Woyzeck", S. 110, Z. 67f.), sondern sich ihm in jeder Hinsicht überlegen fühlt. So kritisiert der Doktor auch gleich die mangelnde Körperbeherrschung bzw. Selbstdisziplin Woyzecks, wenn er belehrend feststellt, dass dieser „auf die Straß gepisst [hat], an die Wand gepisst wie ein Hund. […] Woyzeck, das ist schlecht." (S. 110, Z. 6ff.) Denn der Doktor geht von der Prämisse absoluter Freiheit des Geistes aus („der Mensch ist frei, in dem Menschen verklärt sich die Individualität zur Freiheit", S. 110, Z. 15ff.), weshalb er erwartet, dass der Mensch seinen Körper zu regieren vermag („Die Natur kommt, die Natur kommt! […] Hab

[1] Ibsens Wissenschaftler, der Badearzt Dr. Tomas Stockmann, wird in diesem Baustein nicht explizit betrachtet, da für den Vergleich die bereits dargelegten Ergebnisse aus Abschnitt 3.4 (S. 61ff.) herangezogen werden können.

[2] Jonas (1987), S. 184

ich nicht nachgewiesen, dass der musculus constrictor vesicae dem Willen unterworfen ist?", S. 110, Z. 12ff.).
Aus Sicht des Doktors liefert Woyzeck einmal mehr den Beweis für seine ohnehin feststehende Weltsicht: „Die Welt wird schlecht, sehr schlecht" (S. 110, Z. 11), denn Sitte und Moral (insbesondere im untersten Stand) verfallen zunehmend. Der einzelne Mensch ist daher nichts wert, weshalb er es auch nicht nötig hat, „sich über einen Menschen [zu] ärgern, ein Menschen!" (S. 110, Z. 35f.).
Auch mittels seiner Sprache versucht der Doktor, seine Überlegenheit zu demonstrieren, indem er Woyzeck nicht nur in moralischer Hinsicht belehrt, sondern mit Sarkasmus („Was erleb ich, Woyzeck? Ein Mann von Wort.", S. 110, Z. 3f.) einschüchtert und ihn durch den Gebrauch der medizinisch-wissenschaftlichen Fachsprache („Er hat die schönste aberratio mentalis partialis", S. 110, Z. 55f.), die Woyzeck nicht verstehen kann, noch zusätzlich verunsichert.
Der Doktor steht hier stellvertretend für den herrschenden Stand, der das Proletariat (hier: Woyzeck) verspottet, unterdrückt und ausbeutet: Aus seiner Annahme, dass der Mensch frei ist (vgl. S. 110, Z. 15) und ihm somit keine Grenzen gesetzt sind, folgert der Doktor, dass auch die Verantwortung für den Gesundheitszustand nicht bei ihm selbst liegt, sondern bei seinem Vertragspartner Woyzeck, der seine Einwilligung in dieses wissenschaftliche Experiment gegeben hat.
Aus diesem Grund leugnet er seine soziale Verantwortung gegenüber der Gesellschaft: Den hippokratischen Eid, den er als Arzt abgelegt hat, missachtend, übt der Doktor physische und psychische Gewalt gerade gegenüber demjenigen aus, der aufgrund seiner sozial bedingten Abhängigkeit keine wirkliche Entscheidungsfreiheit hat.
Auch das Verständnis des Doktors von den Aufgaben der Wissenschaft ist sehr zweifelhaft, denn aus der von ihm angenommenen Freiheit des Geistes bzw. Willens leitet der Doktor für sich fälschlicherweise die unbegrenzte Freiheit der Wissenschaft und der Forschung ab, weshalb er mit Woyzeck seinen völlig zweckfreien Forschungsdrang („Er ist ein interessanter casus", S. 110, Z. 67) voll ausleben darf.
Bei alledem räumt er der wissenschaftlichen Erkenntnis, der „Wahrheit", den Vorrang gegenüber Werten wie etwa Humanität ein (vgl. S. 110, Z. 19ff.). Das Wohl des Einzelnen ist angesichts der „Revolution in der Wissenschaft" (S. 110, Z. 20), die seine Forschungstätigkeit bewirken wird, und den vielversprechenden Aussichten der gesamten Menschheit, völlig bedeutungslos.
Indem die Schülerinnen und Schüler das **Arbeitsblatt 14** (S. 110) bearbeiten, soll ihnen die Position, die der Doktor in berufsethischer Hinsicht vertritt, bewusst werden:

- *Fassen Sie die Kritik zusammen, die der Doktor an Woyzeck übt. Stellen Sie in diesem Zusammenhang zudem das Weltbild dar, das in seiner Kritik erkennbar wird.*

- *Schließen Sie aus diesen Erkenntnissen auf das Rollenverständnis dieser Figur in seiner Eigenschaft als Arzt und Wissenschaftler. Vergleichen Sie dieses Selbstbild mit der Position, die der Badearzt Dr. Tomas Stockmann in Ibsens Drama „Ein Volksfeind" vertritt.*

Die Ergebnisse können zu folgendem Tafelbild zusammengefasst werden:

Das Rollenverständnis des Doktors als Arzt und Wissenschaftler

Weltbild

- Freiheit des Individuums bzw. des Geistes
  - „Hab ich nicht nachgewiesen, dass der musculus constrictor vesicae dem Willen unterworfen ist?" (S. 110, Z. 13 ff.)
  - „der Mensch ist frei, in dem Menschen verklärt sich die Individualität zur Freiheit" (S. 110, Z. 15 ff.)
- Verfall von Sitten und Moral: Der einzelne Mensch ist wertlos.
  - „Behüte, wer wird sich über einen Menschen ärgern, ein Menschen!" (S. 110, Z. 35 f.)
  - „Die Welt wird schlecht, sehr schlecht." (S. 110, Z. 11)
- Forschung als Selbstzweck: Ansehen und Profit gehen vor Menschlichkeit.
  - „Es gibt eine Revolution in der Wissenschaft, ich sprenge sie in die Luft" (S. 110, Z. 20 f.)
  - „Er hat die schönste aberratio mentalis partialis, [...] Er kriegt Zulage." (S. 110, Z. 55 f.)
  - „Subjekt Woyzeck" als „interessanter casus" (S. 110, Z. 67 f.)

Verhalten

- Vernachlässigung seiner ärztlichen Pflichten, Verstoß gegen den hippokratischen Eid
- Leugnen jeglicher Verantwortung für die Folgen seines Handelns

↓

Der Doktor fühlt sich allein der Wissenschaft („Wahrheit") verpflichtet.

Im Vergleich mit Ibsens Drama „Ein Volksfeind" sind folgende Bezüge zur Figur des Badearztes zu erkennen[1]:

- Dr. Stockmann ist ein umsichtiger, gründlicher Wissenschaftler, der sich der neuesten Forschungsmethoden bedient, um die Verunreinigung des Wassers nachzuweisen (vgl. S. 23).
- Er nimmt große persönliche Opfer in Kauf, um für Freiheit, Bildung und Fortschritt in seiner Heimatstadt zu kämpfen (vgl. S. 115 ff.).
- Er gibt seine verkommenen Mitbürger nicht auf, sondern will sie retten (vgl. S. 115 ff.).
- Er fühlt sich der Wahrheit verpflichtet, die darin besteht, die gesellschaftlichen Missstände aufzudecken und zum Allgemeinwohl beizutragen (vgl. S. 55).
- Das Streben nach Profit ist ihm fremd, denn er heilt auch die mittellosen Patienten (vgl. S. 116).

Eine vertiefende Figurenanalyse des Doktors fördert zutage, dass der Wissenschaftler vordergründig einen elaborierten Code spricht und somit zunächst kommunikationsfähig erscheint. Allerdings fallen dem Leser bei genauerer Betrachtung komische Elemente (Verfremdungseffekte)[2] auf:

[1] Nähere Ausführungen zur Figur des Badearztes sind insbesondere den Abschnitten 1.2 (S. 18 ff.) und 3.4 (S. 61 ff.) zu entnehmen.

[2] Vgl. Abschnitt 6.3, S. 106 ff.

Der erste Makel in seiner Sprachkompetenz wird deutlich, wenn der Doktor im Verlauf des Gesprächs mit Woyzeck zeitweilig selbst in dialektale Sprache verfällt („Zeig Er sei Puls!", S. 110, Z. 68f., usw.). Viel schwerwiegender ist jedoch, dass der Doktor, obwohl er „vom Fach" ist, die wissenschaftliche Fachterminologie der Medizin fehlerhaft gebraucht, wie etwa seine Diagnose „Harnstoff 0,10, salzsaures Ammonium, Hyperoxydul"[1] (S. 110, Z. 21f.) zeigt. Zudem ist sein eigentlicher Forschungsansatz („Erbsendiät") geradezu lächerlich, da dieser zu keinen wissenschaftlich fundierten Ergebnissen führen kann („Isst sei Erbse?", S. 110, Z. 62). Hieraus kann gefolgert werden, dass die Figur des Doktors in dieser Szene „ad absurdum" geführt wird. Dieser Eindruck wird zusätzlich durch die Typisierung der Figur verstärkt, welche sich unter anderem auch darin äußert, dass sie namenlos ist.
Mithilfe des folgenden Lehrerimpulses kann das Unterrichtsgespräch in die gewünschte Richtung gelenkt werden:

- *Welche Absicht verfolgt Georg Büchner mit der Darstellung der Figur des Doktors?*

6.2 Bertolt Brecht: Leben des Galilei

Der Wissenschaftler Galileo Galilei (vgl. **Arbeitsblatt 15**, S. 111ff.) ist von seinem Streben nach wissenschaftlicher Erkenntnis besessen, wofür er zunächst sogar sein eigenes Leben gefährdet. Unnachgiebig auf der Suche nach der Wahrheit, ist sich Galilei in seiner Eigenschaft als Wissenschaftler dabei durchaus seiner Verantwortung für die Folgen seiner Entdeckungen gegenüber der Gesellschaft bewusst, weshalb er seine Forschungsergebnisse in den Dienst der Menschheit stellen will.
Ihm liegt vornehmlich die Verbesserung der Lebensqualität des Volkes am Herzen (vgl. S. 113, Z. 190ff.), das „aufgrund der Unterdrückung durch kirchliche und weltliche Machthaber in armseligsten Verhältnissen lebt, unter Hunger und Armut leidet und schwerste körperliche Arbeit verrichten muss"[2]. Aus seiner Sicht muss das einzige Ziel der Wissenschaft folglich darin bestehen, „die Mühseligkeit der menschlichen Existenz zu erleichtern" (S. 113, Z. 225ff.).
Der wissenschaftliche Beweis Galileis von der Gültigkeit des kopernikanischen Weltsystems findet bei der katholischen Kirche allerdings keine Zustimmung, weshalb die Konfrontation beider Parteien unausweichlich wird. Um das bisherige Weltbild nicht zu zerstören, wird Galilei in einem päpstlichen Dekret untersagt, seine Forschungsergebnisse zu veröffentlichen.
Wie er im 14. Bild selbst einräumt, genießt Galilei auf der anderen Seite auch gerne das Angenehme des Lebens, wobei er insbesondere den kulinarischen Freuden zugetan ist (vgl. S. 113, Z. 262f.). Körperliche Schmerzen ängstigen Galilei hingegen so sehr, dass der bloße Anblick der Folterinstrumente schließlich genügt, seinen Widerstand gegenüber der Inquisition aufzugeben (vgl. S. 112, Z. 157ff.) und seine Lehre öffentlich zu widerrufen.
Seine Anhänger, die ihn einst zum Helden der Wissenschaft hochstilisiert und zum Märtyrer der Wahrheit erklärt haben und für die sein ehemaliger Lieblingsschüler Andrea Sarti in dieser vorletzten Szene des Dramas stellvertretend steht, reagieren auf diese Wende Galileis mit Enttäuschung und Verachtung (vgl. S. 111, Z. 4ff.). Aus diesem Grund tritt Andrea seinem früheren Vorbild bei diesem „Pflichtbesuch" (vgl. S. 111, Z. 48ff.) anfangs sehr kühl und distanziert gegenüber und macht Galilei für die fatalen Rückschläge der Wissenschaft aufgrund des Widerrufes verantwortlich (vgl. S. 111, Z. 31f.).

1 Hyperoxydul = Widerspruch in sich: Oxydul = sauerstoffarme Verbindung, Präfix Hyper = sauerstoffreiche Verbindung
2 Apel (2005), S. 67

Als Andrea im Verlauf des Gespräches jedoch erfährt, dass Galilei die Zeit seiner Gefangenschaft genutzt hat, um heimlich seine „Discorsi" zu vollenden und eine Abschrift anzufertigen (vgl. S. 111, Z. 61), ist dieser wieder vollends versöhnt, glorifiziert Galileis Verhalten als „neue Ethik" (S. 112, Z. 118 ff.) und macht sich selbst den Vorwurf, seinen Glauben an seinen einst bewunderten Lehrer verloren zu haben (vgl. S. 112, Z. 137 ff.).
Galilei hingegen bezichtigt sich selbst der Feigheit und glaubt, die Wissenschaft verraten zu haben (vgl. Z. 157 ff.). Aufgrund seines moralischen Versagens betrachtet er sich nicht länger als Mitglied der „Welt der Wissenschaft" (S. 112, Z. 180 f.). Trotz dieses ernüchternden Geständnisses Galileis wird die idealisierte Vorstellung Andreas nicht erschüttert (vgl. S. 112, Z. 269 f.), denn Andrea hofft und vertraut darauf, „dass ein neues Zeitalter angebrochen ist" (S. 113, Z. 264 f.).
Indem die Schülerinnen und Schüler das **Arbeitsblatt 15** (S. 111 ff.) bearbeiten, soll ihnen die ambivalente Position Galileo Galileis in berufsethischer Hinsicht bewusst werden:

- *Erläutern Sie die Aufgaben, die Galileo Galilei und Andrea Sarti der Wissenschaft beimessen, und wie die beiden Wissenschaftler vor diesem Hintergrund den Widerruf Galileis beurteilen.*
- *Leiten Sie aus diesen Ergebnissen die unterschiedlichen Ansichten der beiden Gesprächspartner hinsichtlich ihrer Verantwortung als Wissenschaftler ab.*
- *Vergleichen Sie das Rollenverständnis der Wissenschaftler mit der Position, die der Badearzt Dr. Tomas Stockmann in Ibsens Drama „Ein Volksfeind" vertritt.*

Letztlich wird in dieser entscheidenden Szene des Dramas „Leben des Galilei" generell die „Hoffnung auf Veränderung der bestehenden sozialen Verhältnisse", die für Brechts optimistisch geprägtes Weltbild wesentlich ist, am Beispiel der Frage um die Aufgabe der Wissenschaft thematisiert. So sollen gerade „Galileis Schwächen [...] ein Negativbeispiel geben und den Zuschauer anspornen, bei der Suche nach der Wahrheit und dem Ringen um Gerechtigkeit selbst mutiger und konsequenter zu handeln"[1].
In einem anschließenden Unterrichtsgespräch sollten die Schülerinnen und Schüler zur entsprechenden Abstraktion angehalten werden. Mithilfe des folgenden Lehrerimpulses können die Lernenden in die gewünschte Richtung gelenkt werden:

- *Welche Schlussfolgerung soll der Leser insbesondere aus Galileis Schwächen für sein eigenes Handeln ziehen?*

[1] Apel (2005), S. 68

Die Ergebnisse können auf der Folie bzw. an der Tafel in sprachlich reduzierter Form zusammengetragen werden:

Das Rollenverständnis Andreas und Galileis als Wissenschaftler

Andrea Sarti	Galileo Galilei
Aufgabe der Wissenschaft	
• Anbruch eines neuen Zeitalters durch wissenschaftliche Erkenntnis (vgl. Z. 264 f.)	• Bildung für das Volk und Befreiung von den Machtinhabern (vgl. Z. 196, 218 ff.) • Beseitigung des sozialen Elends und Verbesserung der Lebensqualität (vgl. Z. 204 ff.) • Forschung nicht als Selbstzweck (vgl. Z. 217 f.), sondern zum Wohl der Menschheit
Beurteilung des Widerrufes	
zunächst: • Akt der völligen Unterwerfung, der verachtenswert ist (vgl. Z. 21 ff.) • bedeutet fatalen Rückschlag für den wissenschaftlichen Fortschritt (vgl. Z. 31 f.) später: • geplantes Vorgehen, um die Wahrheit vor dem Feind zu verstecken (vgl. Z. 118 ff.) • heldenhafte und ethisch wertvolle Tat im Dienste der Wissenschaft (vgl. Z. 122 ff.)	• Widerruf aus Angst vor der Folter (Z. 157 ff.) • liefert sein Wissen an die Machtinhaber für deren eigene Zwecke aus (vgl. Z. 253 ff.) • verrät seinen Beruf (vgl. Z. 178 ff.) • verdient es nicht, der „Welt der Wissenschaft" anzugehören (vgl. Z. 178 ff.)
Verantwortung des Wissenschaftlers	
• menschliche Schwächen des Wissenschaftlers sind bedeutungslos (vgl. Z. 168 f.)	• versucht, auch in Gefangenschaft Möglichkeiten zu finden, um weiterhin Wissenschaft zum Wohle der Menschheit betreiben zu können (vgl. Z. 61 ff.) • lehnt allerdings die Verantwortung für die Verbreitung seiner Ergebnisse ab (vgl. Z. 94 ff.)

↓

menschliche Schwächen als Ursache für Galileis Versagen in berufsethischer Hinsicht
→ Brechts Appell an den Leser, auf der Suche nach Wahrheit und Gerechtigkeit möglichst mutig und konsequent zu handeln

Ibsens Figur des Badearztes entspricht folglich den Idealvorstellungen Brechts, da sich Dr. Stockmann sehr solidarisch präsentiert und absolut unerschrocken für eine bessere Welt kämpft (vgl. Abschnitt 3.4, S. 62 ff.).

- Dr. Stockmann ist ein umsichtiger, gründlicher Wissenschaftler, der sich der neuesten Forschungsmethoden bedient, um die Verunreinigung des Wassers nachzuweisen (vgl. S. 23).
- Er nimmt große persönliche Opfer in Kauf, um für Freiheit, Bildung und Fortschritt in seiner Heimatstadt zu kämpfen (vgl. S. 115 ff.).
- Er gibt seine verkommenen Mitbürger nicht auf, sondern will sie retten (vgl. S. 115 ff.).
- Er fühlt sich der Wahrheit verpflichtet, die darin besteht, die gesellschaftlichen Missstände aufzudecken und zum Allgemeinwohl beizutragen (vgl. S. 55).
- Das Streben nach Profit ist im fremd, denn er heilt auch die mittellosen Patienten (vgl. S. 116).

6.3 Friedrich Dürrenmatt: Die Physiker

In der ausgewählten Szene des Dramas (vgl. **Arbeitsblatt 16**, S. 114 f.) wird im Verlauf des Gespräches das zentrale Thema, nämlich die Frage nach der Verantwortung der Wissenschaft, entfaltet. Dabei werden die unterschiedlichen Positionen der drei Physiker deutlich: Newton ist der Ansicht, dass Wissenschaftler verpflichtet sind, ihre Forschungsergebnisse in jedem Fall zu veröffentlichen; denn zum einen ist das „Wissen Allgemeingut" (vgl. Z. 17), zum anderen kann sich die Menschheit nur mithilfe der Wissenschaft weiterentwickeln (vgl. Z. 72 ff.). Die Aufgabe des Wissenschaftlers ist es folglich, „Pionierarbeit zu leisten und nichts außerdem" (Z. 26), weshalb er die absolute „Freiheit unserer Wissenschaft" (Z. 24 f.) fordert.
Dieser Zusatz „und nichts außerdem" bedeutet gleichzeitig aber auch, dass er darüber hinaus jegliche Verpflichtung entschieden ablehnt, wie etwa die Verantwortung für die negativen Folgen, die sich aus den wissenschaftlichen Erkenntnissen für die Gesellschaft ergeben können. So ist es allein Sache der Menschheit, „den Weg zu gehen [...], den [die Wissenschaftler] ihr bahnen" (Z. 27 f.).
Einstein hingegen ist sich der möglichen Tragweite wissenschaftlicher Erkenntnisse durchaus bewusst, denn er hat den Zusammenhang von Wissen und Macht erkannt: Wissenschaftler „liefern der Menschheit gewaltige Machtmittel" (Z. 18 f.), was wiederum fatale Konsequenzen haben könnte, sofern sie in falsche Hände geraten. Daher sind Wissenschaftler dazu angehalten, sich im Vorwege genau zu überlegen, wem sie ihre Forschungsergebnisse anvertrauen (vgl. Z. 91 ff.).
Er selbst hat sich bereits entschieden (vgl. Z. 20 ff.) und seine Macht auf die von ihm ausgewählte Partei übertragen (vgl. Z. 91 ff.), weshalb auch er die Verantwortung für die weitere Verwertung seiner Forschungsergebnisse ruhigen Gewissens von sich weisen kann. Einstein ist sich darüber im Klaren, dass er aufgrund dieses Machtverzichtes keinen weiteren Einfluss mehr ausüben und nur noch hoffen kann, dass die Partei seine Ratschläge befolgen möge (vgl. Z. 97 ff.). Allerdings erachtet er dieses Manko als eher geringes Restrisiko, welches der Wissenschaftler eingehen müsse (vgl. Z. 108 ff.).
Im Gegensatz zu Newton und Einstein übernimmt Möbius die volle Verantwortung für seine Forschungsergebnisse, die so bahnbrechend sind, dass deren Veröffentlichung Folgen apokalyptischen Ausmaßes für die Menschheit haben würden: So hält er nicht nur den „Umsturz unserer Wissenschaft und das Zusammenbrechen des wirtschaftlichen Gefüges" (Z. 110 f.) für wahrscheinlich, vielmehr sieht er die Entwicklung neuartiger Kriegswaffen voraus, die große Teile der Menschheit vernichten könnten (vgl. Z. 111 ff.).
Zum Wohle der Menschheit ist er daher bereit, große persönliche Opfer auf sich zu nehmen (vgl. S. 113 ff.), um seine wissenschaftlichen Erkenntnisse vor der Öffentlichkeit geheim zu

halten, indem er dem Irrenhaus den Vorrang gegenüber seiner Familie und Karriere einräumt (vgl. S. 113 ff.). Damit seine Entscheidung, dem Leben für immer zu entsagen, nicht vergebens war, appelliert Möbius an das Verantwortungsgefühl Newtons und Einsteins und bittet sie, es ihm gleichzutun und ihn dabei zu unterstützen, die brisanten Forschungsergebnisse vor der Öffentlichkeit zu verbergen (vgl. S. 135 ff.).
Indem die Schülerinnen und Schüler das **Arbeitsblatt 16** (S. 114 f.) bearbeiten, sollen ihnen die unterschiedlichen Positionen der drei Physiker in Bezug auf ihre soziale Verantwortung gegenüber der Gesellschaft bewusst werden:

- *Stellen Sie die unterschiedlichen Ansichten der drei Physiker Newton, Einstein und Möbius hinsichtlich ihrer Verantwortung als Wissenschaftler gegenüber.*
- *Vergleichen Sie das Rollenverständnis der Wissenschaftler mit der Position, die der Badearzt Dr. Tomas Stockmann in Ibsens Drama „Ein Volksfeind" vertritt.*

Die Ergebnisse lassen sich in folgendem Tafelbild zusammenfassen:

Das Rollenverständnis der drei Physiker als Wissenschaftler

Newton	Einstein	Möbius
• betrachtet Wissen als von politischen Ideologien unabhängiges Allgemeingut (vgl. Z. 17) • fühlt sich daher verpflichtet, Forschungsergebnisse zu veröffentlichen (vgl. Z. 84 ff.) • benötigt Freiheit, um der Menschheit den Weg zu bahnen („Pionierarbeit") (vgl. S. 24 ff.) • trägt keine Verantwortung für die weitere Verwendung der Ergebnisse (vgl. S. 25 ff. und 73 ff.)	• setzt Wissen mit einem Gewinn an Macht gleich (vgl. Z. 32 ff.) • trifft bewusste Entscheidung, welcher Nation bzw. welchem System er sein Wissen anvertraut (vgl. Z. 18 ff.) • überträgt Verantwortung und Macht auf die Partei seines Landes (vgl. Z. 91 ff.) • hat somit keinen Einfluss mehr in Bezug auf die Verwendung der Ergebnisse (vgl. Z. 97 ff.)	• hält Wissen des Physikers für gefährlich (vgl. Z. 111 ff. und 129 ff.) • bringt persönliche Opfer, um Wissen, dem die Menschheit (noch) nicht gewachsen ist, zu verbergen (vgl. Z. 113 ff.) • trägt Verantwortung, indem er die Folgen der Forschung abwägt (vgl. Z. 2 ff.) • verpflichtet sich zum Handeln im Interesse der Menschheit (vgl. Z. 109 ff.)

Alle drei Physiker verfolgen jedoch dasselbe Ziel: „Fortgang der Physik" (vgl. Z. 72)

Der Vergleich mit dem Wissenschaftler Dr. Stockmann fördert folgende Parallelen zutage[1]:

- Wie Newton ist auch Dr. Stockmann der Auffassung, dass seine Untersuchungsergebnisse in jedem Fall veröffentlicht werden müssen (vgl. S. 55).
- Er hält die Forschung für notwendig, um seiner Heimatstadt zu Fortschritt und Bildung zu verhelfen (vgl. S. 44).
- Auch er fordert Freiheit – allerdings auf persönlicher Ebene, um seine Meinung frei äußern zu können (vgl. S. 45).
- Wie Einstein trifft auch Dr. Stockmann eine bewusste Entscheidung, indem er seine Auswanderungspläne zugunsten seiner Heimatstadt verwirft (vgl. S. 115 ff.).
- Wie Möbius fühlt er sich im Hinblick auf seine (wissenschaftlichen) Erkenntnisse seinen Mitbürgern verpflichtet. Sein Handeln ist auf das Allgemeinwohl ausgerichtet (vgl. S. 55).

6.4 Die Verantwortung des Wissenschaftlers: Eine Talkshow inszenieren

Alternativ zu der bereits dargelegten textanalytischen Vorgehensweise (vgl. Abschnitte 6.1 – 6.3) können die unterschiedlichen Positionen der Wissenschaftler aus den drei Dramen zu ihrer Verantwortung auch in Form einer Talkshow zum Thema „Fortschritt und Erkenntnisgewinn auf Teufel komm raus! – Wie weit darf die Wissenschaft gehen?" diskutiert werden.[2]

Um diese Talkshow zu initiieren, sollte die Lehrkraft die **Arbeitsblätter 14–16** (S. 110–115) ohne Arbeitsaufträge in die Gruppen geben, um die jeweilige Position herauszuarbeiten, die später im Rollenspiel „Talkshow" vertreten werden soll. Zudem werden die **Arbeitsblätter 17–19** (S. 116–119) benötigt, die neben dem Arbeitsauftrag (s. u.) Rollenkarten und den Einführungstext für den Moderator der Talkshow enthalten.

Die Aufgabe der Moderation kann die Lehrkraft entweder selbst wahrnehmen oder – sofern die Lerngruppe bereits über die erforderliche Methodenkompetenz in Bezug auf Rollenspiele im Allgemeinen und die Moderationstechnik im Besonderen verfügt – auch an einen Kursteilnehmer delegieren, der die Bearbeitungszeit für seine individuelle Vorbereitung nutzt und sich bei Bedarf von der Lehrkraft beraten lässt.

Zudem ist auch denkbar, neben den zu besetzenden Gruppen für die jeweiligen Gäste der Talkshow eine zusätzliche Regiegruppe einzurichten, die den konkreten Ablauf der Talkshow (Reihenfolge der geladenen Gäste, Abstimmung mit dem Moderator, Erstellung von Schildern mit Regieanweisungen für den Moderator bzw. die Zuschauer, wie z. B. „Applaus!", „Zwischenfrage", „noch 2 Minuten", „nächster Gast" usw.) organisiert. Hierdurch gewinnt eine inszenierte Talkshow erfahrungsgemäß sowohl an Authentizität als auch an Lebendigkeit.

■ *Bereiten Sie sich in der Gruppe auf Ihre Rolle als ____________________ vor, indem Sie …*

1. *die Position dieser Figur zur Frage nach der Verantwortung des Wissenschaftlers für die Folgen seines Handelns gegenüber der Gesellschaft ermitteln.*
2. *sich ein kurzes Statement (maximal zwei Sätze) überlegen, mit dem sich diese Figur dem Publikum vorstellt.*

---

[1] Nähere Ausführungen zur Figur des Badearztes sind insbesondere den Abschnitten 1.2 (S. 18 ff.) und 3.4 (S. 61 ff.) zu entnehmen.

[2] Sofern sich die Lehrkraft für die Durchführung einer Talkshow entscheidet, ist zu überlegen, ob dieser Baustein eventuell mit Abschnitt 3.4 (S. 61 ff.) zusammengelegt wird, sodass auch die Position Dr. Stockmanns erst an dieser Stelle erarbeitet wird.

3. *überzeugende Argumente, mit denen die Figur ihre Position vertreten kann, auf einer Karteikarte notieren.*
4. *sich auf kritische Fragen des Publikums und des Moderators einstellen.*
5. *auch darüber nachdenken, wie sich diese Figur verhalten wird (Körpersprache, sprachlicher Ausdruck usw.).*
6. *festlegen, wer in der Talkshow diese Rolle spielen wird.*

Im Anschluss an das Rollenspiel ist eine Reflexion unerlässlich. Hierbei sollten die zwei kontroversen Grundpositionen zur Verantwortung des Wissenschaftlers für die Folgen seines Handelns herausgestellt werden. Außerdem sollte ein Meinungsbild innerhalb des Kurses erstellt werden.
Ein abschließender Abgleich mit den Texten zu diesem Thema (S. 155–170 im Anhang der Textausgabe) soll den Schülerinnen und Schülern vor Augen führen, dass diese (berufs-) ethische Frage nicht abschließend und für alle zufriedenstellend beantwortet werden kann. In diesem Zusammenhang kann auch auf Forderungen und mögliche Lösungsansätze, die aktuell in der Öffentlichkeit diskutiert werden (z. B. Einführung verschärfter Umweltgesetze), eingegangen werden.

Notizen

Wissen und Verantwortung I: Woyzeck

Der Soldat Woyzeck versucht, seine Freundin Marie und das gemeinsame Kind finanziell zu unterstützen. Da sein magerer Sold hierfür nicht ausreicht, stellt er sich für den wissenschaftlichen Versuch des Doktors als Versuchsperson zur Verfügung. Im Rahmen seines Forschungsprojektes verordnet der Doktor Woyzeck eine strenge Erbsendiät, um die physischen und psychischen Reaktionen des menschlichen Körpers bei Mangelernährung zu erforschen.

Georg Büchner: Woyzeck (Auszug)

Szene 8: Beim Doktor

Woyzeck. Der Doktor.

Doktor: Was erleb ich, Woyzeck? Ein Mann von Wort.

Woyzeck: Was denn, Herr Doktor?

Doktor: Ich hab's gesehn, Woyzeck; Er hat auf die Straß gepisst, an die Wand gepisst wie ein Hund. Und doch zwei Groschen täglich. Woyzeck, das ist schlecht. Die Welt wird schlecht, sehr schlecht.

Woyzeck: Aber Herr Doktor, wenn einem die Natur kommt.

Doktor: Die Natur kommt, die Natur kommt! Die Natur! Hab ich nicht nachgewiesen, dass der musculus constrictor vesicae[1] dem Willen unterworfen ist? Die Natur! Woyzeck, der Mensch ist frei, in dem Menschen verklärt sich die Individualität zur Freiheit. Den Harn nicht halten können! *(Schüttelt den Kopf, legt die Hände auf den Rücken und geht auf und ab.)* Hat Er schon seine Erbsen gegessen, Woyzeck? – Es gibt eine Revolution in der Wissenschaft, ich sprenge sie in die Luft. Harnstoff 0,10, salzsaures Ammonium, Hyperoxydul.[2]
Woyzeck, muss Er nicht wieder pissen? Geh Er einmal hinein und probier Er's!

Woyzeck: Ich kann nit, Herr Doktor.

Doktor *(mit Affekt)*: Aber an die Wand pissen! Ich hab's schriftlich, den Akkord[3] in der Hand! Ich hab's gesehn, mit diesen Augen gesehn, ich steckt grade die Nase zum Fenster hinaus und ließ die Sonnenstrahlen hineinfallen, um das Niesen zu beobachten. *(Tritt auf ihn los)* Nein, Woyzeck, ich ärgre mich nicht, Ärger ist ungesund, ist unwissenschaftlich. Ich bin ruhig, ganz ruhig, mein Puls hat seine gewöhnliche 60 und ich sag's Ihm mit der größten Kaltblütigkeit. Behüte, wer wird sich über einen Menschen ärgern, ein Menschen! Wenn es noch ein proteus[4] wäre, der einem krepiert! Aber Er hätte nicht an die Wand pissen sollen –

Woyzeck: Sehn Sie, Herr Doktor, manchmal hat einer so 'nen Charakter, so 'ne Struktur. – Aber mit der Natur ist's was anders, sehn Sie, mit der Natur *(er kracht mit den Fingern)*, das ist so was, wie soll ich doch sagen, zum Beispiel ...

Doktor: Woyzeck, Er philosophiert wieder.

Woyzeck *(vertraulich)*: Herr Doktor, haben Sie schon was von der doppelten Natur[5] gesehn? Wenn die Sonn in Mittag steht und es ist, als ging die Welt in Feuer auf, hat schon eine fürchterliche Stimme zu mir geredt!

Doktor: Woyzeck, Er hat eine aberratio.

Woyzeck *(legt den Finger auf die Nase)*: Die Schwämme, Herr Doktor. Da, da steckt's. Haben Sie schon gesehn, in was für Figuren die Schwämme auf dem Boden wachsen? Wer das lesen könnt.

Doktor: Woyzeck, Er hat die schönste aberratio mentalis partialis[6], die zweite Spezies, sehr schön ausgeprägt. Woyzeck, Er kriegt Zulage. Zweite Spezies, fixe Idee mit allgemein vernünftigem Zustand, Er tut noch alles wie sonst, rasiert seinen Hauptmann?

Woyzeck: Jawohl.

Doktor: Isst sei Erbse?

Woyzeck: Immer ordentlich, Herr Doktor. Das Geld für die Menage[7] kriegt mei Frau.

Doktor: Tut sei Dienst?

Woyzeck: Jawohl.

Doktor: Er ist ein interessanter casus[8]. Subjekt Woyzeck, Er kriegt Zulag. Halt Er sich brav. Zeig Er sei Puls! Ja.

Aus: Georg Büchner (1836): Woyzeck. In: Johannes Diekhans (Hrsg.), Georg Büchner „Woyzeck". Textausgabe der Reihe „EinFach Deutsch". Schöningh Verlag. Paderborn (1999), S. 15f.

---

1 **musculus constrictor vesicae** (lat.) = Blasenschließmuskel
2 **Hyperoxydul** = Kunstwort, beinhaltet einen Widerspruch in sich; *Oxydul* = sauerstoffarme Verbindung, Präfix *Hyper* = sauerstoffreiche Verbindung
3 **Akkord** = Vertrag, Abkommen
4 **proteus** (lat.) = froschartige Eidechse
5 Gemeint ist das sogenannte „Zweite Gesicht".
6 **aberratio mentalis partialis** (lat.) = Geistesverwirrung
7 **Menage** = Verpflegung für die Soldaten
8 **casus** (lat.) = Fall

- *Fassen Sie die Kritik zusammen, die der Doktor an Woyzeck übt. Stellen Sie in diesem Zusammenhang zudem das Weltbild dar, das in seiner Kritik erkennbar wird.*
- *Schließen Sie aus diesen Erkenntnissen auf das Rollenverständnis dieser Figur in seiner Eigenschaft als Arzt und Wissenschaftler. Vergleichen Sie dieses Selbstbild mit der Position, die der Badearzt Dr. Tomas Stockmann in Ibsens Drama „Ein Volksfeind" vertritt.*

BS 6

Wissen und Verantwortung II: Leben des Galilei

Galilei[1] hat das kopernikanische Weltsystem bewiesen, demzufolge nicht die Erde, sondern die Sonne den Mittelpunkt dieses Sonnensystems bildet. Da diese bahnbrechende Entdeckung das bisherige Weltbild zerstören würde, hat ihm die katholische Kirche in einem päpstlichen Dekret untersagt, seine Forschungsergebnisse zu veröffentlichen.
Nachdem der Druck der Obrigkeit durch die Androhung von Folter weiter verstärkt wurde, hat Galilei seine Lehre zur Enttäuschung seiner wissenschaftlichen Anhänger widerrufen. Seitdem lebt er als Gefangener der Inquisition einsam in einem Landhaus in der Nähe von Florenz. Überraschend besucht ihn hier sein ehemaliger Lieblingsschüler Andrea Sarti.

Bertolt Brecht: Leben des Galilei (Auszug)

14. Bild

Es wird am Tor geklopft. […] Es ist Andrea Sarti. Er ist jetzt ein Mann in den mittleren Jahren. […]

ANDREA *(kühl)* Wie geht es Ihnen?

GALILEI Tritt näher. Was machst du? Erzähl von deiner Arbeit. Ich höre, es ist über Hydraulik.

ANDREA Fabrizius in Amsterdam hat mir aufgetragen, mich nach Ihrem Befinden zu erkundigen.

(Pause)

GALILEI Ich befinde mich wohl. Man schenkt mir große Aufmerksamkeit.

ANDREA Es freut mich, berichten zu können, daß Sie sich wohl befinden.

GALILEI Fabrizius wird erfreut sein, es zu hören. Und du kannst ihn informieren, daß ich in angemessenem Komfort lebe. Durch die Tiefe meiner Reue habe ich mir die Gunst meiner Oberen so weit erhalten können, daß mir in bescheidenem Umfang wissenschaftliche Studien unter geistlicher Kontrolle gestattet werden konnten.

ANDREA Jawohl. Auch wir hörten, daß die Kirche mit Ihnen zufrieden ist. Ihre völlige Unterwerfung hat gewirkt. Es wird versichert, die Oberen hätten mit Genugtuung festgestellt, daß in Italien kein Werk mit neuen Behauptungen mehr veröffentlicht wurde, seit Sie sich unterwarfen.

GALILEI *(horchend)* Leider gibt es Länder, die sich der Obhut der Kirche entziehen. Ich fürchte, daß die verurteilten Lehren dort weitergefördert werden.

ANDREA Auch dort trat infolge Ihres Widerrufs ein für die Kirche erfreulicher Rückschlag ein.

GALILEI Wirklich? *(Pause)* Nichts von Descartes? Nichts aus Paris?

ANDREA Doch. Auf die Nachricht von Ihrem Widerruf stopfte er seinen Traktat über die Natur des Lichts in die Lade.

(Lange Pause)

GALILEI Ich bin in Sorge einiger wissenschaftlicher Freunde wegen, die ich auf die Bahn des Irrtums geleitet habe. Sind sie durch meinen Widerruf belehrt worden?

ANDREA Um wissenschaftlich arbeiten zu können, habe ich vor, nach Holland zu gehen. Man gestattet nicht dem Ochsen, was Jupiter sich nicht gestattet.

GALILEI Ich verstehe. […]

ANDREA Ich werde die Nacht durch fahren, um die Grenze morgen früh überschreiten zu können. Kann ich gehen?

GALILEI Ich weiß nicht, warum du gekommen bist, Sarti. Um mich aufzustören? Ich lebe vorsichtig, seit ich hier bin. Ich habe ohnedies meine Rückfälle.

ANDREA Ich möchte Sie lieber nicht aufregen, Herr Galilei.

GALILEI Barberini nannte es die Krätze. Er war selber nicht gänzlich frei davon. Ich habe wieder geschrieben.

ANDREA So?

GALILEI Ich schrieb die „Discorsi"[2] fertig.

ANDREA Was? Die „Gespräche, betreffend zwei neue Wissenszweige: Mechanik und Fallgesetze"? Hier?

GALILEI Oh, man gibt mir Papier und Feder. Meine Oberen sind keine Dummköpfe. Sie wissen, daß eingewurzelte Laster nicht von heute auf morgen abgebrochen werden können. Sie schützen mich vor mißlichen Folgen, indem sie Seite für Seite wegschließen.

ANDREA O Gott!

GALILEI Sagtest du etwas?

ANDREA Man läßt Sie Wasser pflügen! Man gibt Ihnen Papier und Feder, damit Sie sich beruhigen! Wie konnten Sie überhaupt schreiben mit diesem Ziel vor Augen?

GALILEI Oh, ich bin ein Sklave meiner Gewohnheiten.

ANDREA Zwei neue Wissenszweige so gut wie verloren!

GALILEI Es wird ihn und einige andre ohne Zweifel erheben zu hören, daß ich die letzten kümmer-

---

1 Galileo **Galilei** (1564–1642) = italienischer Mathematiker, Physiker und Astronom, der bahnbrechende Entdeckungen auf mehreren Gebieten der Naturwissenschaften machte

2 **Discorsi** = Galileis bedeutendstes Werk, in welchem er die physikalischen Grundsätze der Bewegung schwerer Körper behandelt

lichen Reste meiner Bequemlichkeit aufs Spiel gesetzt habe, eine Abschrift zu machen, hinter meinem Rücken sozusagen, aufbrauchend die letzte Unze Licht der helleren Nächte von sechs Monaten.

ANDREA Sie haben eine Abschrift?

GALILEI „Wenn dich dein Auge ärgert, reiß es aus." Wer immer das schrieb, wußte mehr über Komfort als ich. Ich nehme an, es ist die Höhe der Torheit, sie auszuhändigen. Da ich es nicht fertiggebracht habe, mich von wissenschaftlichen Arbeiten fernzuhalten, könnt ihr sie ebensogut haben. Die Abschrift liegt im Globus. Solltest du erwägen, sie nach Holland mitzunehmen, würdest du natürlich die gesamte Verantwortung zu schultern haben. Du hättest sie in diesem Fall von jemandem gekauft, der Zutritt zum Original im Heiligen Offizium hat.

(Andrea ist zum Globus gegangen. Er holt die Abschrift heraus.)

ANDREA Die „Discorsi"!

(Er blättert in dem Manuskript.)

ANDREA *(liest)* „Mein Vorsatz ist es, eine sehr neue Wissenschaft aufzustellen, handelnd von einem sehr alten Gegenstand, der Bewegung. Ich habe durch Experimente einige ihrer Eigenschaften entdeckt, die wissenswert sind."

GALILEI Etwas mußte ich anfangen mit meiner Zeit!

ANDREA Das wird eine neue Physik begründen.

GALILEI Stopf es untern Rock.

ANDREA Und wir dachten, Sie wären übergelaufen! Meine Stimme war die lauteste gegen Sie!

GALILEI Das gehörte sich. Ich lehrte dich Wissenschaft, und ich verneinte die Wahrheit.

ANDREA Das ändert alles. Alles.

GALILEI Ja?

ANDREA Sie versteckten die Wahrheit. Vor dem Feind. Auch auf dem Felde der Ethik waren Sie uns um Jahrhunderte voraus.

GALILEI Erläutere das, Andrea.

ANDREA Mit dem Mann auf der Straße sagten wir: Er wird sterben, aber er wird nie widerrufen. – Sie kamen zurück: Ich habe widerrufen, aber ich werde leben. – Ihre Hände sind befleckt, sagten wir. – Sie sagen: Besser befleckt als leer.

GALILEI Besser befleckt als leer. Klingt realistisch. Klingt nach mir. Neue Wissenschaft, neue Ethik.

ANDREA Ich vor allen andern hätte es wissen müssen! [...] Sie lachten immer schon über die Helden. „Leute, welche leiden, langweilen mich", sagten Sie. „Unglück stammt von mangelhaften Berechnungen." Und: „Angesichts von Hindernissen mag die kürzeste Linie zwischen zwei Punkten die krumme sein."

GALILEI Ich entsinne mich.

ANDREA Als es Ihnen dann 33 gefiel, einen volkstümlichen Punkt Ihrer Lehren zu widerrufen, hätte ich wissen müssen, daß Sie sich lediglich aus einer hoffnungslosen politischen Schlägerei zurückgezogen, um das eigentliche Geschäft der Wissenschaft weiter zu betreiben.

GALILEI Welches besteht in ...

ANDREA ... dem Studium der Eigenschaften der Bewegung, Mutter der Maschinen, die allein die Erde so bewohnbar machen werden, daß der Himmel abgetragen werden kann.

GALILEI Aha.

ANDREA Sie gewannen die Muße, ein wissenschaftliches Werk zu schreiben, das nur Sie schreiben konnten. Hätten Sie in einer Gloriole[1] von Feuer auf dem Scheiterhaufen geendet, wären die anderen die Sieger gewesen.

GALILEI Sie sind die Sieger. Und es gibt kein wissenschaftliches Werk, das nur einer schreiben kann.

ANDREA Warum dann haben Sie widerrufen?

GALILEI Ich habe widerrufen, weil ich den körperlichen Schmerz fürchtete.

ANDREA Nein!

GALILEI Man zeigte mir die Instrumente.

ANDREA So war es kein Plan?

GALILEI Es war keiner.

(Pause)

ANDREA *(laut)* Die Wissenschaft kennt nur ein Gebot: den wissenschaftlichen Beitrag.

GALILEI Und den habe ich geliefert. Willkommen in der Gosse, Bruder in der Wissenschaft und Vetter im Verrat! [...]

ANDREA Todesfurcht ist menschlich! Menschliche Schwächen gehen die Wissenschaft nichts an.

GALILEI Nein! – Mein lieber Sarti, auch in meinem gegenwärtigen Zustand fühle ich mich noch fähig, Ihnen ein paar Hinweise darüber zu geben, was die Wissenschaft alles angeht, der Sie sich verschrieben haben.

(Eine kleine Pause)

GALILEI *(akademisch, die Hände über dem Bauch gefaltet)* In meinen freien Stunden, deren ich viele habe, bin ich meinen Fall durchgegangen und habe darüber nachgedacht, wie die Welt der Wissenschaft, zu der ich mich selber nicht mehr zähle, ihn zu beurteilen haben wird. Selbst ein Wollhändler muß, außer billig einkaufen und teuer verkaufen, auch noch darum besorgt sein, daß der Handel mit Wolle unbehindert vor sich gehen kann. Der Verfolg der Wissenschaft scheint mir diesbezüglich besondere Tapferkeit zu erheischen. Sie handelt mit Wissen, gewonnen durch Zweifel. Wissen verschaffend über alles für alle, trachtet sie, Zweifler zu machen aus allen. Nun wird der Großteil der Bevölkerung von ihren Fürsten, Grundbesitzern

---

1 **Gloriole** = Heiligenschein

und Geistlichen in einem perlmutternen Dunst von Aberglauben und alten Wörtern gehalten, welcher die Machinationen dieser Leute verdeckt. Das Elend der Vielen ist alt wie das Gebirge und wird von Kanzel und Katheder herab für unzerstörbar erklärt wie das Gebirge. Unsere neue Kunst des Zweifelns entzückte das große Publikum. Es riß uns das Teleskop aus der Hand und richtete es auf seine Peiniger. Diese selbstischen und gewalttätigen Männer, die sich die Früchte der Wissenschaft gierig zunutze gemacht haben, fühlten zugleich das kalte Auge der Wissenschaft auf ein tausendjähriges, aber künstliches Elend gerichtet, das deutlich beseitigt werden konnte, indem sie beseitigt wurden. Sie überschütteten uns mit Drohungen und Bestechungen, unwiderstehlich für schwache Seelen. Aber können wir uns der Menge verweigern und doch Wissenschaftler bleiben? Die Bewegungen der Himmelskörper sind übersichtlicher geworden; immer noch unberechenbar sind den Völkern die Bewegungen ihrer Herrscher. Der Kampf um die Meßbarkeit des Himmels ist gewonnen durch Zweifel; durch Gläubigkeit muß der Kampf der römischen Hausfrau um Milch immer aufs neue verlorengehen. Die Wissenschaft, Sarti, hat mit beiden Kämpfen zu tun. Eine Menschheit, stolpernd in diesem tausendjährigen Perlmutterdunst von Aberglauben und alten Wörtern, zu unwissend, ihre eigenen Kräfte voll zu entfalten, wird nicht fähig sein, die Kräfte der Natur zu entfalten, die ihr enthüllt. Wofür arbeitet ihr? Ich halte dafür, daß das einzige Ziel der Wissenschaft darin besteht, die Mühseligkeit der menschlichen Existenz zu erleichtern. Wenn Wissenschaftler, eingeschüchtert durch selbstsüchtige Machthaber, sich damit begnügen, Wissen um des Wissens willen anzuhäufen, kann die Wissenschaft zum Krüppel gemacht werden, und eure neuen Maschinen mögen nur neue Drangsale bedeuten. Ihr mögt mit der Zeit alles entdecken, was es zu entdecken gibt, und euer Fortschritt wird doch nur ein Fortschreiten von der Menschheit weg sein. Die Kluft zwischen euch und ihr kann eines Tages so groß werden, daß euer Jubelschrei über irgendeine neue Errungenschaft von einem universalen Entsetzensschrei beantwortet werden könnte. – Ich hatte als Wissenschaftler eine einzigartige Möglichkeit. In meiner Zeit erreichte die Astronomie die Marktplätze. Unter diesen ganz besonderen Umständen hätte die Standhaftigkeit eines Mannes große Erschütterungen hervorrufen können. Hätte ich widerstanden, hätten die Naturwissenschaftler etwas wie den hippokratischen Eid der Ärzte entwickeln können, das Gelöbnis, ihr Wissen einzig zum Wohle der Menschheit anzuwenden! Wie es nun steht, ist das Höchste, was man erhoffen kann, ein Geschlecht erfinderischer Zwerge, die für alles gemietet werden können. Ich habe zudem die Überzeugung gewonnen, Sarti, daß ich niemals in wirklicher Gefahr schwebte. Einige Jahre lang war ich ebenso stark wie die Obrigkeit. Und ich überlieferte mein Wissen den Machthabern, es zu gebrauchen, es nicht zu gebrauchen, es zu mißbrauchen, ganz, wie es ihren Zwecken diente. [...]

GALILEI [...] Ich muß jetzt essen.

(Andrea hält ihm die Hand hin. Galilei sieht die Hand, ohne sie zu nehmen.)

GALILEI Du lehrst jetzt selber. Kannst du es dir leisten, eine Hand wie die meine zu nehmen? *(Er geht zum Tisch.)* Jemand, der hier durchkam, hat mir Gänse geschickt. Ich esse immer noch gern.

ANDREA So sind Sie nicht mehr der Meinung, daß ein neues Zeitalter angebrochen ist?

GALILEI Doch. – Gib acht auf dich, wenn du durch Deutschland kommst, die Wahrheit unter den Rock.

ANDREA *(außerstande, zu gehen)* Hinsichtlich Ihrer Einschätzung des Verfassers, von dem wir sprachen, weiß ich Ihnen keine Antwort. Aber ich kann mir nicht denken, daß Ihre mörderische Analyse das letzte Wort sein wird.

GALILEI Besten Dank, Herr. *(Er fängt an zu essen.)*

Textauszug aus: Bertolt Brecht: Leben des Galilei (Auszug 15. Bild) aus: Bertolt Brecht: Große kommentierte Berliner und Frankfurter Ausgabe. Band 5. Stücke V. Aus lizenzrechtlichen Gründen nicht in reformierter Schreibung.

- *Erläutern Sie die Aufgaben, die Galileo Galilei und Andrea Sarti der Wissenschaft beimessen, und wie die beiden Wissenschaftler vor diesem Hintergrund den Widerruf Galileis beurteilen.*
- *Leiten Sie aus diesen Ergebnissen die unterschiedlichen Ansichten der beiden Gesprächspartner hinsichtlich ihrer Verantwortung als Wissenschaftler ab.*
- *Vergleichen Sie das Rollenverständnis der Wissenschaftler mit der Position, die der Badearzt Dr. Tomas Stockmann in Ibsens Drama „Ein Volksfeind" vertritt.*

Wissen und Verantwortung III: Die Physiker

Friedrich Dürrenmatts Drama „Die Physiker" handelt von drei scheinbar irren Wissenschaftlern, die sich in einem privaten Sanatorium für psychisch Erkrankte begegnen. Im Verlauf der Handlung entpuppen sich zwei der Physiker, Einstein und Newton, als Geheimagenten entgegengesetzter politischer Mächte. Beide befinden sich unabhängig voneinander auf der Spur des dritten Physikers namens Möbius. Ihr Ziel ist es, an dessen Manuskripte zu gelangen, in welchen das aus Vernunft verrückte Genie seine Entdeckung niedergeschrieben hat, deren Bekanntwerden verhängnisvolle Konsequenzen für die Menschheit haben würde.

Friedrich Dürrenmatt: Die Physiker. Eine Komödie in zwei Akten (Auszug)

MÖBIUS Soll ich den Unschuldigen spielen? Was wir denken, hat seine Folgen. Es war meine Pflicht, die Auswirkungen zu studieren, die meine Feldtheorie und meine Gravitationslehre haben würden. Das Ergebnis ist verheerend. Neue, unvorstellbare Energien würden freigesetzt und eine Technik ermöglicht, die jeder Phantasie spottet, falls meine Untersuchung in die Hände der Menschen fiele.

EINSTEIN Das wird sich kaum vermeiden lassen.

NEWTON Die Frage ist nur, wer zuerst an sie herankommt.

MÖBIUS *(lacht)* Sie wünschen dieses Glück wohl Ihrem Geheimdienst, Kilton, und dem Generalstab, der dahintersteht?

NEWTON Warum nicht. Um den größten Physiker aller Zeiten in die Gemeinschaft der Physiker zurückzuführen, ist mir jeder Generalstab gleich heilig.

EINSTEIN Mir ist bloß mein Generalstab heilig. Wir liefern der Menschheit gewaltige Machtmittel. Das gibt uns das Recht, Bedingungen zu stellen. Wir müssen entscheiden, zu wessen Gunsten wir unsere Wissenschaft anwenden, und ich habe mich entschieden.

NEWTON Unsinn, Eisler. Es geht um die Freiheit unserer Wissenschaft und um nichts weiter. Wir haben Pionierarbeit zu leisten und nichts außerdem. Ob die Menschheit den Weg zu gehen versteht, den wir ihr bahnen, ist ihre Sache, nicht die unsrige.

EINSTEIN Sie sind ein jämmerlicher Ästhet, Kilton. Warum kommen Sie nicht zu uns, wenn Ihnen nur an der Freiheit der Wissenschaft gelegen ist? Auch wir können es uns schon längst nicht mehr leisten, die Physiker zu bevormunden. Auch wir brauchen Resultate. Auch unser politisches System muß der Wissenschaft aus der Hand fressen.

NEWTON Unsere beiden politischen Systeme, Eisler, müssen jetzt vor allem Möbius aus der Hand fressen.

EINSTEIN Im Gegenteil. Er wird uns gehorchen müssen. Wir beide halten ihn schließlich in Schach.

NEWTON Wirklich? Wir beide halten wohl mehr uns in Schach. Unsere Geheimdienste sind leider auf die gleiche Idee gekommen. Geht Möbius mit Ihnen, kann ich nichts dagegen tun, weil Sie es verhindern würden. Und Sie wären hilflos, wenn sich Möbius zu meinen Gunsten entschlösse. Er kann hier wählen, nicht wir.

EINSTEIN *(erhebt sich feierlich)* Holen wir die Revolver.

NEWTON *(erhebt sich ebenfalls)* Kämpfen wir.

(Newton holt die beiden Revolver hinter dem Kamingitter, gibt Einstein dessen Waffe.)

EINSTEIN Es tut mir leid, daß die Angelegenheit ein blutiges Ende findet. Aber wir müssen schießen. Aufeinander und auf die Wärter ohnehin. Im Notfall auch auf Möbius. Er mag der wichtigste Mann der Welt sein, seine Manuskripte sind wichtiger.

MÖBIUS Meine Manuskripte? Ich habe sie verbrannt.

(Totenstille. [...] Sie stecken ihre Revolver ein und setzen sich vernichtet aufs Sofa. [...])

MÖBIUS *(steht auf)* Wir sind drei Physiker. Die Entscheidung, die wir zu fällen haben, ist eine Entscheidung unter Physikern. Wir müssen wissenschaftlich vorgehen. Wir dürfen uns nicht von Meinungen bestimmen lassen, sondern von logischen Schlüssen. Wir müssen versuchen, das Vernünftige zu finden. Wir dürfen uns keinen Denkfehler leisten, weil ein Fehlschluß zur Katastrophe führen müßte. Der Ausgangspunkt ist klar. Wir haben alle drei das gleiche Ziel im Auge, doch unsere Taktik ist verschieden. Das Ziel ist der Fortgang der Physik. Sie wollen ihr die Freiheit bewahren, Kilton, und streiten ihr die Verantwortung ab. Sie dagegen, Eisler, verpflichten die Physik im Namen der Verantwortung der Machtpolitik eines bestimmten Landes. Wie sieht nun aber die Wirklichkeit aus? Darüber verlange ich Auskunft, soll ich mich entscheiden.

NEWTON Einige der berühmtesten Physiker erwarten Sie, Besoldung und Unterkunft ideal, die Gegend mörderisch, aber die Klimaanlagen sind ausgezeichnet.

MÖBIUS Sind diese Physiker frei?

NEWTON Mein lieber Möbius. Diese Physiker erklären sich bereit, wissenschaftliche Probleme zu lösen, die für die Landesverteidigung entscheidend sind. Sie müssen daher verstehen –

MÖBIUS Also nicht frei. *(Er wendet sich Einstein zu.)*

BS 6

Joseph Eisler. Sie treiben Machtpolitik. Dazu gehört jedoch Macht. Besitzen Sie die?

EINSTEIN Sie mißverstehen mich, Möbius. Meine Machtpolitik besteht gerade darin, daß ich zugunsten einer Partei auf meine Macht verzichtet habe.

MÖBIUS Können Sie die Partei im Sinne Ihrer Verantwortung lenken, oder laufen Sie Gefahr, von der Partei gelenkt zu werden?

EINSTEIN Möbius! Das ist doch lächerlich. Ich kann natürlich nur hoffen, die Partei befolge meine Ratschläge, mehr nicht. Ohne Hoffnung gibt es nun einmal keine politische Haltung.

MÖBIUS Sind wenigstens Ihre Physiker frei?

EINSTEIN Da auch sie für die Landesverteidigung –

MÖBIUS Merkwürdig. Jeder preist mir eine andere Theorie an, doch die Realität, die man mir bietet, ist dieselbe: ein Gefängnis. Da ziehe ich mein Irrenhaus vor. Es gibt mir wenigstens die Sicherheit, von Politikern nicht ausgenützt zu werden.

EINSTEIN Gewisse Risiken muß man schließlich eingehen.

MÖBIUS Es gibt Risiken, die man nie eingehen darf: der Untergang der Menschheit ist ein solches. Was die Welt mit den Waffen anrichtet, die sie schon besitzt, wissen wir, was sie mit jenen anrichten würde, die ich ermögliche, können wir uns denken. Dieser Einsicht habe ich mein Handeln untergeordnet. Ich war arm. Ich besaß eine Frau und drei Kinder. An der Universität winkte Ruhm, in der Industrie Geld. Beide Wege waren zu gefährlich. Ich hätte meine Arbeiten veröffentlichen müssen, der Umsturz unserer Wirtschaft und das Zusammenbrechen des wirtschaftlichen Gefüges wären die Folgen gewesen. Die Verantwortung zwang mir einen anderen Weg auf. Ich ließ meine akademische Karriere fahren, die Industrie fallen und überließ meine Familie ihrem Schicksal. Ich wählte die Narrenkappe. Ich gab vor, der König Salomo erscheine mir, und schon sperrte man mich in ein Irrenhaus.

NEWTON Das war doch keine Lösung!

MÖBIUS Die Vernunft forderte diesen Schritt. Wir sind in unserer Wissenschaft an die Grenzen des Erkennbaren gestoßen. Wir wissen einige genau erfaßbare Gesetze, einige Grundbeziehungen zwischen unbegreiflichen Erscheinungen, das ist alles, der gewaltige Rest bleibt Geheimnis, dem Verstande unzugänglich. Wir haben das Ende unseres Weges erreicht. Aber die Menschheit ist noch nicht soweit. Wir haben uns vorgekämpft, nun folgt uns niemand nach, wir sind ins Leere gestoßen. Unsere Wissenschaft ist schrecklich geworden, unsere Forschung gefährlich, unsere Erkenntnis tödlich. Es gibt für uns Physiker nur noch die Kapitulation vor der Wirklichkeit. Sie ist uns nicht gewachsen. Sie geht an uns zugrunde. Wir müssen unser Wissen zurücknehmen, und ich habe es zurückgenommen. Es gibt keine andere Lösung, auch für euch nicht. [...]

MÖBIUS Ihr müßt mit mir im Irrenhaus bleiben.

NEWTON Wir?

MÖBIUS Ihr beide.

(Schweigen.)

NEWTON Möbius! Sie können von uns doch nicht verlangen, daß wir ewig –

MÖBIUS Meine einzige Chance, doch noch unentdeckt zu bleiben. Nur im Irrenhaus sind wir noch frei. Nur im Irrenhaus dürfen wir noch denken. In der Freiheit sind unsere Gedanken Sprengstoff.

NEWTON Wir sind doch schließlich nicht verrückt.

MÖBIUS Aber Mörder.

(Sie starren ihn verblüfft an.)

- *Stellen Sie die unterschiedlichen Ansichten der drei Physiker Newton, Einstein und Möbius hinsichtlich ihrer Verantwortung als Wissenschaftler gegenüber.*
- *Vergleichen Sie das Rollenverständnis der Wissenschaftler mit der Position, die der Badearzt Dr. Tomas Stockmann in Ibsens Drama „Ein Volksfeind" vertritt.*

Talkshow zum Thema „Fortschritt und Erkenntnisgewinn auf Teufel komm raus! – Wie weit darf die Wissenschaft gehen?" oder: Die Verantwortung des Wissenschaftlers

In der heutigen Stunde wollen wir eine fiktive Talkshow

Alexandra[1] am Abend – Der politische Talk um 8

zum Thema „Fortschritt und Erkenntnisgewinn auf Teufel komm raus! – Wie weit darf die Wissenschaft gehen?" durchführen, in welcher Dr. Stockmann die Gelegenheit erhält, sich erneut zur Gesundheitsgefährdung durch das Kurbad und zu seiner persönlichen Situation zu äußern. Darüber hinaus sind weitere interessante Studiogäste eingeladen, die ihre Meinung zur Verantwortung des Wissenschaftlers für die Gesellschaft vertreten werden.

Rollenkarte[2]
Dr. Tomas Stockmann, Badearzt einer norwegischen Kleinstadt

Du bist Dr. Tomas Stockmann und Angestellter des Kurbades deiner Heimatstadt, dessen Vorgesetzter dein älterer Bruder Peter ist. Du weißt, dass deine Untersuchungsergebnisse schlagkräftig und richtig sind und Peter dies auf rationaler Ebene auch erkennt. Umso verärgerter bist du darüber, dass er mit allen Mitteln versucht, die Wahrheit vor der Öffentlichkeit zu vertuschen – nur, weil er seine Fehlentscheidungen bei der Planung dieses Bades nicht zugeben will.

■ *Bereiten Sie sich in der Gruppe auf Ihre Rolle als* Dr. Tomas Stockmann *vor, indem Sie …*

1. *die Position dieser Figur zur Frage nach der Verantwortung des Wissenschaftlers für die Folgen seines Handelns gegenüber der Gesellschaft ermitteln.*
2. *sich ein kurzes Statement (maximal zwei Sätze) überlegen, mit dem sich diese Figur dem Publikum vorstellt.*
3. *überzeugende Argumente, mit denen die Figur ihre Position vertreten kann, auf einer Karteikarte notieren.*
4. *sich auf kritische Fragen des Publikums und des Moderators einstellen.*
5. *auch darüber nachdenken, wie sich diese Figur verhalten wird (Körpersprache, sprachlicher Ausdruck usw.).*
6. *festlegen, wer in der Talkshow diese Rolle spielen wird.*

Hinweis:
Alle nicht als Darsteller auftretenden Kursteilnehmer bilden das Publikum der Talkshow, das die unterschiedlichen Positionen der Gäste verfolgt und kritische Zwischenfragen stellt!

---

[1] Sofern der Moderator männlich ist, heißt die Talkshow analog „Alexander am Abend. Der politische Talk um 8".

[2] Exemplarisch wird hier lediglich das Arbeitsblatt für die Arbeitsgruppe „Dr. Tomas Stockmann" vollständig abgedruckt. Für die übrigen Gruppen sind die jeweiligen Rollenkarten (vgl. **Arbeitsblatt 18**, S. 117f.) an entsprechender Stelle einzukleben.

Rollenkarten

Rollenkarte
Doktor, Mediziner

Du bist Doktor und stehst kurz vor einer bahnbrechenden Entdeckung, die die medizinische Fachwelt revolutionieren wird. Denn die strenge Erbsendiät, die du deiner Testperson, dem Stadtsoldaten Woyzeck, im Rahmen deines wissenschaftlichen Experimentes verordnet hast, zeigt nun endlich Wirkung.

Rollenkarte
Galileo Galilei, Mathematiker, Physiker und Astronom

Du bist der berühmte italienische Wissenschaftler Galileo Galilei, der das neue kopernikanische Weltsystem, demzufolge die Sonne den Mittelpunkt unseres Sonnensystems bildet, bewiesen hat. Leider hat dich deine bahnbrechende Entdeckung in Konflikt mit der katholischen Kirche als Obrigkeit gebracht, weshalb du nun einsam in einem Landhaus in der Nähe von Florenz lebst und bis zu deinem Tod Gefangener der Inquisition bleiben wirst.

Rollenkarte
Andrea Sarti, Physiker und ehemaliger Schüler Galileis

Du bist Andrea Sarti und auf dem Weg, in die Fußstapfen deines Lehrers, Galileo Galilei, zu treten. Dass dieser seine Lehre aufgrund des Drucks der Kirche widerrufen hat, hat dich sehr getroffen, weshalb du den Mann, den du einst bewundert und verehrt hast, nun zutiefst verachtest. Bevor du deine Forschungstätigkeit in Holland aufnimmst, stattest du Galilei einen letzten Höflichkeitsbesuch ab.

Rollenkarte
Johann Wilhelm Möbius, Physiker

Du bist der geniale Physiker Johann Wilhelm Möbius und hast absolut bahnbrechende Entdeckungen auf deinem Fachgebiet gemacht. Da du die wirtschaftliche und militärische Ausbeutung deiner Forschungsergebnisse fürchtest, schreckst du vor deren Veröffentlichung zurück. Aus diesem Grund gibst du vor, vollkommen verrückt zu sein, weshalb du dich nun in der exklusiven Nervenheilanstalt „Les Cerisiers" – getrennt von deiner Familie – befindest.

Rollenkarte
Ernst Heinrich Ernesti (genannt: Einstein), Physiker

Du bist der Physiker Einstein und arbeitest für einen östlichen Geheimdienst (offensichtlich der UdSSR). Dein Arbeitgeber hat großes Interesse an den Forschungsergebnissen des genialen Physikers Möbius, der sich derzeit in der exklusiven Nervenheilanstalt „Les Cerisiers" befindet. Um dich dort einzuschleusen, musstest du den Anschein erwecken, vollkommen verrückt zu sein, weshalb du die Krankenschwester Irene Straub töten musstest.

Rollenkarte
Herbert Georg Beutler (genannt: Newton), Physiker

Du bist der Physiker Newton und arbeitest für einen westlichen Geheimdienst (offensichtlich dem der USA). Dein Arbeitgeber hat großes Interesse an den Forschungsergebnissen des genialen Physikers Möbius, der sich derzeit in der exklusiven Nervenheilanstalt „Les Cerisiers" befindet. Um dich dort einzuschleusen, musstest du den Anschein erwecken, vollkommen verrückt zu sein, weshalb du die Krankenschwester Dorothea Moser töten musstest.

Zusätzlich könnten bei Bedarf auch Vertreter der Politik und der Presse an der Talkshow teilnehmen[1]:

Rollenkarte
Helmut Schmidt, Politiker

Du bist Helmut Schmidt, ehemaliger Bundeskanzler der Bundesrepublik Deutschland, und verfolgst nun schon seit vielen Jahren die neuen Errungenschaften der modernen Wissenschaft. Allerdings stimmen dich die Folgen dieses Fortschritts nachdenklich, denn du fragst dich, ob Wissenschaftler die Verantwortung für die Nachteile zu tragen haben, die sich durch eine Entdeckung für die Gesellschaft ergeben. Und wenn ja, wie sollte es dann eigentlich ein einzelner Forscher moralisch ertragen können, im Schatten derartiger Gefährdung noch Grundlagenforschung zu betreiben? Die Beantwortung dieser Fragen hat dich lange beschäftigt.

Rollenkarte
Hans Magnus Enzensberger, Journalist

Du bist das deutsche Multitalent Hans Magnus Enzensberger, denn du arbeitest nicht nur als Journalist, sondern auch als Dichter, Redakteur, Herausgeber und Übersetzer – kurz: Du machst einfach das, was aktuell gerade anliegt. Wenn es um die Erhaltung unserer Lebensgrundlagen geht, bekommst du die kalte Wut auf die Politiker, die du für die Zerstörung der Umwelt verantwortlich machst. Denn du bist der festen Überzeugung, dass der zuständige Minister immer der Letzte ist, der den Handlungsbedarf für notwendige und längst überfällige Veränderungen erkennt.

[1] Die Informationstexte für diese Gruppen sind dem Anhang der Textausgabe (S. 157–166) zu entnehmen, sofern diese nicht bereits zu einem früheren Zeitpunkt der Unterrichtsreihe eingesetzt wurden (vgl. Baustein 3).

Einführungstext für den Moderator der Talkshow

Guten Abend, sehr verehrte Zuschauerinnen und Zuschauer, liebes Publikum! Ich begrüße Sie herzlich zu unserer heutigen Ausgabe von „Alexandra am Abend – Der politische Talk um 8". Ich verspreche Ihnen nicht zu viel, wenn ich an dieser Stelle verrate, dass es unserem heutigen Thema an Brisanz nicht fehlt, denn erst kürzlich hat die von Dr. Tomas Stockmann in seiner Heimatstadt einberufene Bürgerversammlung auch hierzulande für große Aufregung gesorgt. Der Vorfall ist mittlerweile Stadtgespräch Nummer eins. Für diejenigen unter Ihnen, denen dieser Skandal bislang entgangen sein sollte, zitiere ich kurz aus dem Untersuchungsbericht des Badearztes. Hier heißt es:

„Das ganze Bad ist ein übertünchtes, vergiftetes Grab. Gesundheitsgefährlich im allerhöchsten Grade! Der ganze Unrat da oben im Mühltal, alles, was da so eklig riecht, infiziert das Wasser in den Zuflussröhren des Brunnenhauses und dieser selbe verdammte, vergiftete Dreck sickert auch hinunter zum Strande."

Wir alle leben in einem aufgeklärten Zeitalter, in dem doch eigentlich jeder wissen müsste, was er tut und welche Verantwortung er für die Gesellschaft trägt. Daher erscheint es zunächst äußerst fragwürdig, dass der Stadtvogt Peter Stockmann Gegenteiliges behauptet und fest überzeugt ist, dass das Wasser der Stadt absolut unbedenklich ist. Wer hat also recht? Und: Sind sich Wissenschaftler eigentlich ihrer sozialen Verantwortung für die Gesellschaft bewusst? Diese Fragen sollen hier geklärt werden bei unserem heutigen Thema „Fortschritt und Erkenntnisgewinn auf Teufel komm raus! – Wie weit darf die Wissenschaft gehen?"

Klausurvorschläge

Vorschlag 1: Friedrich Dürrenmatt: Der Besuch der alten Dame (Auszug)

Die Multimillionärin Claire Zachanassian, mittlerweile in reifem Alter, kehrt nach vielen Jahren für einen Besuch in ihre Heimat zurück. Während die Bewohner der verarmten und verwahrlosten Kleinstadt Güllen auf finanzielle Unterstützung durch ihre ehemalige Mitbürgerin hoffen, sinnt „die alte Dame" wegen eines zu Jugendzeiten an ihr verübten Unrechtes auf Rache: Die damals junge Klara Wäscher erwartete ein Kind von dem Güllener Alfred Ill, welcher die Vaterschaft bestritt und mithilfe bestochener Zeugen den Gerichtsprozess gewann, woraufhin sie ihre Heimat arm, wehrlos und entehrt verließ.
Um Genugtuung zu erhalten, unterbreitet die durch ihre Heirat mit einem vermögenden Unternehmer inzwischen mächtige Claire Zachanassian den Güllenern ein unmoralisches Angebot: Sie würde der Kleinstadt eine Milliarde schenken, wenn die Bürger im Gegenzug ihren ehemaligen Liebhaber umbrächten. Die Güllener lehnen ihre Forderung zunächst entrüstet ab. Von seinen durchlittenen Todesängsten zermürbt, erkennt Alfred Ill schließlich seine Schuld an und ist bereit, die Verantwortung für sein Fehlverhalten zu übernehmen, weshalb der Bürgermeister eine Gemeindeversammlung einberufen hat.

(Die Sänfte wird nach hinten getragen, Ill bleibt auf der Bank sitzen. […] Von oben senkt sich ein Theaterportal herunter mit den üblichen Vorhängen und Drapierungen, Inschrift „Ernst ist das Leben, heiter die Kunst". […] Ein Radioreporter kommt, beginnt ins Mikrophon zu reden, während sich die Güllener versammeln. Alles in neuer festlicher Kleidung, alles im Frack. Überall Pressephotographen, Journalisten, Filmkameras.)

DER RADIOSPRECHER Meine Damen und Herren. Nach den Aufnahmen im Geburtshaus und dem Gespräch mit dem Pfarrer wohnen wir einem Gemeindeanlaß bei. Wir kommen zum Höhepunkt des Besuches, den Frau Claire Zachanassian ihrem ebenso sympathischen wie gemütlichen Heimatstädtchen abstattet. Zwar ist die berühmte Frau nicht zugegen, doch wird der Bürgermeister in ihrem Namen eine wichtige Erklärung abgeben. […] Feierliche Stimmung, die Spannung außerordentlich, die Filmwochenschauen sind hergefahren, meine Kollegen vom Fernsehen, Reporter aus aller Welt, und nun beginnt der Bürgermeister zu reden.

(Der Reporter geht mit dem Mikrophon zum Bürgermeister, der in der Mitte der Bühne steht, die Männer von Güllen im Halbkreis um ihn.)

DER BÜRGERMEISTER Ich heiße die Gemeinde von Güllen willkommen. Ich eröffne die Versammlung. Traktandum: ein einziges. Ich habe die Ehre, bekanntgeben zu dürfen, daß Frau Claire Zachanassian, die Tochter unseres bedeutenden Mitbürgers, des Architekten Gottfried Wäscher, beabsichtigt, uns eine Milliarde zu schenken.

(Ein Raunen geht durch die Presse.)

DER BÜRGERMEISTER Fünfhundert Millionen der Stadt, fünfhundert Millionen an alle Bürger verteilt.

(Stille.)

DER RADIOSPRECHER *(gedämpft)* Liebe Hörerinnen und Hörer. Eine Riesensensation. Eine Stiftung, die mit einem Schlag die Einwohner des Städtchens zu wohlhabenden Leuten macht und damit eines der größten sozialen Experimente unserer Epoche darstellt. Die Gemeinde ist denn auch wie benommen. Totenstille. Ergriffenheit auf allen Gesichtern.

DER BÜRGERMEISTER Ich gebe dem Lehrer das Wort.

(Der Radioreporter nähert sich mit dem Mikrophon dem Lehrer.)

DER LEHRER Güllener. Wir müssen uns klar sein, daß Frau Zachanassian mit dieser Schenkung etwas Bestimmtes will. Was ist dieses Bestimmte? Will sie uns mit Geld beglücken, mit Gold überhäufen, die Wagnerwerke sanieren, die Platz-an-der-Sonne-Hütte, Bockmann? Ihr wißt, daß dies nicht so ist. Frau Claire Zachanassian plant Wichtigeres. Sie will für ihre Milliarde Gerechtigkeit, die Gerechtigkeit. Sie will, daß sich unser Gemeinwesen in ein gerechtes verwandle. Diese Forderung läßt uns stutzen. Waren wir denn nicht ein gerechtes Gemeinwesen?

DER ERSTE Nie!

DER ZWEITE Wir duldeten ein Verbrechen!

DER DRITTE Ein Fehlurteil!

DER VIERTE Meineid!

EINE FRAUENSTIMME Einen Schuft!

ANDERE STIMMEN Sehr richtig!

DER LEHRER Gemeinde von Güllen! Dies der bittere Tatbestand: wir duldeten die Ungerechtigkeit. Ich erkenne nun durchaus die materielle Möglichkeit, die uns die Milliarde bietet; ich übersehe keineswegs, daß die Armut die Ursache von so viel Schlimmem, Bitterem ist, und dennoch: Es geht nicht um Geld, *(– Riesenbeifall)* – es geht nicht um Wohlstand und Wohlleben, nicht um Luxus, es geht darum, ob wir Gerechtigkeit verwirklichen wollen, und nicht nur sie, sondern auch all die Ideale, für die unsere Altvordern gelebt und gestritten hatten und für die sie gestorben sind, die den Wert unseres Abendlandes ausmachen! *(Riesenbeifall.)* Die Freiheit steht auf dem Spiel, wenn die Nächstenliebe verletzt, das Gebot, die Schwachen zu schützen, mißachtet, die Ehe beleidigt, ein Gericht getäuscht, eine junge Mutter ins Elend gestoßen wird. *(Pfuirufe.)* Mit unseren Idealen müssen wir nun eben in Gottes Namen Ernst machen, blutigen Ernst. *(Riesenbeifall.)* Reichtum hat nur dann Sinn, wenn aus ihm Reichtum an Gnade entsteht: Begnadet aber wird nur, wer nach der Gnade hungert. Habt ihr diesen Hunger, Güllener, diesen Hunger des Geistes, und nicht nur den anderen, profanen, den Hunger des Leibes? Das ist die Frage, wie ich als Rektor des Gymnasiums ausrufen möchte. Nur wenn ihr das Böse nicht aushaltet, nur wenn ihr unter keinen Umständen in einer Welt der Ungerechtigkeit mehr leben könnt, dürft ihr die Milliarde der Frau Zachanassian annehmen und die Bedingung erfüllen, die mit dieser Stiftung verbunden ist. Dies, Güllener, bitte ich zu bedenken.

(Tosender Beifall.)

DER RADIOSPRECHER Sie hören den Beifall, meine Damen und Herren. Ich bin erschüttert. Die Rede des Rektors bewies eine sittliche Größe, wie wir sie heute – leider – nicht mehr allzuoft finden. Mutig wurde auf Mißstände allgemeiner Art hingewiesen, auf Ungerechtigkeiten, wie sie ja in jeder Gemeinde vorkommen, überall, wo Menschen sind.

DER BÜRGERMEISTER Alfred Ill –

DER RADIOSPRECHER Der Bürgermeister ergreift wieder das Wort.

DER BÜRGERMEISTER Alfred Ill, ich habe an Sie eine Frage zu stellen.

(Der Polizist gibt Ill einen Stoß. Der erhebt sich. Der Radiosprecher kommt mit dem Mikrophon zu ihm.)

DER RADIOSPRECHER Nun die Stimme des Mannes, auf dessen Vorschlag hin die Zachanassian-Stiftung gegründet wurde, die Stimme Alfred Ills, des Jugendfreundes der Wohltäterin. Alfred Ill ist ein rüstiger Mann von etwa siebzig Jahren, ein senkrechter Güllener von altem Schrot und Korn, natürlicherweise ergriffen, voll Dankbarkeit, voll stiller Genugtuung.

DER BÜRGERMEISTER Ihretwegen wurde uns die Stiftung angeboten, Alfred Ill. Sind Sie sich dessen bewußt?

(Ill sagt leise etwas.)

DER RADIOREPORTER Sie müssen lauter reden, guter alter Mann, damit unsere Hörerinnen und Hörer auch etwas verstehen.

ILL Ja.

DER BÜRGERMEISTER Werden Sie unseren Entscheid über Annahme oder Ablehnung der Claire-Zachanassian-Stiftung respektieren?

ILL Ich respektiere ihn.

DER BÜRGERMEISTER Hat jemand an Alfred Ill eine Frage zu stellen?

(Schweigen.)

DER BÜRGERMEISTER Hat jemand zur Stiftung der Frau Zachanassian eine Bemerkung zu machen?

(Schweigen.)

DER BÜRGERMEISTER Herr Pfarrer?

(Schweigen.)

DER BÜRGERMEISTER Herr Stadtarzt?

(Schweigen.)

DER BÜRGERMEISTER Die Polizei?

(Schweigen.)

DER BÜRGERMEISTER Die politische Opposition?

(Schweigen.)

DER BÜRGERMEISTER Ich schreite zur Abstimmung.

Stille. Nur das Surren der Filmapparate, das Aufblitzen der Blitzlichter.

DER BÜRGERMEISTER Wer reinen Herzens die Gerechtigkeit verwirklichen will, erhebe die Hand.

(Alle außer Ill erheben die Hand.)

DER RADIOREPORTER Andächtige Stille im Theatersaal. Nichts als ein einziges Meer von erhobenen Händen, wie eine gewaltige Verschwörung für eine bessere, gerechtere Welt. Nur der alte Mann sitzt regungslos, vor Freude überwältigt. Sein Ziel ist erreicht, die Stiftung dank der wohltätigen Jugendfreundin errichtet.

DER BÜRGERMEISTER Die Stiftung der Claire Zachanassian ist angenommen. Einstimmig. Nicht des Geldes –

DIE GEMEINDE Nicht des Geldes –

DER BÜRGERMEISTER sondern der Gerechtigkeit wegen –

DIE GEMEINDE sondern der Gerechtigkeit wegen –

DER BÜRGERMEISTER und aus Gewissensnot.

DIE GEMEINDE und aus Gewissensnot.

DER BÜRGERMEISTER Denn wir können nicht leben, wenn wir ein Verbrechen unter uns dulden –

DIE GEMEINDE Denn wir können nicht leben, wenn wir ein Verbrechen unter uns dulden –

DER BÜRGERMEISTER welches wir ausrotten müssen –

DIE GEMEINDE welches wir ausrotten müssen –

DER BÜRGERMEISTER damit unsere Seelen nicht Schaden erleiden –

DIE GEMEINDE damit unsere Seelen nicht Schaden erleiden –

DER BÜRGERMEISTER und unsere heiligsten Güter.

DIE GEMEINDE und unsere heiligsten Güter.

ILL *(schreit auf)* Mein Gott!

Aus: Friedrich Dürrenmatt, Der Besuch der alten Dame.

- *Analysieren Sie die vorliegende Szene aus Friedrich Dürrenmatts Drama „Der Besuch der alten Dame" unter besonderer Berücksichtigung der Rolle des Bürgertums.*
- *Vergleichen Sie das Verhalten der Güllener mit dem der Anwesenden bei der Bürgerversammlung (S. 74–97) in Henrik Ibsens Drama „Ein Volksfeind". Gehen Sie in diesem Zusammenhang auch auf die Motivation der jeweiligen Figuren für ihr Handeln ein.*

Bewertung der Schülerleistung: Szenenanalyse zur Rolle des Bürgertums während der Gemeindeversammlung in Friedrich Dürrenmatts Drama „Der Besuch der alten Dame“

a) inhaltliche Leistung – Anforderungen

Teilaufgabe 1

Der Schüler/die Schülerin	
1	nennt einleitend die bibliografischen Informationen (Autor, Titel, Erscheinungsjahr und -ort), die literarische Gattung (Drama oder Tragikomödie) und ordnet die Szene in den Handlungsverlauf ein (Entscheidung der Güllener über das Angebot der „alten Dame“ im Rahmen einer Gemeindeversammlung).
2	legt die Rolle des Bürgertums umfassend und differenziert dar, z. B.: *Vertreter der Presse* • Manipulation der Öffentlichkeit durch verzerrte Darstellung der Wirklichkeit (aufgrund fehlender Sorgfalt bei der Recherche oder mit Vorsatz) • Erzeugen von Betroffenheit durch eine rein subjektive Berichterstattung *Bürger der Kleinstadt Güllen* • Verdrehen der Wahrheit und Rechtfertigung durch humanistische Werte • lassen sich aus kapitalistischen Erwägungen zum Mord anstiften
3	belegt seine Ausführungen mithilfe geeigneter Textbeispiele, z. B.: *Presse* • „ebenso sympathische[s] wie gemütliche[s] Heimatstädtchen“ (Z. 13f.) • „feierliche Stimmung, die Spannung außerordentlich“ (Z. 17f.) • „Stiftung, die [...] eines der größten sozialen Experimente unserer Epoche darstellt“ (Z. 37ff.) • „die Rede des Rektors bewies eine sittliche Größe, wie wir sie heute [...] nicht mehr allzuoft finden“ (Z. 95ff.) • „Alfred Ill ist [...] natürlicherweise ergriffen, voll Dankbarkeit, voll stiller Genugtuung“ (Z. 111ff.) • „wie eine gewaltige Verschwörung für eine bessere, gerechtere Welt. Nur der alte Mann sitzt regungslos, vor Freude überwältigt“ (Z. 148ff.) *Bürger* • „Die Stiftung der Claire Zachanassian ist angenommen. Einstimmig. Nicht des Geldes – [...] sondern der Gerechtigkeit wegen –“ (Z. 153ff.) • „Denn wir können nicht leben, wenn wir ein Verbrechen unter uns dulden –“ (Z. 164f.)
4	fasst abschließend die Intention dieser Szene zusammen (Demaskierung des Bürgertums: Unmoral, Korruption, Manipulation, Scheinwelt o. Ä.).

Teilaufgabe 2

Der Schüler/die Schülerin	
1	erläutert kurz den Untersuchungsgegenstand (vergleichende Textanalyse: Verhalten des Bürgertums während der Versammlung und Motivation des Handelns in Dürrenmatts und Ibsens Drama) im Sinne einer Überleitung.
2	legt die Parallelen beider Szenen umfassend und differenziert dar, z. B.: • vergleichbare Ausgangslage beider Kleinstädte: Armut, Arbeitslosigkeit, Verwahrlosung usw. • Unmoral und sittliche Verkommenheit des Kleinbürgertums erfahren durch die Darstellung der Gemeindeversammlung in Güllen eine nochmalige Steigerung: Die Güllener hoffen auf wirtschaftlichen Aufschwung und sind bereit, hierfür einen ihrer Bürger zu opfern. • symbolisch zudem durch den sprechenden Namen „Güllen“ hervorgehoben, der bereits auf eine Atmosphäre des Untergangs und Verfalls verweist • Todesangst Alfred Ills lässt auf vorheriges Kesseltreiben durch die Güllener schließen

Der Schüler/die Schülerin	
3	stellt inhaltliche und/oder konzeptionelle Unterschiede fest, z. B.: • Die Güllener Bürger sind über den Anlass der Versammlung informiert und erscheinen mit dem festen Vorsatz, Alfred Ill zu ermorden (vgl. Z. 55 ff.). • Eine positive Wendung im Handlungsverlauf erscheint aussichtslos, der Held (Alfred Ill) geht unter (vgl. Z. 174).
4	erläutert mindestens einen weiteren Unterschied beider Szenen (z. B. Berichterstattung durch die Presse, Motiv der Wahrheit).
5	belegt seine/ihre Ausführungen mithilfe geeigneter Textbeispiele.

b) Schreib- und Darstellungsleistung – Anforderungen

Der Schüler/die Schülerin	
1	schreibt sprachlich richtig und syntaktisch sicher.
2	gibt die Meinung Dritter korrekt im Konjunktiv I bzw. in der Ersatzform wieder.
3	formuliert sprachlich und stilistisch sicher und abwechslungsreich.
4	strukturiert seinen/ihren Text schlüssig, stringent und gedanklich klar.
5	verwendet das erforderliche Fachvokabular der Textanalyse.
6	wendet die Zitiertechniken korrekt an.

Vorschlag 2: Gerhart Hauptmann: Die Ratten. Berliner Tragikomödie (Auszug)

Gerhart Hauptmanns Drama „Die Ratten" (1911) spielt in einer Berliner Mietskaserne. An diesem Schauplatz geistern die Ratten herum, welche die Verkommenheit der Verhältnisse innerhalb einer maroden Gesellschaft symbolisieren. Auf dem Dachboden dieser Mietskaserne lagert der Ex-Theaterdirektor Harro Hassenreuter seinen Kostümfundus. Hier unterrichtet er zudem seine Schauspielschüler im klassischen Deklamieren.

Spitta *(deklamiert.)* Zürnend ergrimmt mir das Herz im Busen …

Direktor Hassenreuter Halt! – *(Er läuft zu Spitta und biegt an seinen Armen und Beinen herum, um eine gewünschte tragische Pose zu erzielen.)* – Erstlich fehlt die statuarische Haltung, mein lieber Spitta. Die Würde einer tragischen Person ist bei Ihnen auf keine Weise ausgedrückt. Dann sind Sie nicht, wie ich ausdrücklich verlangt habe, von Feld I D mit dem rechten Fuß auf II C getreten. […] *(Der Direktor wendet sich seinen Schülern zu)* […]. Allright, bester Spitta, schießen Sie los!

Spitta *(rezitiert nur sinngemäß und ohne Pathos.)*
Zürnend ergrimmt mir das Herz im Busen,
zu dem Kampf ist die Faust geballt,
denn ich sehe das Haupt der Medusen,
meines Feindes verhasste Gestalt.
Kaum gebiet' ich dem kochenden Blute.
Gönn' ich ihm die Ehre des Worts?
Oder gehorch' ich dem zürnenden Mute?
Aber mich schreckt die Eumenide,
die Beschirmerin dieses Orts,
und der waltende Gottesfriede.

Direktor Hassenreuter *(hat sich niedergelassen und lauscht, den Kopf in die Hand gestützt, voll Ergebenheit. Erst einige Sekunden, nachdem Spitta geendet hat, blickt er wie zu sich kommend auf.)* Sind Sie fertig, Spitta? Ich danke sehr! Sehen, Sie, lieber Spitta, ich bin nun Ihnen gegenüber wieder mal in die allerverzwickteste Lage geraten: entweder ich sage Ihnen frech ins Gesicht, dass ich Ihre Vortragsart schön finde – und dann habe ich mich der allerniederträchtigsten Lüge schuldig gemacht – oder ich sage, ich finde sie scheußlich, und dann haben wir wieder den schönsten Krach.

Spitta *(erbleichend.)* Ja, alles Gestelzte, alles Rhetorische liegt mir nicht. Deshalb bin ich ja von der Theologie abgesprungen, weil mir der Predigerton zuwider ist.

Direktor Hassenreuter Da wollen Sie wohl die tragischen Chöre wie der Gerichtsschreiber ein Gerichtsprotokoll oder wie der Kellner die Speisekarte herunterhaspeln?

Spitta Ich liebe überhaupt den ganzen sonoren Bombast der Braut von Messina nicht.

Direktor Hassenreuter Sagen Sie das noch mal, lieber Spitta!

Spitta Es ist nicht zu ändern, Herr Direktor: unsre Begriffe von dramatischer Kunst divergieren in mancher Beziehung total.

Direktor Hassenreuter Mensch, Ihr Gesicht in diesem Augenblick ist ja geradezu ein Monogramm des Größenwahns und der Dreistigkeit. Pardon! Aber jetzt sind Sie mein Schüler und nicht mehr mein Hauslehrer! Ich? Und Sie!? Sie blutiger Anfänger! Sie und Schiller! Friedrich Schiller! Ich habe Ihnen schon zehn Mal gesagt, dass Ihr pueriles[1] bisschen Kunstanschauung nichts weiter als eine Paraphrase[2] des Willens zum Blödsinn ist.

Spitta Das müsste mir erst bewiesen werden.

Direktor Hassenreuter Sie beweisen es selbst, wenn Sie den Mund auftun! – Sie leugnen die Kunst des Sprechens, das Organ, und wollen die Kunst des organlosen Quäkens dafür einsetzen! Sie leugnen die Handlung im Drama und behaupten, dass sie ein wertloses Akzidens[3], eine Sache für Gründlinge ist. Sie negieren die poetische Gerechtigkeit, Schuld und Sühne, die Sie als pöbelhafte Erfindung bezeichnen: eine Tatsache, wodurch die sittliche Weltordnung durch Euer Hochwohlgeboren gelehrten und verkehrten Verstand aufgehoben ist. Von den Höhen der Menschheit wissen Sie nichts. Sie haben neulich behauptet, dass unter Umständen ein Barbier oder eine Reinmachefrau aus der Mulackstraße ebenso gut ein Objekt der Tragödie sein könnte als Lady Macbeth und König Lear[4].

Spitta *(bleich, putzt seine Brille.)* Vor der Kunst wie vor dem Gesetz sind alle Menschen gleich, Herr Direktor.

Direktor Hassenreuter So? Ach? Wo haben Sie diesen hübschen Gemeinplatz her?

Spitta *(unbeirrt.)* Dieser Satz ist mir zur zweiten Natur geworden. Ich befinde mich dabei vielleicht mit Schiller und Gustav Freytag, aber keinesfalls mit Lessing und Diderot im Gegensatz. Ich habe die letzten zwei Semester mit dem Studium dieser wahrhaft großen Dramaturgen zugebracht, und der gestelzte französische Pseudoklassizismus bleibt mir durch sie endgültig totgeschlagen, sowohl in der Dichtkunst als in den grenzenlos läppischen späteren Goethe'schen Schauspielervorschriften, die durch und durch mumifizierter Unsinn sind.

---

1 **pueril** = kindlich, knabenhaft
2 **Paraphrase** = Umschreibung
3 **Akzidens** = das Zufällige, das Unwesentliche
4 Gemeint sind hier bekannte Helden aus den Dramen Shakespeares.

DIREKTOR HASSENREUTER So!

SPITTA Und wenn sich das deutsche Theater erholen will, so muss es auf den jungen Schiller, den jungen Goethe des Götz und immer wieder auf Gotthold Ephraim Lessing zurückgreifen: Dort stehen Sätze, die der Fülle der Kunst und dem Reichtum des Lebens angepasst, die der Natur gewachsen sind. [...]

DIREKTOR HASSENREUTER Mensch! Ich habe nicht nur zwei Semester königliche Bibliothek hinter mir, sondern ich bin ein ergrauter Praktiker, und ich sage Ihnen, dass der Goethe'sche Schauspielerkatechismus A und O meiner künstlerischen Überzeugung ist. Passt Ihnen das nicht, so suchen Sie sich einen anderen Lehrmeister!

SPITTA *(unbeirrt.)* Goethe setzte sich mit seinen senilen Schauspielerregeln, meiner Ansicht nach, zu sich selbst und zu seiner eigenen Natur in kleinlichsten Gegensatz. Und was soll man sagen, wenn er dekretiert: Jede spielende Person, gleichviel welchen Charakters sie darstellen soll – wörtlich! –, müsse etwas Menschenfresserartiges in der Physiognomie zeigen – wörtlich! –, wodurch man sogleich an ein hohes Trauerspiel erinnert werde.

(Käferstein und Kegel versuchen Menschenfresserphysiognomien.)

DIREKTOR HASSENREUTER Ziehen Sie doch das Notizbuch, mein guter Spitta, und schreiben Sie, bitte, hinein, dass Direktor Hassenreuter ein Esel ist! Schiller ein Esel! Goethe ein Esel! Natürlich auch Aristoteles – *(er fängt plötzlich wie toll zu lachen an)* – und, ha ha ha! ein gewisser Spitta ein Nachtwächter.

SPITTA Es freut mich, Herr Direktor, dass sie doch wenigstens wieder bei guter Laune sind.

DIREKTOR HASSENREUTER Nein, Teufel, ich bin bei sehr schlechter Laune! – Sie sind eine Ratte! Aber diese Ratten fangen auf dem Gebiete der Politik – Rattenplage! – unser herrliches neues geeinigtes Deutsches Reich zu unterminieren an. Sie betrügen uns um den Lohn unserer Mühe, und im Garten der deutschen Kunst – Rattenplage! – fressen sie die Wurzeln des Baumes des Idealismus ab: Sie wollen die Krone durchaus in den Dreck reißen. – In den Staub, in den Staub, in den Staub mit euch.

Aus: Gerhart Hauptmann: Sämtliche Werke, hrsg. von Hans-Egon Hass

- *Analysieren Sie die vorliegende Szene aus Gerhart Hauptmanns Tragikomödie „Die Ratten" im Hinblick auf die poetologische Kontroverse zwischen Hassenreuter und Spitta.*
- *Beurteilen Sie auf der Grundlage Ihrer Werkkenntnisse des Dramas „Ein Volksfeind", welcher Position sich Ibsen anschließen würde. Belegen Sie Ihre Ausführungen mithilfe geeigneter Textbeispiele.*

Bewertung der Schülerleistung: Szenenanalyse zum Kunststreit zwischen Hassenreuter und Spitta in Gerhart Hauptmanns naturalistischem Drama „Die Ratten"

a) inhaltliche Leistung – Anforderungen

Teilaufgabe 1

Der Schüler/die Schülerin	
1	nennt einleitend die bibliografischen Informationen (Autor, Titel, Erscheinungsjahr und -ort), die literarische Gattung (Drama oder Tragikomödie) und erläutert kurz den Untersuchungsgegenstand (Szenenanalyse unter Berücksichtigung der Kunstauffassung der Figuren Hassenreuter und Spitta).
2	stellt die konträren Positionen der Figuren hinsichtlich ihrer Kunstauffassung umfassend und differenziert gegenüber, z. B.: *Harro Hassenreuter* • Schauspielkunst: „statuarische Haltung" (Z. 6), geregelte Bewegung und Positionierung auf der Bühne (vgl. Z. 8 ff.), Pathetik, (vgl. Z. 7 ff.), schöne Vortragsart (vgl. Z. 7 ff.), Goethes Schauspielerkatechismus als „das A und O meiner künstlerischen Überzeugung" (Z. 103) • Drama: aktionsbetontes äußeres Handlungsdrama anstelle von inneren Konflikten durch tragische Posen (vgl. Z. 74) und tragische Chöre mit würdigen Objekten der Tragödie wie Lady Macbeth oder König Lear (vgl. Z. 74 f.). • Vorbilder: Aristoteles sowie die Weimarer Klassiker Goethe und Schiller (vgl. Z. 119 f.) • Intention: Darstellung des Wahren, Schönen und Guten als Modell einer sittlichen Weltordnung (**Idealismus**) *Erich Spitta* • Schauspielkunst: gegen unnatürliche, pathetische Sprache („alles Gestelzte, alles Rhetorische liegt mir nicht", Z. 35 f.; „der Predigerton [ist ihm] zuwider", Z. 37 f.); hält Goethes Schauspielerkatechismus für „grenzenlos läppische Schauspielervorschriften" (Z. 89 f.) und „mumifizierte[n] Unsinn" (Z. 91), denn diese haben etwas „Menschenfresserartiges in der Physiognomie" (Z. 112) • Drama: äußeres Handlungsdrama als „sonore[r] Bombast" (Z. 43 f.); tragische Ereignisse können auch „kleinen Leuten" widerfahren („ein Barbier oder eine Reinmachefrau aus der Mulackstraße [können] ebenso gut ein Objekt der Tragödie sein", Z. 71 ff.), denn „[v]or der Kunst wie vor dem Gesetz sind alle Menschen gleich" (Z. 76 f.) • Vorbilder: Vertreter des Sturm und Drang (junger Goethe, junger Schiller), Lessing und Diderot (vgl. Z. 82 u. 93 ff.) • Intention: Darstellung der Natur des Menschen statt Idealisierung (**Realismus**)
3	belegt seine/ihre Ausführungen mithilfe geeigneter Textbeispiele.
4	fasst abschließend die Intention dieser Szene zusammen (literarischer Beitrag zum zeitgenössischen Diskurs über die Legitimation naturalistischer Dichtung, Aufzeigen der Missstände in den unteren Ständen als Gegenstand des sozialen Dramas o. Ä.).

Teilaufgabe 2

Der Schüler/die Schülerin	
1	erläutert kurz den Untersuchungsgegenstand (Beurteilung der gegensätzlichen Positionen im Hinblick auf Ibsens Theaterauffassung) im Sinne einer Überleitung.
2	weist die weitgehende Übereinstimmung Ibsens mit der Kunstauffassung Erich Spittas begründet und differenziert nach, z. B.: • Schauspielkunst: natürliche und individuelle Sprache der zentralen Figuren, natürliche Auf- und Abgänge sowie Positionswechsel der Schauspieler (vgl. Regieanweisungen), gezielte Auswahl der Schauspieler usw. • Intention: wahrheitsgetreue Abbildung der Wirklichkeit (Realismus) • Drama: deterministische Tendenzen erkennbar (geistige Enge der Kleinstadt, Unmündigkeit des Bürgertums, wirtschaftliche Abhängigkeit vom Kurbad usw.)

3	erläutert mindestens einen Unterschied zu Spittas Kunstanschauung, z. B.: • Held (Dr. Stockmann) verkörpert das mit der Klassik vergleichbare Ideal des wahren, guten und selbstverantwortlich handelnden Menschen, an welchem sich der Leser ein Beispiel nehmen soll und welcher demzufolge nicht untergeht; daher kein ausschließlich deterministisch, sondern aufklärerisch-individualistisch geprägtes Weltbild • Drama: dynamisches Bewusstseinsdrama statt streng geschlossenem Zustandsdrama des Naturalismus
4	belegt seine/ihre Ausführungen mithilfe geeigneter Textbeispiele.
5	trifft abschließend eine folgerichtige Entscheidung.

b) Schreib- und Darstellungsleistung – Anforderungen

Der Schüler/die Schülerin	
1	schreibt sprachlich richtig und syntaktisch sicher.
2	gibt die Meinung Dritter korrekt im Konjunktiv I bzw. in der Ersatzform wieder.
3	formuliert sprachlich und stilistisch sicher und abwechslungsreich.
4	strukturiert seinen/ihren Text schlüssig, stringent und gedanklich klar.
5	verwendet das erforderliche Fachvokabular der Textanalyse.
6	wendet die Zitiertechniken korrekt an.

Vorschlag 3: William Shakespeare: Julius Cäsar. Tragödie in fünf Aufzügen (Auszug)

William Shakespeares Tragödie „Julius Cäsar" (vermutlich 1599 entstanden) handelt davon, Brutus für ein Komplott gegen Julius Cäsar zu gewinnen. Aufgrund seines edlen Charakters ist ihm jegliche Verschwörung zuwider, außerdem ist er ein Anhänger Cäsars. Cassius, der Cäsar hasst und Rachepläne hegt, gelingt es jedoch, Brutus davon zu überzeugen, dass Cäsar fallen müsse, da dieser die Königskrone anstrebe und somit gefährlich sei.
Nach der Ermordung Cäsars hält Brutus vor dem Volk eine Rede. Er verspricht den Bürgern eine gerechte Republik und ein Gemeinwesen, an welchem alle teilnehmen sollen. Das Volk jubelt ihm zu und will ihn selbst zum König krönen. Hierzu kommt es jedoch nicht, da er Marcus Antonius die Erlaubnis erteilt, eine Leichenrede zu Ehren Cäsars zu halten.

ANTONIUS Ihr edlen Römer –
BÜRGER Still da! hört ihn doch!
ANTONIUS Mitbürger! Freunde! Römer! hört mich an:
Begraben will ich Cäsarn, nicht ihn preisen.
Was Menschen Übles tun, das überlebt sie.
Das Gute wird mit ihnen oft begraben.
So sei es auch mit Cäsarn! Der edle Brutus
Hat euch gesagt, dass er voll Herrschsucht war;
Und war er das, so war's ein schwer Vergehen,
Und schwer hat Cäsar auch dafür gebüßt.
Hier, mit des Brutus' Willen und der andern
(Denn Brutus ist ein ehrenwerter Mann,
Das sind sie alle, alle ehrenwert),
Komm ich, bei Cäsars Leichenzug zu reden.
Er war mein Freund, war mir gerecht und treu,
Doch Brutus sagt, dass er voll Herrschsucht war,
Und Brutus ist ein ehrenwerter Mann.
Er brachte viel Gefangne heim nach Rom,
Wofür das Lösegeld den Schatz gefüllt.
Sah das der Herrschsucht wohl am Cäsar gleich?
Wenn Arme zu ihm schrien, so weinte Cäsar:
Die Herrschsucht sollt' aus härterm Stoff bestehn.
Doch Brutus sagt, dass er voll Herrschsucht war,
Und Brutus ist ein ehrenwerter Mann.
Ihr alle saht, wie am Luperkusfest
Ich dreimal ihm die Königskrone bot,
Die dreimal er geweigert. War das Herrschsucht?
Doch Brutus sagt, dass er voll Herrschsucht war,
Und ist gewiss ein ehrenwerter Mann.
Ich will, was Brutus sprach, nicht widerlegen,
Ich spreche hier von dem nur, was ich weiß.
Ihr liebtet all ihn einst nicht ohne Grund:
Was für ein Grund wehrt euch, um ihn zu trauern?
O Urteil, du entflohst zum blöden Vieh,
Der Mensch ward unvernünftig! – Habt Geduld!
Mein Herz ist in dem Sarge hier beim Cäsar,
Und ich muss schweigen, bis es mir zurückkommt.
ERSTER BÜRGER
Mich dünkt, in seinen Reden ist viel Grund.
ZWEITER BÜRGER
Wenn man die Sache recht erwägt, ist Cäsarn
Groß Unrecht widerfahren.
DRITTER BÜRGER Meint ihr, Bürger?
Ich fürcht, ein Schlimmrer kommt an seine Stelle.
VIERTER BÜRGER
Habt ihr gehört? Er nahm die Krone nicht,
Da sieht man, dass er nicht herrschsüchtig war. […]
DRITTER BÜRGER
Antonius ist der bravste Mann in Rom.
ANTONIUS
Noch gestern hätt' umsonst dem Worte Cäsars
Die Welt sich widersetzt: nun liegt er da,
Und der Geringste neigt sich nicht vor ihm.
O Bürger! strebt' ich, Herz und Mut in euch
Zur Wut und zur Empörung zu entflammen,
So tät' ich Cassius und Brutus unrecht,
Die ihr als ehrenwerte Männer kennt.
Ich will nicht ihnen unrecht tun, will lieber
Dem Toten unrecht tun, mir selbst und euch,
Als ehrenwerten Männern, wie sie sind.
Doch seht dies Pergament mit Cäsars Siegel;
Ich fand's bei ihm, es ist sein letzter Wille,
Vernähme nur das Volk dies Testament
Das ich, verzeiht mir, nicht zu lesen denke), […]
VIERTER BÜRGER
Wir wollen's hören: lest das Testament!
Lest, Mark Anton.
BÜRGER Ja, ja, das Testament!
Lasst Cäsars Testament uns hören.
ANTONIUS
Seid ruhig, lieben Freund'! Ich darf's nicht lesen,
Ihr müsst nicht wissen, wie euch Cäsar liebte.
Ihr seid nicht Holz, nicht Stein, ihr seid ja Menschen;
Drum, wenn ihr Cäsars Testament erführt,Es setzt' in Flammen euch, es macht' euch rasend.
Ihr dürft nicht wissen, dass ihr ihn beerbt,
Denn wüsstet ihr's, was würde draus entstehn?
BÜRGER
Lest das Testament! Wir wollen's hören, Mark Anton.
Lest das Testament! Cäsars Testament!
ANTONIUS
Wollt ihr euch wohl gedulden? wollt ihr warten?
Ich übereilte mich, da ich's euch sagte.
Ich fürcht, ich tu den ehrenwerten Männern
Zu nah, von deren Dolchen Cäsar fiel;
Ich fürcht es.
VIERTER BÜRGER Sie sind Verräter: ehrenwerte Männer!
BÜRGER Das Testament! Das Testament!
ZWEITER BÜRGER
Sie waren Bösewichter, Mörder! Das Testament!
Lest das Testament!
ANTONIUS So zwingt ihr mich, das Testament zu lesen?
[…]

Antonius Sofern ihr Tränen habt, bereitet euch,
Sie jetzo zu vergießen. Diesen Mantel,
Ihr kennt ihn alle; noch erinnr' ich mich
Des ersten Males, da ihn Cäsar trug
In seinem Zelt, an einem Sommerabend –
Er überwand den Tag die Nervier –
Hier, schauet! fuhr des Cassius Dolch herein;
Seht, welchen Riss der tück'sche Casca machte!
Hier stieß der vielgeliebte Brutus durch.
Und als er den verfluchten Stahl hinwegriss,
Schaut her, wie ihm das Blut des Cäsar folgte,
Als stürzt' es vor die Tür, um zu erfahren,
Ob wirklich Brutus so unfreundlich klopfte.
Denn Brutus, wie ihr wisst, war Cäsars Engel. –
Ihr Götter, urteilt, wie ihn Cäsar liebte!
Kein Stich von allen schmerzte so wie der.
Denn als der edle Cäsar Brutus sah,
Warf Undank, stärker als Verräterwaffen,
Ganz nieder ihn: da brach sein großes Herz, [...]
Da fielet ihr und ich; wir alle fielen,
Und über uns frohlockte blut'ge Tücke.
O ja! nun weint ihr, und ich merk, ihr fühlt
Den Drang des Mitleids: dies sind milde Tropfen.
Wie? weint ihr, gute Herzen, seht ihr gleich
Nur unsers Cäsars Kleid verletzt? Schaut her!
Hier ist er selbst, geschändet von Verrätern.
Erster Bürger O kläglich Schauspiel!
Zweiter Bürger O edler Cäsar!
Dritter Bürger O jammervoller Tag!
Vierter Bürger O Buben und Verräter!
Erster Bürger O blut'ger Anblick!
Zweiter Bürger Wir wollen Rache.
Alle Auf sucht!
Sengt! brennt! schlagt! mordet! lasst nicht einen leben!
Antonius Seid ruhig, meine Bürger!
Erster Bürger Still da! Hört den edlen Antonius!
Zweiter Bürger
Wir wollen ihn hören, wir wollen ihm folgen, wir wollen für ihn sterben.
Antonius
Ihr guten, lieben Freund', ich muss euch nicht
Hinreißen zu des Aufruhrs wildem Sturm.
Die diese Tat getan, sind ehrenwert.
Was für Beschwerden sie persönlich führen,
Warum sie's taten, ach! das weiß ich nicht.
Doch sind sie weis' und ehrenwert und werden
Euch sicherlich mit Gründen Rede stehn.
Nicht euer Herz zu stehlen komm ich, Freunde:
Ich bin kein Redner, wie es Brutus ist,
Nur, wie ihr alle wisst, ein schlichter Mann,
Dem Freund ergeben, und das wussten die
Gar wohl, die mir gestattet, hier zu reden.
Ich habe weder Schriftliches noch Worte,
Noch Würd' und Vortrag, noch die Macht der Rede,
Der Menschen Blut zu reizen; nein, ich spreche
Nur gradezu und sag euch, was ihr wisst.
Ich zeig euch des geliebten Cäsars Wunden,
Die armen stummen Munde, heiße die
Statt meiner reden. Aber wär' ich Brutus,
Und Brutus Mark Anton, dann gäb' es einen,
Der eure Geister schürt' und jeder Wunde
Des Cäsar eine Zunge lieh', die selbst
Die Steine Roms zum Aufstand würd' empören.
Dritter Bürger Empörung!
Erster Bürger Steckt des Brutus Haus in Brand.
Dritter Bürger
Hinweg denn! kommt, sucht die Verschwornen auf!
Antonius
Noch hört mich, meine Bürger, hört mich an!
Bürger
Still da! Hört Mark Anton! den edlen Mark Anton!
Antonius
Nun, Freunde, wisst ihr selbst auch, was ihr tut?
Wodurch verdiente Cäsar eure Liebe?
Ach nein! ihr wisst es nicht. – Hört es denn!
Vergessen
Habt ihr das Testament, wovon ich sprach. [...]
Bürger Still da!
Antonius Auch lässt er alle seine Lustgehege,
Verschlossne Lauben, neu gepflanzte Gärten,
Diesseits der Tiber, euch und euren Erben
Auf ew'ge Zeit, damit ihr euch ergehn
Und euch gemeinsam dort ergötzen könnt.
Das war ein Cäsar: wann kommt seinesgleichen?
Erster Bürger
Nimmer! nimmer! – Kommt! hinweg! hinweg!
Verbrennt den Leichnam auf dem heil'gen Platze,
Und mit den Bränden zündet den Verrätern
Die Häuser an. Nehmt denn die Leiche auf! [...]
(Die Bürger gehen mit Cäsars Leiche ab.)
Antonius Nun wirk' es fort. Unheil, du bist im Zuge:
Nimm, welchen Lauf du willst! – [...]

Aus: William Shakespeare (1599): Julius Cäsar. Tragödie in fünf Akten. In: Dietrich Klose (Hrsg.): UniversalBibliothek Nr. 9. Übersetzt von August Wilhelm von Schlegel. Philipp Reclam Verlag. Stuttgart (1969), S. 46–51

- *Analysieren Sie die Rede des Marcus Antonius vor der Volksversammlung unter besonderer Berücksichtigung ihrer sprachlich-stilistischen Gestaltung.*
- *Vergleichen Sie die Rede Antonius' mit der des Badearztes während der Bürgerversammlung (S. 74–97) in Henrik Ibsens Drama „Ein Volksfeind" im Hinblick auf die Intention der Rede sowie die Strategie der Argumentation. Beurteilen Sie in diesem Zusammenhang zudem, inwiefern die beiden Redner die von ihnen jeweils beabsichtigte Wirkung erreichen.*

Bewertung der Schülerleistung: Szenenanalyse zur Argumentationsstruktur der Rede des Marcus Antonius in William Shakespeares Drama „Julius Cäsar"

a) inhaltliche Leistung – Anforderungen

Teilaufgabe 1

Der Schüler/die Schülerin	
1	nennt einleitend die bibliografischen Informationen (Autor, Titel, Erscheinungsjahr und -ort), die literarische Gattung (Drama oder Tragödie) und ordnet die Szene in den Handlungsverlauf ein (Aufbringen des Volkes gegen Brutus zur Sicherung eigener Machtansprüche).
2	beschreibt den Aufbau der Rede umfassend und differenziert, z. B.: *1. Teil: Trauer um Cäsar* • scheinbarer Redeanlass: „Begraben will ich Cäsarn, nicht ihn preisen." (V. 3) • indirekte Parteinahme und Abwertung Brutus': „Doch Brutus sagt, dass er voll Herrschsucht war,/ Und Brutus ist ein ehrenwerter Mann." (V. 16 f.) • Verschleierung der eigentlichen Redeabsicht: „Ich will, was Brutus sprach, nicht widerlegen,/ […] Ihr liebtet all ihn einst nicht ohne Grund:/ Was für ein Grund wehrt euch, um ihn zu trauern?/ O Urteil, du entflohst zum blöden Vieh,/ Der Mensch ward unvernünftig" (V. 29 ff.) *2. Teil: Systematische Entlarvung Brutus' als heimtückischen Verschwörer* • Wecken von Interesse bzw. Neugier: „Doch seht dies Pergament mit Cäsars Siegel;/ Ich fand's bei ihm, es ist sein letzter Wille,/ Vernähme nur das Volk dies Testament/ (Das ich, verzeiht mir, nicht zu lesen denke)" (V. 53 ff.); „Ich darf's nicht lesen,/ Ihr müsst nicht wissen, wie euch Cäsar liebte." (V. 60 ff.) • scheinbares Bedauern der Schuld der Verschwörer: „Ich fürcht, ich tu den ehrenwerten Männern/ Zu nah, von deren Dolchen Cäsar fiel" (V. 71 f.) • direkte Anschuldigung: „Seht, welchen Riss der tück'sche Casca machte!" (V. 87) • Aufzeigen des verwerflichen Verrats durch Brutus: „Denn Brutus, wie ihr wisst, war Cäsars Engel" (V. 93) • Hochstilisierung Cäsars zum Märtyrer und Vertrauen auf die Habgier des Volkes als Motiv menschlichen Handelns: „Wodurch verdiente Cäsar eure Liebe?/ Ach nein! Ihr wisst es nicht. – Hört es denn! Vergessen/ Habt ihr das Testament, wovon ich sprach" (V. 147 ff.)
3	identifiziert die wesentlichen rhetorischen Figuren in der Rede des Marcus Antonius und erläutert die jeweils beabsichtigte Wirkung, z. B.: • Repetitio („Brutus ist ein ehrenwerter Mann"): Zum Schein wird zunächst die öffentliche Meinung bekräftigt, um das Vertrauen des Volkes zu gewinnen; nachdem Brutus als vermeintlicher Verschwörer entlarvt ist, schlägt diese Wendung in Ironie um und dient somit dazu, den Hass auf Brutus zu schüren. • Hyperbel („Denn Brutus […] war Cäsars Engel", V. 93) und Apostrophe („Ihr Götter, urteilt, wie ihn Cäsar liebte", V. 94): sehr emotionaler, indirekter Appell an das Volk, den frevelhaften und heimtückischen Verrat zu erkennen • Paradoxon („ich muss euch nicht/Hinreißen zu des Aufruhrs wildem Sturm./ Die diese Tat getan, sind ehrenwert", V. 118 ff.): Konstruktion von Scheinwidersprüchen, um erste begründete Zweifel des Volkes an den ehrenhaften Absichten Brutus' zu nähren • Litotes („Ich bin kein Redner, wie es Brutus ist,/ Nur […] ein schlichter Mann", V. 127 f.): falsche Bescheidenheit, um sich (hierarchisch) auf die gleiche Ebene mit dem Volk zu stellen und Akzeptanz für seine Person zu schaffen; gleichzeitig werden hierdurch Ehrlichkeit und Rechtschaffenheit suggeriert – Eigenschaften, welche wiederum in starkem Kontrast zu Brutus zu stehen scheinen, wodurch Brutus noch zusätzlich abgewertet wird • rhetorische Frage („Das war ein Cäsar: wann kommt seinesgleichen?", V. 157): scheinbares Beklagen des Verlustes eines großen und selbstlosen Führers; gleichzeitig wird suggeriert, seinem Vorbild in gleicher Weise nacheifern zu wollen
4	belegt seine/ihre Ausführungen mithilfe geeigneter Textbeispiele.

Teilaufgabe 2

Der Schüler/die Schülerin	
1	erläutert kurz den Untersuchungsgegenstand (vergleichende Textanalyse: Intention der Rede sowie die Strategie der Argumentation) im Sinne einer Überleitung.
2	legt die jeweilige Redeabsicht der Figuren sowie deren Argumentationsstrategie umfassend und differenziert dar, z. B.: *Marcus Antonius* • Ziel der Rede: Vorredner Brutus soll verunglimpft werden; gleichzeitig wird die eigene Person aufgewertet • rhetorisch durchdachtes, taktisches Vorgehen, Kalkül, umschmeichelt das Volk *Dr. Tomas Stockmann* • Ziel der Rede: Mitbürger sollen sich der Missstände der Kleinstadt bewusst werden, um Verbesserungen herbeizuführen • sehr emotional geleitet, daher wenig taktisches und rhetorisch durchdachtes Vorgehen, beleidigt die Anwesenden (Obrigkeit, kompakte Majorität)
3	beurteilt, inwiefern die beiden Redner die von ihnen beabsichtigte Wirkung tatsächlich erreichen, z. B.: *Marcus Antonius* • Das Volk ist in Aufruhr, will Anschläge auf Brutus verüben; die intendierte Hetze ist somit erfolgreich. • Folge: Der Weg ist für Antonius geebnet, um seine eigenen Machtpläne zu verfolgen („Nun wirk' es fort. Unheil, du bist im Zuge:/ Nimm, welchen Lauf du willst", V. 163 f.). *Dr. Tomas Stockmann* • Die Bürger sind in Aufruhr und kündigen Anschläge an, da die Intention des Badearztes aufgrund der geistigen Enge des Kleinbürgertums, der politischen Unmündigkeit usw. verkannt wird. • Folge: Die Bürgerversammlung erklärt ihn offiziell zum Volksfeind.
4	belegt seine/ihre Ausführungen mithilfe geeigneter Textbeispiele.

b) Schreib- und Darstellungsleistung – Anforderungen

Der Schüler/die Schülerin	
1	schreibt sprachlich richtig und syntaktisch sicher.
2	gibt die Meinung Dritter korrekt im Konjunktiv I bzw. in der Ersatzform wieder.
3	formuliert sprachlich und stilistisch sicher und abwechslungsreich.
4	strukturiert seinen/ihren Text schlüssig, stringent und gedanklich klar.
5	verwendet das erforderliche Fachvokabular der Textanalyse.
6	wendet die Zitiertechniken korrekt an.

Vorschlag 4[1]: Theodor Storm: Die Stadt (1852)

Nach der Lektüre von Henrik Ibsens Drama „Ein Volksfeind" erhalten Sie die Gelegenheit, der Probe einer aktuellen Theaterinszenierung beizuwohnen, in welcher die Schauspieler unter anderem das Verständnis ihrer Rollen klären.
Wie dies insbesondere in modernen Inszenierungen häufiger praktiziert wird, regt die Darstellerin der Käte Stockmann an, einen fremden Text in Ibsens Schauspiel zu montieren, um ihre Rolle aufzuwerten. Daher schlägt sie für die Szene V/1 folgende Ergänzung vor: Nachdem sie ihren Gatten gefragt hat, ob er sich „die Sache mit der Reise aber auch gut überlegt" habe, soll Käte Stockmann das Gedicht „Die Stadt" von Theodor Storm[2] vortragen.

---

1 Dieser Vorschlag ist als „Klausur unter Abiturbedingungen" konzipiert, der alternativ auch für eine herkömmliche Klausur über 90 Minuten verwendet werden kann. In diesem Fall ist die zweite Aufgabe ersatzlos zu streichen.
2 **Theodor Storm** (1817 – 1888) = bedeutender Dichter des poetischen Realismus mit norddeutscher Prägung

Am grauen Strand, am grauen Meer
Und seitab liegt die Stadt;
Der Nebel drückt die Dächer schwer
Und durch die Stille braust das Meer
Eintönig um die Stadt.

Es rauscht kein Wald, es schlägt im Mai
Kein Vogel ohn Unterlass;
Die Wandergans mit hartem Schrei
Nur fliegt in Herbstesnacht vorbei,
Am Strande weht das Gras.

Doch hängt mein ganzes Herz an dir,
Du graue Stadt am Meer;
Der Jugend Zauber für und für
Ruht lächelnd doch auf dir, auf dir,
Du graue Stadt am Meer.

Zit. nach: Elisabeth K. Paefgen (Hrsg.): Echtermeyer. Deutsche Gedichte. Von den Anfängen bis zur Gegenwart. Auswahl für Schulen. Berlin: Cornelsen Verlag, 19. Auflage 2005, S. 391.

- *Geben Sie die Szene V/1 aus Ibsens Drama „Ein Volksfeind" (S. 98 – 104) im Hinblick auf Käte Stockmanns Situation und Charakter wieder.*
- *Analysieren Sie Theodor Storms Gedicht „Die Stadt" unter besonderer Berücksichtigung der sprachlich-stilistischen Gestaltungsmittel.*
- *Verfassen Sie einen Brief an den Regisseur, in welchem Sie begründet darlegen, ob der Vorschlag der Darstellerin mit Ibsens Figurenkonzeption der Käte Stockmann vereinbar ist. Beziehen Sie die gesamte Dramenhandlung in Ihre Überlegungen ein.*

Bewertung der Schülerleistung:
Analyse der sprachlich-stilistischen Gestaltung und der epochen- bzw. zeittypischen Merkmale des Gedichtes „Die Stadt" von Theodor Storm

a) inhaltliche Leistung – Anforderungen

Teilaufgabe 1

Der Schüler/die Schülerin	
1	nennt einleitend die bibliografischen Informationen (Autor, Titel, Erscheinungsjahr und -ort usw.) und ordnet die Szene in den Handlungszusammenhang des Dramas ein (Unterhaltung über die Auswanderungspläne des Badearztes am Morgen nach der Bürgerversammlung).
2	fasst die aus den Äußerungen Käte Stockmanns deutlich werdenden Charaktereigenschaften zusammen, z. B.: • teilweise etwas naiv: „Ist das wirklich wahr? Ein so anständiger Mann –" (S. 98), „Wer hätte auch denken können, dass Frau Busch ein so schlechtes Menschenkind wäre!" (S. 100), • realistische bis pessimistische Weltsicht: „Da siehst du's nun, Tomas." (S. 103) • vorsichtig, zuweilen ängstlich: „Tomas, hast du dir die Sache mit der Reise aber auch gut überlegt?" (S. 99); „Und die Jungen, Tomas?" (S. 100); „Ja, bester Tomas, du bist aber auch so unvorsichtig in deinen Reden!" (S. 100); „Gekündigt?!" (S. 100) • mangelndes (gesellschaftspolitisches) Interesse bzw. Verständnis und/oder fehlender Blick für das Wesentliche: „Ach Gott! Und noch dazu die besten [Hosen], die du hast!" (S. 99); „Ja, Tomas, die Leute haben sich schrecklich gegen dich benommen; aber müssen wir deshalb denn gleich außer Landes gehen?" (S. 99), „Da siehst du nun, was du für deine Gastfreundschaft hast, Tomas." (S. 101) • teilweise begriffsstutzig, da sie die Ironie ihres Gatten nicht erkennt: „Jawohl, ja, – freilich ist das toll, aber –" (S. 100); „Das [ein Menschenfeind] wirst du doch nie und nimmer werden" (S. 102) • nicht selbstbewusst bzw. durchsetzungsfähig bis unterwürfig: „Bester Tomas, du musst mir aber versprechen –" (S. 104); „Wir gehen so lange ins Wohnzimmer." (S. 104)
3	beschreibt ihre derzeitige Situation, z. B.: • Ihre Befürchtungen (Schädigung des Ansehens der Familie, Arbeitslosigkeit usw.) bewahrheiten sich. • Ihre existenzielle Angst vor einer ungewissen Zukunft (in der „neuen Welt") ist berechtigt und nachvollziehbar.
4	belegt seine/ihrer Ausführungen mithilfe geeigneter Textbeispiele.

Teilaufgabe 2

Der Schüler/die Schülerin	
1	nennt einleitend die bibliografischen Informationen (Autor, Titel, Erscheinungsjahr und -ort), die literarische Gattung (Gedicht) und das Thema (Liebe des lyrischen Ichs zu seiner Heimatstadt).
2	beschreibt Form und Inhalt des Gedichtes umfassend und differenziert, z. B.: • Das Gedicht besteht aus 3 Strophen zu je 5 Versen, welche jeweils einen anderen thematischen Schwerpunkt aufweisen. Formal wird dies auch dadurch unterstrichen, dass jede Strophe für sich einen vollständigen Satz bildet. • Strophe 1: Beschreibung der Atmosphäre – Farbe „grau" symbolisiert die trübe, trostlose und bedrückende Umgebung der Stadt (vgl. V. 1) – Personifikation des Nebels, welcher als Last dargestellt wird (vgl. V. 3) und die melancholische Stimmung verstärkt – Enjambement „durch die Stille braust das Meer [...] um die Stadt" (V. 4 f.) drückt die Isolation aufgrund der geografischen Lage der Stadt aus – Adjektiv „seitab" (V. 2) verstärkt diesen Eindruck – Initialstellung des Adjektivs „Eintönig" dient der Bewertung des Lebens in dieser Stadt insgesamt (V. 5) • Strophe 2: Einsamkeit des lyrischen Ichs – Negation „kein" (V. 6 f.) lässt das Vermissen des rauschenden Waldes und der Vögel im Mai, welche wiederum symbolisch für abwechslungsreiches Leben stehen, erkennen

Der Schüler/die Schülerin	
2	– Anakoluth „Die Wandergans […] nur fliegt in Herbstesnacht vorbei" (V. 8f.) hebt die an den übrigen Tagen des Jahres vorherrschende Ereignislosigkeit hervor; zudem wird auf die fehlende Attraktivität der Stadt, um sich hier heimisch zu fühlen, verwiesen – Letzter Vers („Am Strande weht das Gras.", V. 10) fasst einerseits das Vorangegangene zusammen, andererseits leitet er zur 3. Strophe über • Strophe 3: Verbundenheit des lyrischen Ichs mit der Heimatstadt – Anakoluth und Apostrophe „Doch hängt mein ganzes Herz an dir, du graue Stadt am Meer" (V. 11 f.) zeigen, dass die offensichtlichen Nachteile der Stadt im Grunde eher nebensächlich sind – Metapher „Der Jugend Zauber für und für ruht lächelnd doch auf dir" (V. 14) enthält die Begründung für die Liebe zur Heimatstadt, nämlich die Erinnerung des lyrischen Ichs an eine glückliche Kindheit – Apostrophe, Personifikation und Repetitio „Du graue Stadt am Meer" betont eindringlich die Wichtigkeit der vorigen Liebeserklärung an die Heimatstadt
3	erläutert mindestens eine weitere Besonderheit des Gedichtes, z. B.: • Eintönigkeit der grauen Stadt (vgl. Strophen 1 und 2) spiegelt sich in der Form wider: durchgängige Verwendung männlicher Kadenzen und des Jambus' als Metrum • Sonderstatus der 3. Strophe wird auch formal herausgestellt: – Variation des modifizierten Kreuzreim-Schemas (abaab) durch Wiederholung des a-Reimes der 1. Strophe in der 3. Strophe als b-Reim – Verwendung von überwiegend hellen Vokalen (ä, e, i, eu) und weichen Konsonanten (d, g, l) statt der dunklen Vokale (a, au, o, u) und harten Konsonanten (t, k, r) der vorangegangenen Strophen • Darstellung der Natur als negativ handelndes Element weckt beim lyrischen Ich dennoch positive Assoziationen • Fehlen jeglicher Beschreibung eigentlich typischer Kennzeichen einer Stadt wie Menschen, Gebäude, Straßen, Plätze usw.
4	weist epochentypische Merkmale des poetischen Realismus im Gedicht nach, z. B.: • Verfremdung traditioneller, poetischer Motive der Romantik (Rauschen des Waldes, Schlagen der Vögel im Mai usw.) durch genaue und betont realistische Beschreibung der Natur wirkt desillusionierend • Wahl des Handlungsortes: Vorbild ist Husum, eine im 19. Jh. kleine und bedächtige Stadt an der Nordsee, in welcher Theodor Storm geboren und aufgewachsen ist
5	fasst abschließend die Intention des Dichters zusammen.
6	belegt seine/ihre Ausführungen mithilfe geeigneter Textbeispiele.

Teilaufgabe 3

Der Schüler/die Schülerin	
1	legt umfassend und differenziert dar, inwiefern der Vorschlag der Darstellerin mit Ibsens Figurenkonzeption der Käte Stockmann vereinbar ist, z. B.: *Inhalt und Gestaltung des Gedichtes* • Thema des Gedichtes (Verbundenheit mit einer Heimatstadt trotz ihrer negativen Seiten) ist geeignet, auch die vorgeschlagene Textstelle ist passend gewählt (s. o.) • poetische, z. T. verklärende Darstellung der Kleinstadt (Beschränkung auf Naturbeschreibung statt Aufzeigen der Lebensverhältnisse einer Stadt bzw. menschlicher Abgründe, „Zauber" usw.) widerspricht Ibsens Auffassung von Realismus *Figurenkonzeption der Käte Stockmann* • enthusiastische, bedingungslose Liebe zur Heimat passt nicht zu der auf finanzielle Sicherheit bedachten Käte Stockmann, die an dem in dieser Stadt erreichten Status festhalten will • kritisches Reflexionsvermögen dieser Frauenfigur ist zweifelhaft (s. o.)
2	verfasst seinen/ihren Brief adressatengerecht.

b) Schreib- und Darstellungsleistung – Anforderungen

Der Schüler/die Schülerin	
1	schreibt sprachlich richtig und syntaktisch sicher.
2	gibt die Meinung Dritter korrekt im Konjunktiv I bzw. in der Ersatzform wieder.
3	formuliert sprachlich und stilistisch sicher und abwechslungsreich.
4	strukturiert seinen/ihren Text schlüssig, stringent und gedanklich klar.
5	verwendet das erforderliche Fachvokabular der Textanalyse.
6	wendet die Zitiertechniken korrekt an.

Vorschläge 5–9

5. Erörtern Sie, ob Dr. Tomas Stockmann eine komische oder eine tragische Figur ist. Beziehen Sie den gesamten Handlungsverlauf des Dramas in Ihre Überlegungen ein.

6. Über Henrik Ibsens Gesamtwerk äußert sich Bertolt Brecht wie folgt: „Es ist wahr, daß seit geraumer Zeit und in den Werken der bedeutendsten Dramatiker die eigentliche Handlung im Grunde nicht mehr auf der Bühne vor sich geht. Es ist nicht mehr der Mensch, der handelt, sondern das Milieu. Der Mensch reagiert nur (was nur den Anschein eines Handelns ergibt). Am reinsten tritt das bei den naturalistischen Meisterwerken Ibsens in Erscheinung. Da ist irgendwann irgendwo so und so gehandelt worden, und nun erst beginnt das Drama und zeigt, wie gewisse Personen dies ‚ausbaden'." Erörtern Sie, ob und inwiefern Brechts Aussagen auf Ibsens Drama „Ein Volksfeind" zutreffen. Belegen Sie Ihre Ausführungen mithilfe geeigneter Textbeispiele.

7. Analysieren und interpretieren Sie den Schluss des Dramas „Ein Volksfeind" (S. 115–119) im Hinblick auf die Frage, ob es sich hierbei um ein „Happy End" handelt.

8. Charakterisieren Sie die Figur des Schiffskapitäns Horster und erläutern Sie seine Position innerhalb der Figurenkonstellation des Dramas.

9. *produktionsorientiert*
Dr. Tomas Stockmann verfasst zehn Jahre nach seinem Entschluss, den Plan der Auswanderung in die „Neue Welt" aufzugeben, einen Artikel für den „Volksboten", in welchem er sein Handeln aus der Distanz beurteilt. Zugleich gibt er einen Einblick in seine persönliche bzw. familiäre Situation seitdem sowie die Entwicklung seiner Heimatstadt.[1]

[1] Sofern die Klausur neben dem produktionsorientierten auch einen analytischen Teil enthalten soll, könnte Vorschlag 7 (Analyse der Schlussszene) vorangehen.

Szenenbilder aus verschiedenen Inszenierungen

Fernseh-Inszenierung unter der Regie von Oswald Döpke, BRD (1964)

Inszenierung: Felleshus der Nordischen Botschaften, Berlin (2006)

Inszenierung: Deutsches Schauspielhaus, Hamburg (2008)

Inszenierung: Theater Baden-Baden (2009)

Inszenierung: Grillo Theater/Schauspiel Essen, Essen (2009)

Intention und Durchführung der Methode des Texttheaters[1]

Das Texttheater ist eine Form der Szenischen Interpretation. Bei dieser Unterrichtsmethode verteilt die Lehrkraft einen (Sach-)Text, in welchem die Schülerinnen und Schüler die aus ihrer Sicht zentralen Textstellen – das können einzelne Wörter, Satzteile und/oder ganze Sätze sein – markieren sollen. In einem weiteren Schritt sollen diese Zitate zu einem dramatischen Text (Monolog, Dialog, Chor usw.) umgearbeitet werden.
Indem die Schülerinnen und Schüler den vorgegebenen Text kürzen, wesentliche Zitate wiederholen, besonders intonieren, neu montieren, kommentieren, ein- oder mehrstimmig vortragen usw., wird dieser szenisch interpretiert und kritisch hinterfragt. Dabei sind lediglich folgende Spielregeln zu beachten:

Die Spielregeln

1. **Der Wortlaut der ausgewählten Zitate (einzelne Wörter, Satzteile oder ganze Sätze) darf nicht verändert werden.**
   Es ist nicht nur zulässig, sondern auch notwendig, den vorgegebenen Text auf wenige Aussagen zu kürzen, sich also auf einzelne Wörter oder ganz kurze Textpassagen zu beschränken.
2. **Durch die Art der Inszenierung (Wiederholung, Intonation, Arrangement usw.) soll die eigene Interpretation des Textes bzw. der Textteile zum Ausdruck kommen.**
   Hierdurch werden einzelne Aussagen bekräftigt, verfremdet oder karikiert.

Mögliche Inszenierungstechniken

- Die ausgewählten Zitate können monoton oder gehetzt, im Sing-Sang, (mit unterschiedlicher Betonung und/oder Lautstärke) wiederholt, als Rap usw. vorgetragen werden.
- Die Zitate können im Befehlston oder in Frageform, ironisch oder sarkastisch, arrogant oder naiv vorgetragen werden.
- Die Zitate können gesungen, pantomimisch unterstützt und/oder durch Tanzen dynamisiert werden.
- Einzelne Zitate können durch den Einsatz eines Chores besonders hervorgehoben werden. Zwei Chöre können gegensätzliche Positionen zum Ausdruck bringen, sodass der „siegreiche" Chor den anderen zum Verstummen bringt usw.
- Die Interpretation der Zitate kann körpersprachlich (z. B. Kopfnicken, ausholende Gesten der Hände, durch Hochblicken oder Niederbeugen, durch stehende, sitzende, verkrampfte oder sportliche Körperhaltung, durch Hinlegen auf den Fußboden usw.) unterstützt werden.
- Beim Vortrag der Zitate kann eine im Hinblick auf die gewünschte Wirkung geeignete Stimme einer bekannten Person (Politiker, Komiker, Sportler usw.) imitiert werden.

[1] Nach Hilbert Meyer (2003): Text-Theater: „Als Texttheater bezeichne ich eine Unterrichtsmethode, bei der die SchülerInnen unterschiedliche Lesarten eines Textes durch dessen szenische Interpretation herstellen […]." http://www.member.uni-oldenburg.de/hilbert.meyer/download/Thextheater_20032.pdf (Stand: 13.8.2009)

Ein Tag in einer norwegischen Küstenstadt um 1900 (Fantasiereise)[1]

1 Die Entspannungsphase (Das Hineinbegleiten)

Ich möchte mit dir eine kleine Reise machen. Es ist eine Reise mithilfe deiner Fantasie. Setze dich daher bequem hin, sodass du dich wohlfühlst! Achte darauf, dass dein Atem frei fließen kann, dass weder Brustraum noch Bauch eingeengt sind! [...] Schließe nun deine Augen und stelle dir vor, dass du diesen Raum verlässt [...] Draußen scheint die Sonne [...] Es ist ein warmer Sommertag und du schlenderst einfach durch die Natur [...]

Dein Weg führt dich langsam zum Plateau der Steilküste, um von dort den Ausblick zu genießen und dich zu entspannen. Vor dir erblickst du das weite Meer, das in sanften Wellen am felsigen Ufer strandet. [...] Die Sonne scheint, einige Lachmöwen fliegen anmutig über dich hinweg und du fühlst dich richtig wohl [...] Du spürst den leichten Wind, der sanft über dein Gesicht streicht, und lauscht dem leisen Meeresrauschen. [...] Du atmest ruhig, tief und langsam ein und aus [...] Du spürst, wie sich deine Bauchdecke ruhig hebt und senkt [...] Du rekelst dich ein wenig und spürst, dass du ganz ruhig wirst und dich entspannst [...] Du bist nun völlig entspannt und hast die Ruhe, deine Gedanken schweifen zu lassen. [...]

2 Die Reise

Du erblickst einen größeren Felsbrocken, gehst darauf zu und setzt dich in das warme Gras des Plateaus, angelehnt an den Felsen. Einige Jogger laufen am Strand vorüber. Du beobachtest sie, bis sie hinter dem Felsvorsprung verschwunden sind. [...] Du denkst darüber nach, wie dieser Platz wohl um 1900 ausgesehen haben mag. [...] Dasselbe blaue Meer, derselbe Strand, dieselbe saftige, grüne Wiese auf der Hochebene. [...] Eine Kutsche fährt jetzt an dir vorbei und hält an. Zwei Männer steigen aus, sie sind ihren Frauen beim Aussteigen behilflich. [...] Du betrachtest deren Kleidung. Die Frauen tragen lange Kleider und große Hüte mit Federn. Passend zur Farbe ihres Kleides hält jede von ihnen einen Sonnenschirm. [...] Die Männer tragen helle Leinenanzüge und Strohhüte. [...] Der Kutscher, der zuerst die

Pferde versorgt hat, breitet jetzt eine Decke aus und richtet den Herrschaften ein Picknick. [...] Nachdem alles vorbereitet ist, setzen sich die Frauen. Du betrachtest das Treiben von deinem Platz aus. [...]

Dein Blick wandert nun weiter gegen den sonnenklaren Himmel. Und auch deine Gedanken gehen weiter und weiter. Du stehst auf und schlenderst zurück in Richtung der kleinen Stadt in der Nähe der norwegischen Südküste. [...] Du riechst den würzigen Duft des Meeres. [...] Du wendest deinen Blick und wirst der sieben hohen Schornsteine in der Ferne gewahr, aus denen der Rauch aufsteigt. [...] Auch sie waren bereits vor über hundert Jahren an ihrem Platz. Du versuchst dir vorzustellen, was dort vor sich geht, und lauscht den Geräuschen. [...] Jetzt wirst du einen Mann gewahr. Er geht schleppend auf das Plateau der Steilküste zu und hockt sich langsam hin. [...] Du gehst näher auf ihn zu und stellst fest, dass er ein Arbeiter sein muss, denn er trägt einen verschmutzten, blauen Arbeitsoverall. [...] Er hat große, ölverschmierte Hände. [...] Der Mann sieht dich nicht, denn sein Blick ist gedankenverloren. [...] Du gewinnst den Eindruck, dass er sich von einem langen, schweren Arbeitstag erholt. [...] Du malst dir aus, woher er kommt und wo er wohnt. [...]

3 Die Rückreise (Das Zurückholen)

Die Sonne steht allmählich tief am Horizont und wird bald untergehen. Du genießt die letzten warmen Strahlen der Abendsonne. [...] Du beobachtest eine Lachmöwe, die anmutig über die saftige, grüne Wiese der Hochebene fliegt. Du stehst auf und gehst ihr langsam hinterher [...] Die Möwe fliegt hierher und auch du kehrst allmählich in diesen Raum zurück. Das Ende deines Spazierganges naht! Du schaust dich noch einmal um und erkennst in der Ferne das Meer [...] Du erinnerst dich gerne daran und fühlst dich heiter und beschwingt.

[1] Hilfestellung beim Erstellen und Durchführen von Fantasiereisen bietet die folgende Publikation: Evelyne Maaß, Karsten Ritschl (1996): Phantasiereisen leicht gemacht. Die Macht der Phantasie. Junfermann Verlag, Paderborn.

[…] Du betrittst zielstrebig diesen Raum, zufrieden und erfüllt von den Eindrücken deiner Reise. […]
Du verabschiedest dich nun langsam von deinem Land der Fantasie und kommst nun ganz mit deiner Aufmerksamkeit hierher zurück in diesen Raum! […] Du atmest ruhig, tief und langsam. […] Du nimmst wahr, welcher deiner Körperteile sich zuerst bewegen möchte, um wieder ganz hier anzukommen! […] Komme nun wieder ganz hierher zurück, werde wieder wach hier in diesem Raum! […] Öffne daher deine Augen! […]

Hinweise für die Lehrkraft

Im Anschluss an die Fantasiereise sollte den Schülerinnen und Schülern zunächst Gelegenheit gegeben werden, die eigenen Ideen, Wünsche, Fragen usw. in Einzelarbeit stichwortartig zu notieren, ehe die Eindrücke im Plenum gesammelt und ausgewertet werden.
Im Rahmen der Reflexion sollten insbesondere folgende Fakten thematisiert werden:

- Mit Beginn der 30er-Jahre des 19. Jh.s erlebte Norwegen einen allgemeinen wirtschaftlichen Aufschwung, der den Wunsch nach einer freieren Handels- und Zollgesetzgebung weckte.
- Die Grundlage für die moderne Industrie Norwegens wurde in den 40er-Jahren gelegt, indem erste Textilfabriken und Maschinenwerkstätten gegründet wurden.
- Zwischen 1850 und 1880 wurde die norwegische Handelsflotte beträchtlich ausgeweitet.
- Im Zuge der Industrialisierung vergrößerten sich in Norwegen die Klassenunterschiede zwischen der regierenden Beamtengruppe und den Bauern erheblich.
- Die ersten Gewerkschaften wurden 1872, die Arbeiterpartei 1887 gegründet.
- Mit Auflösung der Union mit Schweden Ende 1905 setzte die zweite Phase der industriellen Revolution in Norwegen ein. Grundlage hierfür war das Aufkommen der Elektrifizierung durch Wasserkraft.
- Die Industrialisierung führte jedoch zunächst nur zu geringen Veränderungen der sozialen Struktur Norwegens, denn 1910 waren noch 42 % der Erwerbstätigen in der Land- und Forstwirtschaft tätig.
- Seit den ersten Erdölfunden im Jahre 1960 entwickelte sich Norwegen zum heute reichsten Land Europas.

Zeitgenössische Bilddokumente zu ausgewählten Lebensstationen Ibsens

Geburtsort Skien. Gemälde von Jens Severin Schweder (1822)

Geburtshaus Stockmanns Gaard in der Prinzenstraße. Anonymes Gemälde

Kirche in Skien. Zeitgenössische Fotografie

Umgebung von Skien. Gemälde des jungen Ibsen (1842)

Grimstadt um 1850. Gemälde des jungen Ibsen

Wohnhaus in Catilina, in dem sich Ibsen ein kleines Zimmer mit dem Sohn eines Oberzollbeamten teilte.

Kristiania (heute: Oslo) als noch kleine, unansehnliche Stadt Mitte des 19. Jahrhunderts. Anonymes Gemälde

Henrik Ibsen: Nora oder Ein Puppenheim (Schlussszene)

Aus Sorge um ihren todkranken Vater und aus Liebe zu ihrem lebensgefährlich erkrankten Mann fälscht Nora Helmer heimlich die Unterschrift auf einem Schuldschein. Das Ausmaß dieser Handlung ist ihr nicht bewusst, für sie zählt die rettende Tat. Als jedoch der Inhaber des Schuldscheins sie wegen der Unterschrift erpresst, beginnt sie nachzudenken und zunehmend bewusster ihre Situation zu analysieren. Letztendlich hofft sie bei Bekanntwerden auf eine gleich starke Liebe ihres Ehemannes, dass er ebenso für sie eintreten würde, wie sie es für ihn getan hatte.
Nachdem Helmer von ihrem Betrug erfahren hat, fragt er nicht nach Beweggründen, sondern verurteilt aus Ehrsucht und Standesdünkel Noras Handeln, entzieht ihr alle Zuneigung. Nur zum Schein will er die Ehe fortsetzen, um die Fassade zu wahren. Als kurz darauf der Schuldschein für Nora abgegeben wird, sind für Helmer alle Probleme gelöst.

NORA: Diese Nacht werde ich nicht schlafen.
HELMER: Aber, liebe Nora –
NORA (*sieht auf ihre Uhr*). Es ist noch nicht allzu spät. Nimm Platz, Torvald; wir zwei haben viel miteinander zu reden. (*Sie setzt sich an die eine Seite des Tisches.*)
HELMER: Nora, – was soll das heißen? Diese starre Miene –
NORA: Setz' dich. Es dauert lange. Ich habe mit dir über vieles zu reden.
HELMER (*setzt sich ihr gegenüber an den Tisch*). Du machst mir Angst, Nora. Und ich verstehe dich nicht.
NORA: Ja, das ist es eben. Du verstehst mich nicht. Und ich habe dich ebenfalls nicht verstanden – bis zu dieser Stunde. Bitte, unterbrich mich nicht. Du sollst mir nur zuhören. – Es ist eine Abrechnung, Torvald.
HELMER: Wie meinst du das?
NORA (*nach kurzem Schweigen*). Wie wir so dasitzen, – fällt dir gar nichts daran auf?
HELMER: Was sollte das sein?
NORA: Wir sind jetzt acht Jahre verheiratet. Fällt es dir nicht auf, dass wir – du und ich, Mann und Frau – heute zum ersten Male ein ernstes Gespräch miteinander führen?
HELMER: Ein ernstes Gespräch, – was heißt das?
NORA: Acht ganze Jahre – und länger noch, – vom ersten Tage unserer Bekanntschaft an haben wir nie ein ernstes Wort über ernste Dinge gewechselt.
HELMER: Hätte ich dich etwa beständig einweihen sollen in Widerwärtigkeiten, die du doch nicht mit mir hättest teilen können?
NORA: Ich spreche nicht von Widerwärtigkeiten. Ich sage nur, dass wir niemals ernst beieinandergesessen haben, um etwas gründlich zu überlegen.
HELMER: Aber liebste Nora, das wäre doch nichts für dich gewesen.
NORA: Da sind wir bei der Sache. Du hast mich nie verstanden. – Ihr habt viel an mir gesündigt, Torvald. Zuerst Papa, dann du.
HELMER: Was? Wir beide –? Wir beide, die wir dich über alles in der Welt geliebt haben?
NORA (*schüttelt den Kopf*). Ihr habt mich nie geliebt. Euch machte es nur Spaß, in mich verliebt zu sein.
HELMER: Aber, Nora, was sind das für Worte!
NORA: Ja, es ist so, Torvald. Als ich zu Hause war bei Papa, teilte er mir alle seine Ansichten mit, und so hatte ich dieselben Ansichten. War ich aber einmal anderer Meinung, dann verheimlichte ich das; denn es wäre ihm nicht recht gewesen. Er nannte mich sein Puppenkind, und spielte mit mir, wie ich mit meinen Puppen spielte. Dann kam ich zu dir ins Haus –
HELMER: Was für einen Ausdruck gebrauchst du da von unserer Ehe?
NORA (*unbeirrt*). Ich meine, dann ging ich aus Papas Händen in deine über. Du richtetest alles nach deinem Geschmack ein, und so bekam ich denselben Geschmack wie du; aber ich tat nur so: ich weiß es nicht mehr recht – vielleicht war es auch beides: bald so und bald so. Wenn ich jetzt zurückblicke, so ist mir, als hätte ich hier wie ein Bettler gelebt, – nur von der Hand in den Mund. Ich lebte davon, dass ich dir Kunststücke vormachte, Torvald. Aber du wolltest es ja so haben. Du und Papa, ihr habt euch schwer an mir versündigt. Ihr seid schuld daran, dass nichts aus mir geworden ist.
HELMER: Wie lächerlich und wie undankbar, Nora! Bist du hier nicht glücklich gewesen?
NORA: Nein. Das bin ich nie gewesen. Ich habe es geglaubt, aber ich bin es nie gewesen.
HELMER: Nicht – nicht glücklich?
NORA: Nein, – nur lustig. Und du warst immer so lieb zu mir. Aber unser Heim ist nichts anderes als eine Spielstube gewesen. Hier bin ich deine Puppenfrau gewesen, wie ich zu Hause Papas Puppenkind war. Und die Kinder, die waren wiederum meine Puppen. Wenn du mich nahmst und mit mir spieltest, so machte mir das gerade solchen Spaß, wie es den Kindern Spaß machte, wenn ich sie nahm und mit ihnen spielte. Das ist unsere Ehe gewesen, Torvald.
HELMER: Etwas Wahres liegt in deinen Worten, – so übertrieben und überspannt sie auch sind. Aber von jetzt an soll es anders werden. Die Tage des Spiels sind nun vorüber; jetzt kommt die Zeit der Erziehung.
NORA: Wessen Erziehung? Meine oder die der Kinder?
HELMER: Sowohl deine wie die der Kinder, meine geliebte Nora.

Nora: Ach, Torvald, du bist nicht der Mann, mich zu einer richtigen Frau für dich zu erziehen.

Helmer: Und das sagst du so?

Nora: Und ich, – bin ich denn für die Aufgabe gerüstet, die Kinder zu erziehen?

Helmer: Nora!

Nora: Hast Du vorhin nicht selber gesagt, – Du dürftest mir diese Aufgabe nicht anvertrauen?

Helmer: Im Moment der Erregung! Wie kannst du darauf etwas geben?

Nora: Doch. Du hattest sehr recht. Ich bin der Aufgabe nicht gewachsen. Das ist eine andere Aufgabe, die ich zuvor lösen muss. Ich muss trachten, mich selbst zu erziehen. Und du bist nicht der Mann, mir dabei zu helfen. Das muss ich allein vollbringen. Und darum verlasse ich dich jetzt.

Helmer (*springt auf*). Was sagst du da?

Nora: Ich muss ganz allein stehen, wenn ich mich mit mir selbst und mit der Außenwelt zurechtfinden soll! Deshalb kann ich nicht länger bei dir bleiben.

Helmer: Nora! Nora!

Nora: Ich verlasse dich sofort. Christine wird mich für diese eine Nacht aufnehmen –

Helmer: Du bist von Sinnen! Das darfst Du nicht! Ich verbiete es dir!

Nora: Es hat fortan keinen Zweck mehr, mir etwas zu verbieten. Ich nehme mit, was mir gehört. Von dir will ich nichts haben, – nicht heut, noch später.

Helmer: Welcher Wahnsinn!

Nora: Morgen reise ich nach Hause – das heißt: in meine alte Heimat. Dort wird es mir am leichtesten sein, irgendetwas anzufangen.

Helmer: O du verblendetes, unerfahrenes Geschöpf!

Nora: Ich muss trachten, mir Erfahrung zu erwerben, Torvald.

Helmer: Deine Häuslichkeit, deinen Mann und deine Kinder zu verlassen! Bedenke: was werden die Leute sagen!

Nora: Darauf kann ich keine Rücksicht nehmen. Ich weiß nur, dass es für mich notwendig ist.

Helmer: O, das ist empörend. So entziehst du dich deinen heiligsten Pflichten?

Nora: Was verstehst du unter meinen heiligsten Pflichten?

Helmer: Das muss ich dir erst sagen! Sind es nicht die Pflichten gegen deinen Mann und gegen deine Kinder?

Noraa: Ich habe andere Pflichten, die ebenso heilig sind.

Helmer: Das hast du nicht. Was für Pflichten könnten das wohl sein!

Nora: Die Pflichten gegen mich selbst.

Helmer: In erster Linie bist du Gattin und Mutter.

Nora: Das glaube ich nicht mehr. Ich glaube, dass ich vor allen Dingen Mensch bin, so gut wie du, – oder vielmehr, ich will versuchen, es zu werden. Ich weiß wohl, dass die Welt dir recht geben wird, Torvald, und dass etwas Ähnliches in den Büchern steht. Aber was die Welt sagt und was in den Büchern steht, das kann nicht länger maßgebend für mich sein. Ich muss selbst nachdenken, um in den Dingen Klarheit zu erlangen.

Helmer: Du solltest dir nicht klar sein über deine Stellung in der eigenen Familie? Hast du in solchen Sachen nicht einen untrüglichen Führer? Hast du nicht die Religion?

Nora: Ach, Torvald, was Religion ist, das weiß ich ja gar nicht einmal genau. [...] Ich weiß ja nur, was Pastor Hansen sagte, als ich zur Konfirmationsstunde ging. Er trug vor, dies sei Religion und das. Wenn ich erst aus meinen gegenwärtigen Verhältnissen heraus und auf mich allein angewiesen bin, dann werde ich auch dies zu ergründen suchen. Ich will sehen, ob das, was Pastor Hansen gesagt hat, richtig war, oder vielmehr, ob es für mich richtig ist.

Helmer: Ah, – das ist doch unerhört im Munde einer jungen Frau! Aber wenn die Religion dir eine Führerin nicht sein kann, so lass mich wenigstens dein Gewissen aufrütteln. Denn moralisches Gefühl, das hast du doch? Oder, antworte mir, – hast du es vielleicht nicht?

Nora: Ja, Torvald, es ist nicht leicht, dir darauf zu antworten, Torvald. Ich weiß es ja absolut nicht. Ich bin gänzlich irre daran geworden. Ich weiß nur, dass ich von dergleichen eine durchaus andere Anschauung habe als du. Dass die Gesetze anders sind, als ich gedacht hatte, höre ich jetzt ja auch; dass sie aber richtig sind, – das will mir durchaus nicht in den Kopf. Eine Frau sollte also nicht das Recht haben, ihren alten sterbenden Vater zu schonen oder das Leben ihres Mannes zu retten! So etwas glaube ich nicht!

Helmer: Du sprichst wie ein Kind. Du verstehst die Gesellschaft nicht, in der du lebst.

Nora: Ich verstehe sie nicht – allerdings. Aber jetzt will ich sie mir näher ansehen. Ich muss dahinterkommen, wer recht hat, die Gesellschaft oder ich. [...]

Aus: Henrik Ibsen (1879): Nora oder Ein Puppenheim. In: Ibsen: Dramen. Band 1. Leipzig: Reclam 1968, S. 80, Übersetzung: Richard Linder

- *Analysieren Sie den Auszug aus der Schlussszene aus Henrik Ibsens Drama „Nora oder Ein Puppenheim" unter besonderer Berücksichtigung von Noras Selbstverständnis von ihrer Rolle als Frau in der Gesellschaft.*
- *Untersuchen Sie die Ehe von Käte und Dr. Tomas Stockmann auf vergleichbare Strukturen.*
- *Beurteilen Sie, ob diese Eheproblematik auch heute noch aktuell ist.*

Das Programm des Allgemeinen Deutschen Frauenvereins 1905

Die Frauenbewegung setzt sich somit das Ziel: *den Kultureinfluss der Frau zu voller innerer Entfaltung und freier sozialer Wirksamkeit zu bringen.* […]

I. Bildung […]. Im Einzelnen stellt sie folgende Forderungen:

a) obligatorische Fortbildungsschulen für alle aus der Volksschule entlassenen Mädchen;

b) eine Reorganisation der höheren Mädchenschule, durch welche diese […] den höheren Knabenschulen gleichwertig wird. Den Mädchen muss sowohl innerhalb des Rahmens der höheren Mädchenschule als auch durch Zulassung zu den höheren Knabenschulen die Möglichkeit gegeben werden, an den Berechtigungen der höheren Lehranstalten teilzunehmen,

c) unbeschränkte Zulassung ordnungsmäßig vorgebildeter Frauen zu allen wissenschaftlichen, technischen und künstlerischen Hochschulen.

II. Berufstätigkeit. Die Frauenbewegung betrachtet für die verheiratete Frau den in der Ehe und Mutterschaft beschlossenen Pflichtenkreis als ersten und nächstliegenden Beruf. Die befriedigende Erfüllung dieses Berufs muss im Interesse der Gesamtheit mit allen Mitteln der Bildung, der wirtschaftlichen Reform, des staatlichen Schutzes gesichert werden. Die Arbeit der Frau in der Erfüllung dieses Berufs ist wirtschaftlich und rechtlich als vollgültige Kulturleistung zu bewerten.

In Anbetracht der großen Zahl von Frauen, die unverheiratet bleiben, und der weiteren Zahl derer, die in der Ehe keine ausreichende wirtschaftliche Versorgung finden können, ist die Berufsarbeit der Frau eine wirtschaftliche und sittliche Notwendigkeit. Die Frauenbewegung betrachtet die berufliche Frauenarbeit aber auch in weiterem Sinne und unabhängig von jeder äußeren Notwendigkeit als Kulturwert, da auch die Frau Träger hervorragender spezifischer Begabung sein kann und bei vollkommen freier Entfaltung ihrer Fähigkeiten auf vielen Gebieten geistiger und materieller Tätigkeit Aufgaben finden wird, die sie ihrer Natur nach besser lösen kann als der Mann. – In Bezug auf die wirtschaftliche Bewertung der beruflichen Frauenarbeit vertritt die Frauenbewegung den Grundsatz: Gleicher Lohn für gleiche Leistung. […]

III. Ehe und Familie. Die Frauenbewegung sieht in der Heilighaltung der Ehe die wesentliche Bürgschaft für das körperliche und geistige Wohl der Nachkommenschaft und die Grundbedingung sozialer Gesundheit. Sie legt in Bezug auf die sexuelle Sittlichkeit Männern und Frauen die gleichen Pflichten auf und bekämpft die doppelte Moral, die einerseits dem Manne eine in jeder Hinsicht verhängnisvolle Freiheit gewährt, andererseits die Frau mit ungerechter Härte trifft. Sie fordert für die Frau als Leiterin des Hauses und Erzieherin der Kinder, dass sie im Einklang mit der Höhe ihrer Verpflichtung und dem Wert ihrer Leistungen auch rechtlich die gleiche Verantwortung in allen Angelegenheiten der Ehe und der Familie trage wie der Mann.

Daraus ergeben sich im Einzelnen folgende Ziele:

a) Die Frauenbewegung bekämpft mit allen ihr zu Gebote stehenden Mitteln die Prostitution und sieht in der mit der bestehenden Reglementierung ausgesprochen staatlichen Sanktion des Lasters eine schwere gesundheitliche, soziale und sittliche Gefahr.

b) Sie verlangt eine Reform der Ehegesetze, durch welche beiden Ehegatten das gleiche Verfügungsrecht in allen gemeinsamen Angelegenheiten, insbesondere der gleiche Anteil an der elterlichen Gewalt gesichert wird.

c) Sie verlangt gesetzliche Reformen betreffend die Rechte der unehelichen Kinder, Reformen, durch welche dem unehelichen Vater größere Verpflichtungen gegen Mutter und Kind auferlegt werden.

IV. Öffentliches Leben, Gemeinde und Staat […]. Im Einzelnen erstrebt die Frauenbewegung nach Maßgabe der durch den Stand der sozialen Entwicklung gegebenen Möglichkeiten folgende Ziele:

a) Zulassung der Frauen zu verantwortlichen Ämtern in Gemeinde und Staat, vor allem solchen, die zu den Interessen der Frauen in besonders naher Beziehung stehen (Mädchenschulwesen, […] Sozialpolitik, Arbeiterinnenfrage, Rechtspflege usw.).

b) Zuziehung der Frauen zur Vertretung der Laien bei der Rechtspflege (weibliche Schöffen und Geschworene).

c) Beseitigung der vereinsrechtlichen Beschränkungen der Frau.

d) Teilnahme der Frauen am kirchlichen Wahlrecht.

e) Teilnahme der Frauen am kommunalen Wahlrecht.

f) Teilnahme der Frauen am politischen Wahlrecht.

Aus: Helene Lange (1914): Die Frauenbewegung in ihren gegenwärtigen Problemen. Leipzig. Zitiert nach: Deutsche Sozialgeschichte. Dokumente und Skizzen. Band II: 1870–1914, S. 422 ff.

- *Fassen Sie die wesentlichen Forderungen der Frauenbewegung zusammen.*
- *Erörtern Sie, inwiefern sich Petra Stockmann mit den Vorstellungen der Frauenbewegung identifizieren würde. Belegen Sie Ihre Ausführungen mithilfe geeigneter Textbeispiele.*
- *Beurteilen Sie, welche der beiden weiblichen Figuren des Dramas „Ein Volksfeind" Ibsens Wunschbild der Frau in der Gesellschaft eher entspricht.*

Franz-Josef Brüggemeier: Auf Kosten der Natur. Zu einer Geschichte der Umwelt 1880–1930

„Wenn ich einen Baum grünen sehe, so denk ich wohl: nun wird er bald blühen! Und wenn er blüht: nun wird er Früchte bringen. Darin sehe ich mich auch nicht getäuscht, darum gebe ich die alte Gewohnheit nicht auf."

So hatte Meister Anton die Lebensphilosophie der Provinz zusammengefasst. Seine Aussage war nicht frei von Verklärung und Romantik, doch sie enthält treffende Beobachtungen. In der Provinz bestanden alte Traditionen fort, Neuerungen setzten sich nur langsam durch; hier blühten die Bäume und sie trugen Früchte. In den Großstädten und Industrierevieren hingegen war das immer weniger der Fall. In den Jahren nach 1880 wurde vielmehr eine zunehmende Belastung und Zerstörung der Natur deutlich, die vor allem die Ballungsräume betraf.

Besonders offenkundig äußerten sich die Veränderungen im Ruhrgebiet, das innerhalb weniger Jahrzehnte zum größten industriellen Ballungsraum Europas aufstieg. Noch um die Mitte des 19. Jahrhunderts war das Ruhrgebiet kaum besiedelt, kilometerweit dehnten sich grüne Wälder und Felder. Selbst die Städte an der Hellwegzone (Essen, Bochum, Dortmund und Mülheim) zählten nur einige tausend Einwohner. Wenige Jahrzehnte später jedoch, zur Jahrhundertwende, hatte sich die Situation grundlegend gewandelt. Wo zuvor lautlose Stille herrschte, fand sich jetzt ein düsteres Relief qualmender „Fabrikschornsteine und Kamine, wo das Dröhnen und Lärmen der Eisen- und Walzwerke, das Pfeifen der Lokomotiven nicht nur das hastig pulsierende Leben eines hoch entwickelten Gewerbefleißes offenbaren, sondern auch die industrielle Weltverwüstung auf einem schönen Stück deutscher Erde." [...]

Das tatsächliche Ausmaß der Schädigung wurde lange Zeit nicht erkannt und vielfach nicht als Problem gesehen [...]. In der zeitgenössischen Wahrnehmung stießen Schornsteine nicht lediglich Qualm aus, der Rauch kündete vielmehr auch von Schaffenskraft und Siegesjubel; Schornsteine waren ein populäres Motiv in Firmenemblemen und auf Postkarten, um aller Welt die Leistungsfähigkeit und den Fortschrittsoptimismus der Unternehmen und Städte kundzutun.

Dieser Optimismus hielt auch nach der Jahrhundertwende an, zumal Umweltschäden, wie sie im Ruhrgebiet auftraten, eine Ausnahme bedeuteten. [...] [D]ie weitaus größten Teile des Reiches waren von der Industrie kaum betroffen. Hier herrschten Landwirtschaft, Viehzucht oder Kleingewerbe vor, die Städte waren überschaubar, und die Belastungen der Natur hielten sich in Grenzen; zumindest in dieser Hinsicht war die Welt in der Provinz noch in Ordnung. In den Industriegebieten und städtischen Ballungszentren jedoch war deutlich geworden, dass völlig neuartige Probleme aufgetreten waren. [...]

Über verschmutzte Flüsse und Schwierigkeiten bei der Abwässerbeseitigung wurde schon vor dem 19. Jahrhundert Klage geführt, doch mit der Industrialisierung und dem enormen Städtewachstum stellten sich die Probleme in einer bis dahin nicht gekannten Größenordnung. [...] Bis zum Bau von Kanalisation in der zweiten Hälfte des 19. Jahrhunderts war es üblich, Überreste und Abwässer in Gräben, Straßenrinnen, Gewässer oder Gruben zu verschütten, sodass sie weggeschwemmt wurden oder versickerten. Zunehmend jedoch lag der Unrat umher und verschmutzte die Städte.

Trinkwasser wurde überwiegend aus Brunnen gewonnen, ergänzt durch Zuleitungen aus nahen Quellen und Gewässern. Deren Wasserqualität ließ mit zunehmender Verschmutzung der Städte vielfach zu wünschen übrig. Abwässer sickerten in das Grundwasser und von da in die Brunnen, während die zufließenden Gewässer sich immer weniger zur Trinkwassergewinnung eigneten. An den Oberläufen gab es wenig Grund zur Klage, doch unterhalb größerer Orte herrschten vielfach katastrophale Zustände, meist verursacht durch den Bau von Kanalisationen.

Kanalisationen wurden errichtet, um innerhalb der Stadtgrenzen für hygienischere Verhältnisse zu sorgen. Die Übertragung von Infektionen durch Wasser wurde zwar erst in den 1870er-Jahren nachgewiesen, doch bereits zuvor gab es zahlreiche Anhaltspunkte dafür, dass mangelnde Hygiene eine gesundheitliche Gefährdung bedeutete. Nicht minder wichtig war ein weiterer Punkt: die Belästigung und der Gestank, die durch umherliegenden Unrat verursacht wurden. [...]

Vorbild bei der Anlage von Kanalisationen war London, wo in den 1850er- und 1860er-Jahren unter erheblichem Aufwand ein neues Abwässersystem errichtet worden war. Es beruhte auf dem sog. Mischsystem, bei dem sämtliche Abfälle miteinander vermengt und durch die Kanalisation fortgeschwemmt wurden, sodass es nicht länger möglich war, verwertbare Stoffe gesondert zu erfassen. Auch funktionierte die Schwemmkanalisation nur, wenn erhebliche Wassermengen zur Verfügung standen, um eine ausreichende Spülung sicherzustellen. Als Folge stieg der Bedarf an Wasser sprunghaft an, [...]

sodass die bis dahin gebräuchlichen Brunnen austrockneten. […]
Auf lange Sicht […] setzte sich die Schwemmkanalisation durch, die in mehrfacher Hinsicht einen grundlegenden Wandel symbolisiert: an die Stelle kleinräumiger, überschaubarer Kreisläufe traten hoch technisierte, weitflächig organisierte Alternativen; natürliche häusliche Überreste wurden nicht wieder verwandt, sondern durch chemisch erzeugten Dünger ersetzt, und hier setzte sich die neuartige Vorstellung des Abfalls durch: zum ersten Mal und in großem Umfang wurde ein Vielzahl bis dahin benutzter Stoffe nur noch als Abfall angesehen, den es fortzuschaffen galt.
In der überaus heftig geführten zeitgenössischen Diskussion klangen derartige Überlegungen an, doch entscheidend waren pragmatischere Argumente. […].
[D]ie getrennten Systeme bedeuteten einen höheren Aufwand, und die Abfuhr von Fäkalien mit Kübeln oder Wagen war mit Geruch verbunden. Demgegenüber verhieß die Mischkanalisation eine einfache Lösung: die störenden Stoffe wurden schlicht weggeschwemmt, verborgen vor den mittlerweile sensibilisierten Sinnen. Die unterirdischen Kanäle waren nicht mehr zu sehen und ihr Inhalt kaum noch zu riechen. Die gewaltigen Wassermassen bewirkten eine derartige Verdünnung, dass Gefährdungen sowie Gerüche gebannt schienen.
Diese Annahme war von entscheidender Bedeutung, da die organischen, dem ‚menschlichen Haushalte' entstammenden Abfälle als besonders gefährlich galten, obgleich industrielle Einleitungen vielerorts schon eine größere Bedeutung erlangt hatten. In Sachsen z. B. wurden Ende der 1870er-Jahre bei einer Rundfrage in 140 Ortschaften Beschwerden über starke Flussverunreinigungen geäußert; nur 7 % davon waren auf städtische Abwässer zurückzuführen, 93 % hingegen gingen zulasten der Industrie. Zumal im Einzugsbereich von Chemie- und Papierfabriken sowie Kali- oder Zuckerwerken erstarb nahezu jedes Leben in den betroffenen Gewässern; die Landwirtschaft wurde geschädigt, und der Fischfang kam zum Erliegen. Die Proteste von Fischern und Bauern zeigten jedoch wenig Wirkung, da industrielle Einleitungen als wenig schädlich für die menschliche Gesundheit galten.
Deren Schädlichkeit für Fische oder Pflanzen wurde nicht bestritten, doch als nahezu unvermeidliche Folge wirtschaftlicher Entwicklung bezeichnet. […]
Zur Rechtfertigung dieser weitverbreiteten Meinung wurde auf die Selbstreinigungskraft der Gewässer verwiesen, die selbst „die schmutzigsten Bäche und Flüsse" säubern würde. Die Berührung der Schadstoffe mit dem Erdreich des Flusses sowie „mit Licht und der Luft und dem Sauerstoff in dem bewegten Flusswasser" würden – so die Annahme – die verschmutzten Gewässer säubern. Kritiker wiesen darauf hin, dass von einer Säuberung keine Rede sein könne, es handele sich lediglich um eine Verdünnung sowie Ablagerung der Schadstoffe. […]
Am Beispiel des Wassers wird ein Umgang mit der Natur und Umwelt deutlich, der generell vorherrschend war. Er war geprägt von der Erwartung, anfallende Schadstoffe und Belastungen durch Verdünnung und Verteilung unschädlich machen zu können; vom Vertrauen auf großtechnische Lösungen und dem Versuch, die Kosten möglichst gering zu halten. Dabei herrschte eine vordergründige betriebswirtschaftliche Kalkulation vor, die allgemeine und längerfristige Folgen nicht beachtete. […]

Franz-Josef Brüggemeier: „Auf Kosten der Natur. Zu einer Geschichte der Umwelt 1880–1930" in: Rüdiger vom Bruch u. a. (Hg.), Jahrhundertwende. Der Aufbruch in die Moderne 1880–1930. Band 1

- *Informieren Sie sich mithilfe des vorliegenden Textes über den Umgang mit Abwässern in städtischen Ballungsgebieten um 1900.*
- *Bereiten Sie die Informationen z. B. mithilfe einer Mindmap für einen Kurzvortrag auf.*

Adelheid Gräfin zu Castell Rüdenhausen: Die „gewonnenen Jahre“. Lebensverlängerung und soziale Hygiene. Die Hamburger Cholera-Epidemie von 1892

[...] Die Bedrohung durch Epidemien und Seuchen gehörte zu den typischen Existenzbedingungen der Menschen vor dem spektakulären Anstieg der Lebenserwartung in den letzten hundert Jahren. Die Cholera kennzeichnete speziell das Krankheitsgeschehen im 19. Jahrhundert. Nach ihren ersten Auftritten zu Beginn der 1830er-Jahre erreichten die Cholera-Ausbrüche in Europa ihre Höhepunkte in den Jahren 1848–1850 und 1866–1867. Danach ebbten die Seuchenwellen ab. Aus Deutschland war die Cholera schon 1874 so gut wie vertrieben – bis auf Hamburg, wo sie im Sommer 1892 noch einmal zu einer Epidemie führte.

Das Ereignis traf die Stadt, die damals rund 600 000 Einwohner zählte, aus heiterem Himmel. Innerhalb einer guten Woche nach dem Auftreten der ersten Fälle am 16. August, stieg die Zahl der Neuerkrankungen auf rund 1 000 pro Tag. Nach sechs Wochen war die Seuche wieder erloschen. Sie wurde von durchreisenden russischen Emigranten eingeschleppt und verbreitete sich in Windeseile über das städtische Wasserleitungssystem. Insgesamt wurden 17 000 Erkrankte registriert. [...]

Die Geschichte der Hamburger Cholera spiegelt zunächst die medizinischen Auffassungen über die Entstehung von Seuchen vor dem Eintritt ins Zeitalter der Bakteriologie. Auf der theoretischen Ebene konkurrieren das kontagionistische und das miasmatische Erklärungsmodell. Nach Meinung der Kontagionisten fand die Krankheitsübertragung von Mensch zu Mensch statt, etwa durch Berührung, Atemluft und Ausscheidungen. Auf diese Erfahrungstatsache gründeten sich sanitätspolizeiliche Abwehrmaßnahmen wie Cordons sanitäres, Quarantäne und Desinfektion. Mit diesen Methoden waren in früheren Jahrhunderten Pest und Aussatz erfolgreich bekämpft worden.

Dagegen entstand die Cholera nach der Miasma-Theorie durch giftige, über faulenden Pflanzen in sumpfigem Gelände aufsteigende Dünste, die sogenannten Miasmen. Als entscheidendes Übertragungsmedium galt der verunreinigte Boden, nicht der erkrankte Mensch. Die Krankheitsbekämpfung erforderte daher vordringlich die Sanierung der ökologischen Verhältnisse. Als Umwelt-Theorie erschwerte das miasmatische Seuchenentstehungsmodell allerdings die Erklärung der überörtlichen Ausbreitung der Cholera. Hier half man sich mit der Annahme, dass starke Luftströmungen entlang von Flussläufen die ungesunden Dünste von Ort zu Ort trugen.

Die Miasma-Theorie wurde seit etwa 1860 in abgewandelter Form von dem Münchner Hygiene-Professor Max von Pettenkofer verbreitet und beherrschte etwa 20 Jahre lang die medizinische und gesundheitspolitische Sicht des Cholera-Problems. Gestützt auf diese Theorie wurde Pettenkofer einer der eifrigsten Förderer der sanitären Reformbewegung in Deutschland. In München selbst trieb er die Sanierungsmaßnahmen entscheidend voran. So ließ er das Leitungswasser statt aus Flüssen und Brunnen, die möglicherweise Kontakt mit verseuchtem Grundwasser hatten, aus den Bergen zuführen. Die Abwässer wurden stromabwärts in die Isar geleitet, damit sie den Boden nicht verunreinigen konnten. Allerdings hielt Pettenkofer es nicht für notwendig, das Leitungswasser zu filtern, da er nicht an die Möglichkeit einer direkten Krankheitsübertragung durch infiziertes Wasser glaubte. Prompt kam es zu einer schweren Typhus-Epidemie, die durch die neuen Wasserleitungen verbreitet wurde.

Die Sanierung der Städte sahen die Miasmatiker jedoch nicht als hinreichende Voraussetzung zur Verhütung der Cholera an. Hinzukommen mussten individual-hygienische Vorbeugungsmaßnahmen zur Steigerung der körpereigenen Abwehrkräfte wie Reinlichkeit, nahrhafte Diät, Wärme, Licht und gesunde Luft, aber auch Mäßigkeit, Enthaltsamkeit und Sittlichkeit. Der Reinigung der natürlichen Umwelt, des Bodens, des Wassers und der Luft hatte eine hygienische Lebensführung im physischen *und* moralischen Sinne zu entsprechen. Pettenkofer brachte die bürgerliche Gesundheitsmoral auf die Formel: Reinlichkeit, Gottesfurcht und Wohltätigkeit. Gesundheit bedingte Sittlichkeit, und Sittlichkeit gedieh in einem gesunden Körper und einer gesunden Umwelt.

Pettenkofers bürgerliche Gesundheitslehre stand durchaus in Einklang mit dem herrschenden politischen und wirtschaftlichen Liberalismus seiner Zeit. So bezeichnete er die Hygiene als Gesundheitsökonomie, und Gesundheit als ein durch vernünftiges Verhalten vermehrbares Kapital. Für diese Vermehrung hatte die kommunale Selbstverwaltung durch die Schaffung gesundheitsfördernder Infrastruktur Vorsorge zu treffen – sie sinnvoll zu nutzen, war Privatangelegenheit. Krankheitsvorbeugung war im Einzelfall wichtiger als Therapie, Gesundheitserziehung der Bevölkerung nützlicher als staatliche Gesundheitsfürsorge. Gesundheitsgesetzgebung schien ebenso unnötig – wenn nicht gar schädlich – wie undurchführbar. Sanitätspolizeiliche Maßnahmen mussten versagen, weil sie die Bodenbeschaffenheit nicht beeinflussten. Wollte man den Miasmen entgehen, so war Flucht die einzig realistische Möglichkeit.

Bürgerlich-liberale gesundheitspolitische Anschauungen kennzeichneten auch die Hamburger Verhältnisse in der Cholera-Epoche. Auf dem Gebiet der Sanierungspolitik hatte Hamburg für Deutschland Pionierdienste geleistet. Als der große Brand von 1842 die Gelegenheit dazu bot, baute die Stadt in den 1850er- und 1860er-Jahren ein zentrales Kanalisationssystem nach Londoner Vorbild. Die Abwässer wurden zunächst in den Hafen, später stromabwärts an der Altonaer Grenze in die Elbe geleitet. In den 1870er-Jahren wurden die Vororte angeschlossen, und knapp 20 Jahre später war die Entsorgung angeblich vollkommen auf Abwässerkanalisation umgestellt. Die Bürger betrachteten Hamburg als sauberste Stadt Deutschlands.

Der Stolz der Hamburger auf ihr Kanalisationsnetz war jedoch nur teilweise berechtigt. So waren 1887 noch rund 5 000 Aborte ohne jegliche Entsorgungsmöglichkeit. Auch in anderer Hinsicht blieb die Kanalisation unzureichend. Durch die Flut wurden die ungereinigten Abwässer häufig in den Hafen zurückgedrängt und überschwemmten nicht selten die tiefer gelegenen Wohnungen. In den neuen Arbeitervierteln waren die Abwasserrohre oft zu eng und flossen bei jedem stärkeren Regenguss über. Im Übrigen benutzte die Hamburger Bevölkerung die Fleete und Flussarme als Mülldeponien und entleerte dort auch ihr Toilettengeschirr. […]

Auch ein Wasserwerk besaß die Stadt seit 1848, das bis 1890 alle Häuser mit Leitungswasser versorgte; allerdings unter hygienisch unzulänglichen Bedingungen. Das geplante Filtriersystem wurde immer wieder aufgeschoben. Zwar drang die Medizinalbehörde nach der Cholera-Epidemie von 1873 energisch auf seine Verwirklichung, sie verzögerte sich jedoch um weitere 17 Jahre. Stattdessen wurde der Hafen ausgebaut, neue Schulgebäude und ein neues Rathaus errichtet. Erst im Juli 1890 kam das Filtrierprojekt in den Senat – zu spät, um die Cholera-Epidemie von 1892 zu verhindern.

Auf diese Weise wurden nach den bahnbrechenden Neuerungen um die Mitte des 19. Jahrhunderts die sanitären Reformen verschleppt, und das Wasser blieb eine gefährliche Quelle der Ansteckung. Ebenso sollte sich das Fehlen erprobter Seuchenabwehrstrategien als verhängnisvoll erweisen. Auf sanitätspolitischem Gebiet hatte sich in Hamburg, verstärkt durch das Interesse an der Aufrechterhaltung öffentlicher Ordnung und normaler wirtschaftlicher Aktivitäten, eine liberale Tradition des „laissez faire, laissez aller" herausgebildet. Quarantäne, Isolierstationen, Sanitätswachen und Leichenverbrennungen waren bereits 1832 durch Senatsbeschluss abgeschafft worden. In den Epidemiejahren spielte die Gesundheitsbehörde die Cholera-Gefahr der Bevölkerung gegenüber bewusst herunter. Speziell im Revolutionsjahr 1848 wurde jegliche Nachricht über die damals grassierende Cholera unterdrückt. […] Im Cholera-Jahr 1873 verfolgte die Medizinalbehörde erneut eine so offensichtliche Vertuschungsstrategie, dass das Thema in der Bürgerschaft eine heftige Kontroverse hervorrief. Der schuldige Medizinaldirektor kam jedoch ungeschoren davon.

Behördliche Maßnahmen beschränkten sich im Allgemeinen auf die Verbreitung von Aufklärungsschriften. Ärztliche Ratgeber ermahnten zu hygienischer Ernährung und empfahlen das Abkochen von Milch, Obst, Gemüse und Trinkwasser, wenn es nicht aus einem privaten Brunnen kam, und das Begießen des Fleisches mit einem Schuss guten Rotweins. Andererseits betonten sie die Bedeutung der Moralhygiene für die Krankheitsvorbeugung. So warnte ein Merkblatt von 1848:

„Diejenigen, die gewöhnlich mehr essen und trinken, als ein normaler Mensch benötigt, die ein ausschweifendes Leben führen und sich dem Alkohol, dem Glücksspiel und nächtlichen Vergnügungen hingeben, sollten diese schlechten Gewohnheiten einschränken … Man sollte heftige Gemütsbewegungen, Freuden- und Zornesausbrüche vermeiden und nicht zügellos der fleischlichen Liebe frönen."

Die amtlich verordnete bürgerliche Gesundheitsmoral wurde von der Kirche gestützt. Sie erklärte die hygienische Lebensführung für eine religiöse Pflicht und deutete die Cholera als Strafe Gottes für Unglauben, Zügellosigkeit und Ungehorsam gegenüber den weltlichen „Autoritäten".

Die bürgerliche Hygiene mit ihren sozialethischen Voraussetzungen von Tüchtigkeit, Vernunft und Selbstzucht, wie sie seit Beginn des 19. Jahrhunderts herrschte, war in Hamburg fest etabliert, als 1884 der Cholera-Bazillus entdeckt wurde und die Miasma-Theorie der Cholera-Entstehung schlagartig außer Gefecht setzte. […]

Adelheid Gräfin zu Castell Rüdenhausen, „Die ‚gewonnenen Jahre'. Lebensverlängerung und soziale Hygiene" in: Rüdiger vom Bruch u. a. (Hg.), Jahrhundertwende. Der Aufbruch in die Moderne 1880–1930. Band 1

- *Informieren Sie sich mithilfe des vorliegenden Textes über die Gründe der Entstehung der Hamburger Cholera-Epidemie von 1892 sowie die Maßnahmen zu deren Bekämpfung.*
- *Bereiten Sie die Informationen z. B. mithilfe einer Mindmap für einen Kurzvortrag auf.*

Arthur E. Imhof: Geburtsjahr und Lebensaussichten. Von der alten in die neue Zeit

Die großen Veränderungen in der allgemeinen Sterblichkeit um 1815 lassen sich nicht nur auf medizinische Faktoren im engeren Sinne zurückführen, schon gar nicht auf eine schlagartige Verbesserung im Gesundheitswesen. Noch immer waren damals nur etwa hundert Ärzte für die Gesundheit des ganzen dünn besiedelten Landes [Norwegen] zuständig. Auch waren die ihnen zur Verfügung stehenden medizinischen Behandlungsmethoden von begrenztem Nutzen angesichts der vorherrschenden Krankheiten.

Die Stärke der damaligen wissenschaftlichen Medizin, wie sie zum Beispiel von den Vertretern der 1814 gegründeten medizinischen Fakultät an der neuen Universität (1811) in der Hauptstadt Christiania gehandhabt wurde, lag vor allem auf dem Gebiet der Sozialhygiene. Die diesbezüglichen Kenntnisse kamen dem Aufbau der ganzen Gesellschaft, vor allem aber der Infrastruktur der öffentlichen Dienstleistungen zugute. Die Professoren dieser Fakultät wurden von den Behörden häufig als Berater herangezogen. Damals erfolgte auch der Auf- und Ausbau eines Krankenhauswesens im heutigen Sinne, wodurch einerseits eine pädagogische Voraussetzung für die nationale Ausbildung von Ärzten geschaffen und andererseits die Verbesserung der medizinischen Versorgung der Bevölkerung gesichert wurde.

Die Gesundheitsverhältnisse Norwegens hatten Ende des 18. Jahrhunderts noch ein malthusianisches[1] Gepräge. Obwohl Verhungern seit den 1750er-Jahren kaum noch vorkam, lebten doch Teile der Bevölkerung zumindest periodenweise noch unter marginalen[2] Ernährungsverhältnissen. Der verbreitete Naturalhaushalt reagierte empfindlich auf widrige Witterungsbedingungen. Sie gefährdeten Ernten, erschwerten den Fischfang und verhinderten die Jagd.

Norwegen war zu jener Zeit nur ausnahmsweise in Kriegshandlungen verwickelt, so im Feldzug gegen Schweden 1788/89, geringfügig zur See während der Napoleonischen Kriege[3] und erneut gegen Schweden 1814. Wie damals üblich, wirkten sich die Kriege vor allem durch die Störung des epidemiologischen und ernährungsmäßigen Gleichgewichts negativ auf den Gesundheitszustand der Bevölkerung aus. [...]

Wie anderswo waren damals auch in Norwegen die ansteckenden Krankheiten das Hauptproblem. Auch hier sind die Zusammenhänge zwischen Unterernährung, der Störung von gesellschaftlichen Strukturen und Funktionen durch kriegerische Ereignisse und dem Vorkommen beziehungsweise die Gefährlichkeit von epidemischen und endemischen[4] Krankheiten zu beobachten. [...]

Die ansteckenden Krankheiten stellten damals eine große Herausforderung an den Gesundheitsdienst dar, vor allem die Asiatische Cholera, die 1832/33 erstmals epidemisch auftrat. Als Folge der Epidemie wurden die medizinischen und verwaltungsmäßigen Bereitschaftseinrichtungen verstärkt, was der Bevölkerung zugute kam, als die Seuche 1853 das Land erneut heimsuchte. Das Grassieren der Krankheit in der damals noch kleinen Hauptstadt Christiania trug entscheidend dazu bei, dass im Jahre 1860 ein „Gesundheitsgesetz“ verabschiedet wurde. Bezirksverwaltungen und Amtsärzte erhielten damit eine rechtliche Grundlage für den Erlass weitreichender Maßnahmen, wenn eine Gefahr für die Volksgesundheit drohte oder bereits entstanden war.

Die Kinderjahre der Generationen, die in den ersten Jahrzehnten des 19. Jahrhunderts geboren wurden, waren in gesundheitlicher Hinsicht entschieden günstiger als die ihrer Eltern oder Großeltern. Obwohl das wirtschaftliche Wachstum nur mäßig war und die Gesellschaft noch immer ziemlich traditionell, zeichneten sich die besseren Überlebensaussichten immer deutlicher ab. [...]

In der zweiten Hälfte des 19. Jahrhunderts erlebte Norwegen eine gewaltige Migrationswelle. So stieg beispielsweise im Laufe von 25 Jahren die Bevölkerungszahl der Hauptstadt von etwa 120 000 (1875) auf etwa 240 000 (1900). Es handelt sich hier um Nettozahlen, was auf eine enorme Migration schließen lässt, denn viele Personen hielten sich nur vorübergehend in Christiania auf. Hinzu kam eine rege Binnenwanderung zwischen den Städten und dem Umland als Folge der sehr aktiven Bautätigkeit. Ganze Stadtteile des heutigen Oslo wurden in dieser kurzen Periode errichtet.

Die Gründe, die große Teile der Bevölkerung zu dieser Migration veranlassten, waren unterschiedlich. Zum einen kann man von schlechten Aussichten in den Geburtsregionen ausgehen; zum anderen ist eine

1 Thomas Robert **Malthus** (1766–1834) = englischer Sozialphilosoph; veröffentlichte Ende des 18. Jh.s seine Bevölkerungstheorie, der zufolge das Problem der Überbevölkerung sich aus dem Umstand ergebe, dass die Bevölkerungszahl exponenziell steige, während sich die Nahrungsmittelproduktion hingegen nur linear entwickle

2 **marginal** = am Rand stehend; hier: am Existenzminimum befindlich

3 Gemeint sind die Koalitionskriege der Alliierten gegen die Alleinherrschaft Napoleons in Europa seit der Französischen Revolution.

4 **Endemie** = örtlich begrenztes Auftreten einer Infektionskrankheit

wirtschaftliche Aufwärtsentwicklung in vielen wachsenden Städten mit entsprechender Anziehungskraft festzustellen. Viele Jugendliche suchten die Städte auf, um eine gediegene Ausbildung zu erhalten. Eine Stelle als Hausmagd in Christiania galt für ein Mädchen vom Lande als natürliche Vorbereitung auf ihre künftige Rolle als Hausfrau. Auch gab es neue Berufe. Der Bedarf etwa an Krankenschwestern oder Telegrafistinnen war nicht unerheblich. Die Industrie konnte Arbeitsplätze anbieten, die gewiss oft schlecht, aber trotz allem doch besser waren als die ständig drohende Unsicherheit ländlicher Arbeit. [...] Das Wachstum der Städte musste mit Gesundheit bezahlt werden. Erst um etwa 1890 stellt man diesbezüglich einen Einstellungswandel fest.

Noch immer waren die Infektionen das große medizinische Problem, wobei die Migration die schon bedenklichen Ansteckungsmöglichkeiten noch verstärkte. Die übliche Versorgung mit Nahrungsmitteln und Trinkwasser sowie die Beseitigung von Abfällen trugen lange das Ihre dazu bei, dass ein hohes Vorkommen an endemischen Infektionskrankheiten registriert wurde und die Vorsorgemaßnahmen gegen Epidemien nur unzulänglich waren. So forderte beispielsweise eine Diphterieseuche[1] in den 1880ern eine erschreckende Anzahl von Kinderleben.

Die Tuberkulose wurde ein immer größeres Problem unter den Volkskrankheiten; Mädchen und junge Frauen waren eine besonders gefährdete Gruppe. Die Bekämpfung der Tuberkulose wurde aber medizinisch und politisch stark vorangetrieben. Das Bekämpfungsgesetz aus dem Jahre 1900 gilt medizinhistorisch als Meilenstein.

Die Geburtskohorten[2] der zweiten Jahrhunderthälfte hatten somit unterschiedliche Lebensaussichten, je nach regionaler Herkunft und Ansässigkeit. Die Gefahren des Wohnens in den Städten waren allen bekannt. Aber auch in den verschiedenen ländlichen Regionen waren erhebliche Unterschiede festzustellen, je nach Hygiene, allgemeiner Lebensweise und Bildungsgrad.

Um 1890 ist ein Rückgang der Geburtenzahlen erkennbar. In den Städten spielte sich diese Entwicklung etwas früher ab als auf dem Lande. Deshalb spitzten sich die sozialen Unterschiede zwischen Stadt und Land vorübergehend zu.

Die rasche Urbanisierung[3] Norwegens im ausgehenden 19. Jahrhundert führte zu einer beschleunigten Modernisierung der gesamten Gesellschaft. Auf medizinischem Gebiet war die Einrichtung von großen Hospitälern ein Fortschritt. Die wissenschaftliche Medizin entwickelte sich zu jener Zeit stark. Die Kontakte zum Ausland waren eng. Viele norwegische Mediziner machten Studienreisen zum Beispiel nach Deutschland und Frankreich. Die Forschung an der noch jungen Universität lag auf internationalem Niveau. Auch außerhalb der Hauptstadt wurden medizinische Grundlagenprobleme erforscht, so wurde beispielsweise im westnorwegischen Bergen 1873 der Leprabazillus von Gerhard Henrik Armauer Hansen (1841–1912) entdeckt. Um 1900 arbeiteten in Norwegen etwa 1.200 Ärzte, also zwölfmal so viele wie ein Jahrhundert zuvor. Sie verfügten nunmehr über ganz andere Möglichkeiten hinsichtlich der vorbeugenden und kurativen Arbeit als noch zu Beginn des Jahrhunderts. Der Durchbruch des zellularpathologischen Denkens innerhalb der Medizin sowie die Entwicklung der Mikrobiologie hatten neue theoretische Voraussetzungen geschaffen.

Aus: Arthur E. Imhof (1998): Lebenserwartungen in Deutschland, Norwegen und Schweden im 19. und 20. Jahrhundert. Berlin: Akademie Verlag 1998, S. 322ff.

1 **Diphterie** = infektiöse Hals- und Rachenerkrankung
2 **Kohorte** = nach bestimmten Kriterien zusammengestellte Gruppe von Menschen oder Tieren
3 **Urbanisierung** (lat. *urbanus* = städtisch) = Ausweitung städtischer Lebensformen auf ländliche Gebiete

- *Informieren Sie sich mithilfe des vorliegenden Textes über die Gründe für die eher geringe Lebenserwartung der norwegischen Bevölkerung im 19. Jahrhundert.*
- *Bereiten Sie die Informationen z. B. mithilfe einer Mindmap für einen Kurzvortrag auf.*

Die Krise des Dramas um 1900

Das Drama hat seinen Ursprung im antiken Athen, denn hier wurden anlässlich der alljährlich wiederkehrenden Dionysosfeste griechische Tragödien und Komödien aufgeführt. Demzufolge war Aristoteles der Erste, der sich etwa 335 v. Chr. unter anderem auch mit der Geschichte und Theorie des Dramas beschäftigt hat.

In seiner wissenschaftlichen Abhandlung „Poetik“ legt er Regeln für die Konzeption eines Dramas fest, die insbesondere eine geschlossene Bauform, d. h. die Einheit der Handlung, der Zeit und des Ortes, sowie die Katharsis[1] fordern. Zudem heißt es an anderer Stelle, dass der Dichter streng darauf achten solle, „seine Tragödie nicht *episch* zu gestalten“.

Dieses sogenannte aristotelische Drama hatte bis zum Ende des 19. Jahrhunderts normativen bzw. stilbildenden Charakter, weshalb Dramentheoretiker etwaige Grenzüberschreitungen wie etwa das Auftreten epischer Züge im Drama an den Pranger stellten.

Erst um die Jahrhundertwende beginnen verschiedene Dichter, verschiedenste moderne Dramenformen zu entwickeln, um einen kompletten Umsturz der bestehenden Dramentheorie und Theaterkunst herbeizuführen. Die Vielzahl der fundamentalen Veränderungen sowohl inhaltlicher als auch formaler Art weist auf eine Krise des Dramas um 1900 hin und kündigt zugleich den Beginn des modernen Dramas an, wie die folgenden Beispiele belegen:

1. Analytische Dramen des Realismus (Henrik Ibsen):
   Enthüllung vergangener Probleme als Ursache des gegenwärtigen Konfliktes
2. Soziale Dramen des Naturalismus (Gerhart Hauptmann, Anton Tschechow usw.):
   Darstellung der Determiniertheit des Individuums durch das soziale Umfeld durch ausführliche Regieanweisungen epischen Ausmaßes
3. Einakter[2] bzw. Einakter-Zyklen des Impressionismus (Arthur Schnitzler, Hugo von Hofmannsthal usw.):
   Darstellung einer Momentaufnahme durch die Beschränkung auf die Katastrophe und den Verzicht einer dramatischen Entwicklung

---

1 **Katharsis** = Reinigung der menschlichen Seele, d. h. die Läuterung von den Leidenschaften durch die Erregung von Furcht und Mitleid in einer Tragödie

2 **Einakter** = Drama in einem Aufzug, bei dem der Ausschnitt ein eigenständiges Ganzes darstellt

Sprache des Naturalismus

Der erste Eindruck naturalistischer Sprache ist für den Zuschauer Schwerverständlichkeit, für den Leser optische Verwirrung: der Stil von Pünktchen, Gedankenstrichen, Ausrufezeichen und eingeschobenen Autorenanweisungen macht ein kontinuierliches Nachvollziehen unmöglich, zwingt den Leser (und auf der Bühne den Schauspieler) zum Entziffern des auktorial Vorgegebenen, zu einem zähen Prozess, der oft durch Dialektverwendung noch erschwert wird. [...]

Hinzu kommt die häufige Herkunft des Spielpersonals aus der Unterschicht, deren Sprechweise der naturalistische Autor dem Objektivitätspostulat[1] entsprechend mit allen Verstößen gegen eine „normale" Redeform abbildet.

Die mimetische[2] Reproduktion der Alltagssprache, welche die Naturalisten als Novum[3] in die deutsche Literatur einführten, stellt einen radikalen Bruch mit der bisherigen Dichtungssprache dar: Angestrebt ist eine Form der Redeweise, die sich alles Poetischen, alles Fiktionalen im herkömmlichen Sinn enthält – so sehr, dass man geradezu von einer *Expositorik*[4] der naturalistischen Literatursprache reden könnte. – Wenn eine heute geläufige Grobeinteilung der Textsorten in fiktionale und expositorische auch nur mit gewissen Einschränkungen Unterscheidungsmerkmale zwischen „dichterischem" und „normal-alltäglichem" Ausdruck erbringt, so hilft diese Differenzierung doch zu treffen, was einmal als – „poetisch" – gefilterte Aussage und zum andern als unverstellte Weise des Gesprächs oder der (beispielsweise) politischen Rede erscheint.

Die so verstandene Expositorik naturalistischer Diktion[5] erstreckt sich – ganz abgesehen vom Gebrauch des Dialekts und Soziolekts – bis in Bereiche des Jargons, des Slangs oder sogar der Fäkalsprache, dann etwa, wenn Säufer oder Dirnen zu Wort kommen: Auch hier zeigt sich, wie schon im Stofflichen, ein gewolltes und zuweilen sehr forciertes Aufbrechen von Tabus, und ebenso wiederholen sich die affektgeladenen Abwehrreaktionen, welche die Kritiker der Jüngstdeutschen bereits bei den „krassen" Stoffen gezeigt hatten: „so eine" Sprache der „Gosse", so eine „Bordelldiktion" war bisher undenkbar gewesen und sollte nach Meinung der Naturalismus-Gegner auch künftig obsolet[6] bleiben. [...]

Bei der Analyse der „konsequent naturalistischen" Sprache sind die bisher immer wieder herangezogenen Begriffe des Dialekts und Soziolekts, also lokale und schichten- oder klassenspezifische Ausprägungen der Sprechakte, nur grobe Raster, die erheblicher Differenzierung bedürfen. Sie sind allzu pauschale Beschreibungsinstrumente, als dass nicht situative und emotionale Kriterien im sprachlichen Vollzug mitbeachtet werden und begrifflich enger eingegrenzt werden müssten. Zunächst einmal sollte – ausgehend von einer genauen Untersuchung der kleinbürgerlichen und proletarischen Bewusstseinssyndrome (Existenzangst aufgrund materieller Not [...] – diese Sprache als spezifische Ausformung der Unterschichtsprache [...] beschrieben werden: die sprachlichen „Restriktionen" also als psychisch internalisierende[7] [...] Vermittlungsinstanzen ökonomischer, soziologischer, hierarchischer, familiärer und Milieu-Bedingungen. [...]

Konventionelles Schiller-Pathos [...] ist nicht mehr möglich: anstelle monoton gewichtiger, bedeutungsträchtiger Fanfarenstöße ist die differenzierte wie diffizile Feinabstimmung eines stimmlich-mimetischen Klangkörpers gerückt, anstelle der „Oberlehrer"-Diktion der oft – dialektisch, elliptisch[8], bloß-interjektional[9] – restringierte Code[10], den neben „Arbeitsmännern" und „armen Näherinnen" auch Oberlehrer sprechen, wenn sie nicht gerade vom Katheder herab dozieren. Auf eine – kaum zu pauschale – Formel gebracht: Sprachen die Bühnengestalten des Blankverstheaters allesamt die poetische Sprache ihres Autors, so verteilt nun der Autor aufgrund genau beobachteter Individualsprachen, Dialekte und Soziolekte samt deren jeweils mutierenden Tonlagen die Sprach-Rollen; [...]

Szenen hochgradiger Erregung oder Episoden von Affektstaus mit deutlicher Explosionslatenz hatte auch das konventionelle Drama zur Genüge gekannt – doch waren auch in solchen Situationen die Blankverse oder andere Metren nicht verlassen worden, waren sie weitergesprudelt und allenfalls in der Wortwahl bombastischer, pathetischer geworden: sprachliches Zögern oder gar Versagen war zumeist obsolet; wo die real gedachten Bühnenfiguren von ihrer Zun-

1 **Postulat** = Forderung
2 **mimetisch** = nachahmend
3 **Novum** = Neuheit
4 **Expositorik** = Erklärung, Einführung
5 **Diktion** = Ausdrucksweise
6 **obsolet** = veraltet, nicht mehr üblich
7 **internalisieren** = sich (unbewusst) zu eigen machen
8 **Ellipse** = rhetorische Figur; unvollständiger Satz durch Auslassung eines Wortes bzw. Satzteils, das/der leicht ergänzbar ist
9 **Interjektion** = Ausrufe- bzw. Empfindungswort wie „Oh!", „Au!"
10 **restringierter Code** = Sprachrepertoire, das auf eine geringe Bildung schließen lässt; gekennzeichnet durch kurze, grammatikalisch einfache, häufig unvollständige Sätze, geringen Wortschatz usw. (Gegenteil: elaborierter Code)

ge im Stich gelassen worden wären, half der Autor mit Eloquenz und metrischer Sicherheit nach. Dem Naturalismus schien solche Nivellierung […] als unwahr, verlogen, wirklichkeitsfremd. Er ersetzte das Über-alles-hinweg-reden-Können durch ein differenziertes Instrumentarium der weitgehenden Sprachverlassenheit oder der vollkommenen Sprechunmöglichkeit: durch Mimik, Pantomimik und Gestik. […] Sprachliche Mittel – samt Dialekt, Soziolekt und Psycholekt[1] – wie außersprachliche Mittel dienen dem naturalistischen Autor zu einem nicht mehr überbietbaren Verismus in der Abbildung verbalen und nichtverbalen Alltagsverhaltens. Er lässt seine Gestalten in der Tat ihre eigene Sprache reden oder in Sprachnot kommen, ohne harmonisierend und nivellierend einzugreifen; er referiert lediglich, was zuvor genau beobachtet und der Wirklichkeit entnommen wurde: Menschen mit sprachlichen Nachlässigkeiten, Eigenheiten, Schwierigkeiten. Wie die vorangeschickten Szenenanweisungen den Bühnenraum bis ins letzte „programmieren“, so konzentriert die Sprache der Gestalten ihren ökonomischen und mentalen Standard: sie „verrät“ vor allen inhaltlichen Aussagen ihren jeweiligen Träger. In Verbindung mit dem „Sekundenstil“ räumt sie alle herkömmlichen Vorstellungen von Dichtungssprache beiseite und wiederholt in der Diktion, was bei der naturalistischen Stoffwahl bereits als Bruch mit Tabus und als Einsatz des Hässlichen gezeigt wurde.

Aus: Günther Mahal (1975): Naturalismus. München: Fink Verlag 1975, S. 95ff.

1 **Psycholekt** = Sprachverhalten, welches das emotionale Gleichgewicht bzw. das gestörte oder gar fehlende Gleichgewicht des Sprechers in seinen Äußerungen reproduziert

- *Fassen Sie die Besonderheiten der Sprache des Naturalismus zusammen.*
- *Überprüfen Sie anhand der Sprache der handelnden Figuren, inwiefern Ibsens Drama „Ein Volksfeind“ dem Naturalismus zuzuordnen ist. Belegen Sie Ihre Ausführungen mithilfe geeigneter Textbeispiele.*

Das kunstästhetische Programm des schwedischen Naturalisten August Strindberg

Johan August Strindberg (1849–1912), Sohn eines verarmten Dampfbootkommissionärs und dessen ehemaliger Magd, war einer der bedeutendsten Dichter Schwedens. Zu Lebzeiten war er unter anderem aufgrund seiner streng patriarchalischen Auffassung und seines pathologischen Verfolgungswahns ständig umstritten, weshalb er erst nach seinem Tod Weltruhm – insbesondere durch seine Dramatik – erlangte.
Strindberg gilt heute als Begründer des schwedischen Naturalismus und zugleich als Vorläufer und Wegbereiter des Expressionismus. Der Einakter „Fräulein Julie" des schwedischen Frauenfeindes gilt als naturalistisches Musterwerk, in welchem er den Kampf der Geschlechter sowie zwischen zwei sozialen Schichten mit bemerkenswerter Objektivität entfaltet.

Vorwort zu „Fräulein Julie"

1. Das Theater, wie die Kunst überhaupt, scheint mir schon lange eine *Biblia pauperum* zu sein, eine Bibel in Bildern für diejenigen, die Geschriebenes oder Gedrucktes nicht lesen können, und der Theaterschriftsteller ein Laienprediger, der die Gedanken der Zeit in populärer Form kolportiert[1], so populär, dass die Mittelklasse, die hauptsächlich das Theater bevölkert, ohne viel Kopfzerbrechen begreifen kann, worum es geht. Das Theater ist darum von jeher eine Volksschule für Jugend, Halbgebildete und Frauen, die noch die niedrigere Fähigkeit besitzen, sich selbst zu betrügen und sich betrügen zu lassen, das heißt, Illusion zu akzeptieren, die Suggestion vom Verfasser anzunehmen. Darum scheint mir in unserer Zeit, in der das rudimentäre, unvollständige Denken, das durch die Fantasie vor sich geht, sich offenbar zu Reflexion, Untersuchung, Prüfung entwickelt, als sei das Theater, ebenso wie die Religion, auf dem besten Wege, als eine aussterbende Form abgelegt zu werden, zu deren Genuss uns die erforderlichen Bedingungen fehlen. Für diese Annahme spricht die allgemeine Theaterkrise, die jetzt ganz Europa beherrscht, und nicht zuletzt der Umstand, dass in den Kulturländern, die die größten Denker des Zeitalters hervorgebracht haben, nämlich England und Deutschland, die Dramatik tot ist, ebenso wie zum größten Teil die übrigen schönen Künste. [...]

2. Im vorliegenden Drama habe ich versucht, nicht etwas Neues zu machen – denn das kann man nicht –, sondern nur, die Form den Forderungen entsprechend zu modernisieren, die, wie ich vermute, die neuen Menschen der Zeit an diese Kunst stellen würden. Und zu diesem Zweck habe ich ein Motiv gewählt oder mich von ihm ergreifen lassen, von dem man sagen kann, dass es außerhalb der Parteienkämpfe des Tages liegt, weil das Problem vom sozialen Aufstieg oder Fall, von Höher oder Niedriger, Besser oder Schlechter, Mann oder Frau, von dauerndem Interesse ist, war und bleiben wird. [...]

5. Ich glaube [...] nicht an einfache Theatercharaktere. Und die summarischen Urteile der Autoren über die Menschen: der ist dumm, der ist brutal, der ist eifersüchtig, der ist knauserig usw. müssten abgelehnt werden von Naturalisten, die wissen, wie reich der Seelenkomplex ist, und die fühlen, dass das „Laster" eine Kehrseite hat, die recht stark der Tugend gleicht.
Als moderne Charaktere, in einer Übergangszeit lebend, mehr schnelllebig hysterisch als zumindest die vorangegangene, habe ich meine Figuren eher schwankend geschildert, zerrissen, aus Altem und Neuem gemischt, und es kommt mir nicht unwahrscheinlich vor, dass moderne Ideen durch Zeitungen und Gespräche selbst in die Schichten hinuntergesickert sind, in denen ein Domestik[2] leben mag. [...]

6. Meine Seelen (Charaktere) sind Konglomerate[3] vergangener Kulturstufen und bestehender Brocken aus Büchern und Zeitungen, Stücke von Menschen, abgerissene Fetzen von Sonntagskleidern, die zu Lumpen geworden sind, ganz, wie die Seele zusammengeflickt ist. [...]

7. Die Schuld hat der Naturalist mit Gott gestrichen, die Folgen der Handlung aber, Strafe, Gefängnis, oder die Furcht davor, kann er nicht streichen, aus dem einfachen Grund, dass sie bestehen bleiben, ob er nun Décharge[4] gibt oder nicht, denn die übervorteilten Mitmenschen sind nicht so gutmütig, wie die nicht übervorteilten, außenstehenden es billig sein können. [...]

8. Was den Dialog endlich angeht, habe ich mit der Tradition etwas gebrochen, indem ich meine Personen nicht zu Katecheten[5] gemacht habe, die da

---

1 **kolportieren** = Gerüchte verbreiten
2 **Domestik** = veraltete Bezeichnung für Dienstbote
3 **Konglomerat** = Gemenge, Gemisch, Zusammenfassung
4 **Décharge** = Entladung, Entlastung
5 **Katecheten** = insbesondere außerschulisch tätiger Religionslehrer

sitzen und dumme Fragen stellen, um eine geistreiche Replik hervorzulocken. Ich habe das Symmetrische, Mathematische des französischen konstruierten Dialoges vermieden und die Gehirne unregelmäßig arbeiten lassen, wie sie es in der Wirklichkeit tun, wo in einem Gespräch ja kein Thema bis auf den Grund erschöpft wird, sondern das eine Gehirn vom anderen aufs Geratewohl einen Radzahn aufnimmt, in den es eingreifen kann. Und darum irrt auch der Dialog umher, versorgt sich in den ersten Szenen mit einem Material, das dann bearbeitet, aufgenommen, wiederholt, entfaltet, ergänzt wird, wie das Thema in einer musikalischen Komposition. […]

9. Was nun die Dekoration angeht, habe ich bei der impressionistischen Malerei das Unsymmetrische, das Abgeschnittene entlehnt, und glaube, beim Hervorbringen der Illusion dadurch gewonnen zu haben; denn dadurch, dass man nicht den ganzen Raum und die ganze Einrichtung sieht, erhält man Gelegenheit zu ahnen, d.h., die Fantasie setzt sich in Bewegung und komplettiert. Auch das habe ich gewonnen, dass ich die ermüdenden Abgänge durch Türen vermeide, zumal die Türen im Theater aus Leinwand sind und bei leichter Berühung schaukeln, und nicht einmal die Fähigkeit besitzen, dem Zorn eines erbosten Familienvaters Ausdruck zu geben, wenn er nach schlechtem Essen hinausgeht und die Tür zuknallt, „dass das ganze Haus bebt“ (Im Theater schaukelt es.) […]

10. Doch ist nichts schwerer als ein Zimmer zu bekommen, das ungefähr wie ein Zimmer aussieht […]. Meinetwegen dürfen die Wände aus Stoff bleiben, doch Regale und Küchengeräte auf den Stoff zu malen, damit könnte es wohl an der Zeit sein aufzuhören. Wir haben so viel anderes Konventionelles auf der Bühne, woran wir glauben sollen, dass uns die Überanstrengung erspart bleiben könnte, an gemalte Kasserollen[1] zu glauben.

Aus: August Strindberg. Werke in zeitlicher Folge. Frankfurter Ausgabe in zwölf Bänden. Band V 1887–1888. Herausgegeben von Wolfgang Butt und Angelika Gundlach. © dieser Ausgabe Insel Verlag Frankfurt am Main 1984

1 **Kasserolle** = Schmortopf, -pfanne

- *Fassen Sie die Merkmale des Naturalismus thesenartig zusammen.*
- *Vergleichen Sie das kunstästhetische Programm Strindbergs mit dem Ibsens, indem Sie Gemeinsamkeiten bzw. Unterschiede im Drama „Ein Volksfeind“ nachweisen.*

Tipps für das Verfassen einer Rezension

Gero von Wilpert versteht eine Rezension (lat. *recensio* = Musterung) als „kritische Beurteilung und Besprechung einer Schrift [...] durch einen Rezensenten in einer Zeitung oder Zeitschrift".[1] Sie dient im Wesentlichen dazu, den Leser über eine Neuveröffentlichung auf dem Buchmarkt zu informieren (**Informationsfunktion**) und die Qualität des Werkes zu beurteilen. Anz ist der Auffassung, dass der Rezensent dem Leser auf diese Weise einen Überblick über „eine zunehmend unüberschaubare Zahl von Neuerscheinungen" verschaffe und somit eine „Entscheidungshilfe zum Kauf und zur Lektüre"[2] liefere (**Selektionsfunktion**). Die zu den journalistischen Textsorten zählende Rezension hat als solche zudem eine **Unterhaltungsfunktion**[3], weshalb sich der Rezensent der im Journalismus gängigen Stilmittel bedient, um auch die Literaturkritik selbst für die Literaturinteressierten zu einem Leseerlebnis zu machen.
Gerade Letzteres setzt bei dem Rezensenten ein hohes Maß an Schreibkompetenz voraus, weshalb im Folgenden einige Tipps für das Verfassen einer Rezension[4] gegeben werden sollen, um die Leserschaft zu begeistern.

---

1 Wilpert, Gero von (1989): Sachwörterbuch der Literatur. 7., verbesserte und erweiterte Auflage. Alfred Kröner Verlag. Stuttgart, S. 769

2 Anz, Thomas (2004): Theorien und Analysen zur Literaturkritik und zur Wertung. In: Anz, Thomas/Baasner, Rainer (Hrsg.): Literaturkritik. Geschichte – Theorie – Praxis. München (2004), S. 195

3 Vgl. ebenda, S. 196.

4 Vgl. Anz, Thomas (2004): Literaturkritik als (Neben-)Beruf: Informationen und Anleitungen zur Praxis. In: Anz, Thomas/Baasner, Rainer (Hrsg.): Literaturkritik. Geschichte – Theorie – Praxis. München (2004), S. 226–228.

Tipps für das Verfassen einer Rezension

1. Überlegen Sie sich einen originellen und sinnstiftenden Titel für Ihre Rezension, der zum Lesen einlädt.
2. Informieren Sie den Leser kurz über den Autoren bzw. seine vorangegangenen Werke sowie die Entstehungsbedingungen der von Ihnen besprochenen Inszenierung, sofern der Verfasser noch relativ unbekannt sein sollte.
3. Fassen Sie den Inhalt der Inszenierung kurz und prägnant zusammen, um dem Leser eine Orientierung zu geben. Achten Sie darauf, dass Ihre Inhaltsangabe aber keinesfalls den Ausgang der Handlung vorwegnimmt.
4. Benennen und beschreiben Sie das Besondere und/oder Neue der Inszenierung (Thema, Aktualität, Dramentechnik, Bühnenbild, Schauspielerleistung o. Ä.).
5. Bewerten Sie die Inszenierung in Bezug auf einzelne, von Ihnen ausgewählte Aspekte (vgl. Punkt 4) und begründen Sie Ihr Urteil mit nachvollziehbaren Argumenten. Führen Sie prägnante, gut gewählte Zitate aus der Inszenierung als Kostprobe an.
6. Verwenden Sie einen Schreibstil, der über eine rein sachliche Sprache hinausgeht. Arbeiten Sie z. B. mit bildhaftem Vokabular, wertenden Adjektiven bzw. Attributen, rhetorischen Figuren. Verwenden Sie zudem die notwendigen literaturwissenschaftlichen Fachbegriffe in korrekter Form.
7. Bewerten Sie abschließend die von Ihnen besprochene Inszenierung insgesamt und sprechen Sie ggf. eine begründete Empfehlung aus. (Geben Sie in diesem Zusammenhang einen Hinweis auf die vollständige Anschrift des Theaterhauses.)

■ *Verfassen Sie eine Rezension zu einer Ihnen bekannten Theaterinszenierung von Henrik Ibsens Schauspiel „Ein Volksfeind".*

Checkliste für den „Master of Ceremony" zur Organisation des Poetry Slams[1]

Ablauf

- Zeitplan (Beginn, Ende, Pausen) aufstellen
- Anzahl der Runden (Qualifikation in Gruppen, Finalrunde) festlegen
- Startliste der Live-Poeten („Slammer") erstellen

Räumlichkeiten

- technische Voraussetzungen (Mikrofon, Lautsprecher, Musikanlage) überprüfen bzw. schaffen
- Bühne (Lampe, Bilder, Stuhl/Hocker) gestalten

Musik/DJ

- Musikauswahl für die Pausen treffen und Playlist zusammenstellen
- akustisches Signal zum Ende der Redezeit vereinbaren

Unterhaltungsprogramm

- Vorprogramm zur Einstimmung des Publikums planen
- evtl. Special Guests einladen
- Witze bzw. Sprüche für die Moderation überlegen

Bewertung/Siegerehrung

- Regeln (Zeitlimit, Regelverstoß, Bewertung) zusammenstellen[2]
- ggf. Stimmzettel vorbereiten
- witzige „Preise" (mit symbolischem Wert) besorgen

---

[1] Nähere Informationen zum Poetry Slam sind im Internet unter www.arte.tv/de/Kultur-entdecken/Poetry-Slam/Poetry-Slam-von--A-Z-/1773528,CmC=1763232.html zu finden.

[2] Entsprechende Anregungen sind auf den Internetseiten der verschiedenen Veranstalter von Poetry Slams zu finden, wie z.B. das Regelwerk des Vereins Dichterschlacht e. V., das unter www.dichterschlacht.de hinterlegt ist.

Bewertungsbogen für die Performance der Live-Poeten („Slammer")

Inhalt												
(Thema und dessen Umsetzung, Bezug zum Drama, inhaltliche Höhepunkte, Stimmung dem Inhalt angemessen usw.)												
sehr schlecht	■ 0	■ 1	■ 2	■ 3	■ 4	■ 5	■ 6	■ 7	■ 8	■ 9	■ 10	sehr gut
Bemerkungen: ____________________												

Sprache												
(Artikulation, Rhythmus, Klang, Lautstärke, Betonung, wirkungsvolle Sprechpausen, Aufbau von Spannung usw.)												
sehr schlecht	■ 0	■ 1	■ 2	■ 3	■ 4	■ 5	■ 6	■ 7	■ 8	■ 9	■ 10	sehr gut
Bemerkungen: ____________________												

Körpersprache												
(Mimik, Gestik und Körperhaltung angemessen, Blickkontakt, sicheres Bewegen auf der Bühne usw.)												
sehr schlecht	■ 0	■ 1	■ 2	■ 3	■ 4	■ 5	■ 6	■ 7	■ 8	■ 9	■ 10	sehr gut
Bemerkungen: ____________________												

Performance insgesamt												
(frei und ohne Fehler, Originalität, Einbeziehen des Publikums, Einhaltung der Slam-Regeln usw.)												
sehr schlecht	■ 0	■ 1	■ 2	■ 3	■ 4	■ 5	■ 6	■ 7	■ 8	■ 9	■ 10	sehr gut
Bemerkungen: ____________________												

Gesamtpunktzahl: ______ Punkte von max. 40 **Platzierung:** ______

Rhetorische Figuren (Stilmittel) im Überblick

Rhetorische Figuren sind sprachliche Schemata, die von der natürlichen Sprache abweichen und vornehmlich in der Rhetorik (lat. Redekunst) gebraucht werden, da sie der Beeinflussung des Zuhörers dienen. Aber auch Dichter verwenden rhetorische Figuren als Stilmittel, um bei ihren Lesern die jeweils beabsichtigte Wirkung hervorzurufen. Die folgende Übersicht stellt lediglich eine kleine Auswahl der zahlreichen rhetorischen Figuren dar. Diese sind nach ihrer jeweiligen Wirkungsabsicht gegliedert, wobei diese Zuordnung nicht starr und trennscharf zu verstehen ist. So kann auch dieselbe rhetorische Figur in unterschiedlichen Kontexten eine andere Wirkung erzielen.

1. Eindringlichkeit

rhetorische Figur	Erläuterung	Beispiel(e)
Apostrophe	Form der Anrede, Abwendung vom Publikum und Hinwendung zu anderen Ansprechpartnern	Ihr Götter, steht mir bei!
Ellipse	grammatisch unvollständiger Satz, oft in Form eines Ausrufes	Friede den Hütten! Krieg den Palästen! (Büchner)
Parataxe	einfache Reihung von Hauptsätzen, Nebenordnung	Gegen Abend lahmte das Pferd. Baptiste stieg ab, massierte das Bein. Der Marquis stieg auf. Er ritt zweimal im Kreis, dann jagte er in den eigenen Spuren zurück. (Edschmid)
Polysyndeton	Wort- oder Satzfolge, deren Glieder mit der gleichen Konjunktion verbunden sind	Und es wallet und siedet und brauset und zischt (Schiller)
Repetitio	Wiederholung einer Wort- oder Satzfolge zur Steigerung der Eindringlichkeit	Keiner, aber auch keiner hat widersprochen.

2. Anschaulichkeit

rhetorische Figur	Erläuterung	Beispiel(e)
Hyperbel	starke Übertreibung im Ausdruck, die nicht wörtlich genommen werden kann	Ich bin ganz Ohr. ein Meer von Tränen Blitzschnell verschwand er.
Ironie	versteckter Spott, Äußerung des Gegenteils von dem, was gemeint ist	Du bist mir ein schöner Freund.
Metapher	bildhafter Vergleich, Übertragung einer Bildvorstellung auf eine andere, um diese zu verdeutlichen und lebendiger zu machen	Der Mensch ist ein Seil, geknüpft zwischen Tier und Übermensch, ein Seil über einem Abgrunde. (Nietzsche)
Personifikation	Vermenschlichung von Gegenständen	Die Sonne lachte.
Symbol	Sinnbild (meist konkreter Gegenstand), das auf etwas Allgemeines, Übergeordnetes verweist	Herz für Liebe Kreuz für christlichen Glauben Ring für Treue

3. Ästhetik

rhetorische Figur	Erläuterung	Beispiel(e)
Anakoluth	grammatisch fehlerhafte Satzkonstruktion	Es schlug mein Herz, geschwind zu Pferde! (Goethe) Nur manchmal schiebt der Vorhang der Pupille sich lautlos auf – (Rilke)
Euphemismus	beschönigender Ausdruck, Untertreibung	Heimkehr (statt Tod) vollschlank (statt dick)
Hypotaxe	kunstvolle Verknüpfung von Haupt- und Nebensätzen durch Unterordnung	Es traf sich, dass der Kurfürst von Sachsen auf die Einladung des Landdrosts, Grafen Aloysius von Kallheim, der damals an der Grenze von Sachsen beträchtliche Besitzungen hatte, in Gesellschaft des […]. (Kleist)
Litotes	Untertreibung, durch die ein Ausdruck in verstohlener Weise betont wird; Sonderform: Bejahung durch doppelte Verneinung	meine Wenigkeit nicht hässlich (statt schön) nicht übel (statt gut)
Neologismus	Wortneuschöpfung	schwerschwarz (Grass)
Paradoxon	Scheinwiderspruch	Das Leben ist der Tod, der Tod ist das Leben.
Paraphrase	Umschreibung eines Sachverhalts	Land der Pharaonen (statt Ägypten)
Paronomasie	Wortspiel mit klangähnlichen Wörtern	Die Armee kümmert sich mehr um den Krug als um den Krieg! (Kleist)
Synekdoche	Ersetzung eines Ausdrucks durch einen zu seinem Bedeutungsfeld gehörenden engeren (Teil für Ganzes) oder weiteren (Ganzes für Teil)	Klinge für Schwert Dach für Haus Kopf für Person Sterblicher für Mensch

4. Spannung

rhetorische Figur	Erläuterung	Beispiel(e)
Antithese	Gegensatz	Der Geist ist willig, aber das Fleisch ist schwach.
Aposiopese	unvermittelter Satzabbruch vor der entscheidenden Aussage, bewusstes Verstummen	Ich glaube –
Klimax	Wort- oder Satzfolge mit kunstvoller Steigerung vom schwächeren zum stärkeren Ausdruck	Ich kam, sah und siegte! (Cäsar)

5. Kommunikation

rhetorische Figur	Erläuterung	Beispiel(e)
Parenthese	Einschub einer selbstständigen und durch Gedankenstriche, Klammern oder Kommata begrenzten Satzfolge in eine abgerundete Satzkonstruktion	So bitt ich – ein Versehen war's, weiter nichts – für diese rasche Tat dich um Verzeihung. (Kleist)
Prokatalepsis	vorwegnehmende Widerlegung eines möglichen Einwandes	Meine Kritiker behaupten natürlich das Gegenteil, aber …
rhetorische Frage	(Schein-)Frage, bei der die Antwort bereits vorweggenommen wird	Machen wir nicht alle Fehler? Sollte ich da etwa schweigen?

Quellenverzeichnis

Das Quellenverzeichnis enthält zunächst eine Auswahl an Werken, die einen generellen Überblick über das Drama „Ein Volksfeind" verschaffen (Abschnitt 7.1) und somit Hilfestellungen für das Gesamtverständnis des Textes geben. Im Folgenden sind die jeweiligen Quellen aufgeführt, die der Einführung in die jeweiligen Untersuchungsaspekte dienen (Abschnitt 7.2) und letztlich für die Erarbeitung der Bausteine verwendet wurden.

7.1 Allgemeine Quellen

Arpe, Verner (1972): Dichter über ihre Dichtungen. Henrik Ibsen. Studienausgabe in zwei Bänden (10/I, 10/II). Heimeran Verlag. München

Baumgartner, Walter (1992): Nachwort zu „Ein Volksfeind". In: Philipp Reclam Verlag (Hrsg.), Ein Volksfeind. Schauspiel in fünf Akten. Aus dem Norwegischen übersetzt von Christel Hildebrandt. Universal-Bibliothek Nr. 1702. Stuttgart (1993), S. 121–133

Brenning, Gerda (o. J.): Henrik Ibsen: Stützen der Gesellschaft/Ein Volksfeind. In: C. Bange Verlag (Hrsg.), Königs Erläuterungen. Band 101/102. 3. Auflage. Hollfeld (Oberfranken)

Carlsson, Anni (1967): Henrik Ibsen: Briefe. Auswahl, Übersetzung und Nachwort von Anni Carlsson. Universal-Bibliothek Nr. 8783-86. Philipp Reclam Verlag. Stuttgart

Frenzel, Herbert A. (1993): Ein Volksfeind (*En folkefiende*). In: Gero von Wilpert (Hrsg.), Lexikon der Weltliteratur. Band II: Werke. 3., neubearbeitete Auflage. Alfred Kröner Verlag. Stuttgart

Gahmann, Irmhild (1992): Ibsens „Gespenster". Literatur als Spiegel von Realitätserfahrung am Beispiel des naturalistischen Dramas. In: Guido Ossemann (Hrsg.), Deutsch betrifft uns. Heft 4/92-9. Bergmoser + Höller Verlag. Aachen

Ibsen, Henrik (1882): Ein Volksfeind. In: S. Fischer Verlag (Hrsg.), Henrik Ibsens Sämtliche Werke in deutscher Sprache. Durchgesehen und eingeleitet von Georg Brandes, Julius Elias, Paul Schlenther. Vom Dichter autorisiert. Siebenter Band. Berlin (1905)

Wilpert, Gero von (1989): Sachwörterbuch der Literatur. 7., verbesserte und erweiterte Auflage. Alfred Kröner Verlag. Stuttgart

7.2 Quellen zu den einzelnen Bausteinen

zu Baustein 1 (Hinführung zum Drama)

Haas, Gerhard (1997): Handlungs- und produktionsorientierter Literaturunterricht. Theorie und Praxis eines „anderen" Literaturunterrichts für die Primar- und Sekundarstufe. Sonderband Praxis Deutsch. Kallmeyer'sche Verlagsbuchhandlung. Seelze

zu Baustein 2 (Schauplatz und Personen)

Burckhardt, Jacob (2002): Griechische Kulturgeschichte. Die Griechen und ihr Mythus. Die Polis. In: Leonhard Burckhardt u. a. (Hrsg.), Jacob Burckardt Werke. Kritische Gesamtausgabe. Band 19. Verlag C. H. Beck. München

Görtz, Franz Josef (1988): Friedrich Dürrenmatt: Gesammelte Werke in 7 Bänden. Band 7. Diogenes Verlag. Zürich

Horn, András (1988): Das Komische im Spiegel der Literatur. Versuch einer systematischen Einführung. Verlag Königshausen & Neumann. Würzburg

Kollesch, Jutta/Nickel, Diethard (1994): Antike Heilkunst. Ausgewählte Texte. Universitäts-Bibliothek Nr. 9305. Philipp Reclam Verlag. Stuttgart

Mumford, Lewis (1963): Die Stadt. Geschichte und Ausblick. Aus dem Englischen übersetzt von Helmut Lindemann. Kiepenheuer & Witsch. Köln/Berlin

Prahl, Hans-Werner/Steinecke, Albrecht (1981): Tourismus. Arbeitstexte für den Unterricht. Universal-Bibliothek Nr. 9564 [2]. Philipp Reclam Verlag. Stuttgart

Zimmermann, Martin (2006): Die hellenistische Polis als Lebensform. Urbane Strukturen und bürgerliche Identität zwischen Tradition und Wandel. In: Deutsche Forschungsgemeinschaft (Hrsg.), DFG-Forschungsprojekt. Schwerpunktprogramm 1209. URL: www.polis-kultur.de/41_.html (Stand: 2009-02-19)

zu Baustein 3 (Gesellschaftskritik als zentrales Thema des Dramas)

Bien, Horst (1970): Henrik Ibsens Realismus. Zur Genesis und Methode des klassischen kritisch-realistischen Dramas. Neue Beiträge zur Literaturwissenschaft. Band 29. Verlag Rütten & Loening. Berlin

Borscheid, Peter (1983): Geld und Liebe. Zu den Auswirkungen des Romantischen auf die Partnerwahl im 19. Jahrhundert. In: Peter Borscheid, Hans J. Teuteberg (Hrsg.), Ehe, Liebe, Tod. Münster (1983), S. 112–134

Brüggemeier, Franz-J. (1990): Auf Kosten der Natur. Zu einer Geschichte der Umwelt 1880–1930. In: August Nitschke, Gerhard A. Ritter u. a. (Hrsg.), Jahrhundertwende. Der Aufbruch in die Moderne. Band 1. Rohwolt Verlag. Reinbek bei Hamburg (1990), S. 75–92

Castell Rüdenhausen, Adelheid Gräfin zu (1990): Die „gewonnenen Jahre". Lebensverlängerung und soziale Hygiene. Die Hamburger Cholera-Epidemie von 1892. In: August Nitschke, Gerhard A. Ritter u. a. (Hrsg.), Jahrhundertwende. Der Aufbruch in die Moderne 1880–1930. Band 1. Rowohlt Taschenbuch Verlag. Reinbek bei Hamburg (1990), S. 147–173

Fülgraff, Georges M. (1999): New Public Health. Zur sozialen Innovation Public Health. In: Wolfgang Schlicht, Hans Hermann Dickhuth (Hrsg.), Gesundheit für alle. Fiktion oder Realität? Schattauer Verlag. Stuttgart (1999), S. 225–238

Imhof, Arthur E. (1998): Lebenserwartungen in Deutschland, Norwegen und Schweden im 19. und 20. Jahrhundert. Akademie Verlag. Berlin

Johnston, Brian (1989): Text and Supertext in Ibsen's Drama. U Press. Pennsylvania

Jonas, Hans (1987): Das Prinzip Verantwortung. Versuch einer Ethik für die technologische Zivilisation. 7. Auflage. Insel Verlag. Frankfurt am Main

Schenk, Herrad (1988): Freie Liebe – wilde Ehe. Über die allmähliche Auflösung der Ehe durch die Liebe. 2. Auflage. München

zu Baustein 4 (Dramentheorie)

Berg, Thoralf (2005): Henrik Ibsens Theateranschauung. In: Norwegische Nationalbibliothek (Hrsg.), Ibsen.net. Offizielle Internetseiten des Norwegischen Kultusministeriums anlässlich des Ibsen-Jahres 2006. Übersetzung aus dem Norwegischen: Sabine Richter. URL: www.ibsen.net/index.gan?id=106808&subid=0 (Stand: 2009-02-06)

Brecht, Bertolt (1963): Schriften zum Theater. Über nichtaristotelische Dramatik. Band 3. Suhrkamp Verlag. Frankfurt am Main

Hanssen, Jens-Morten (2005): Ibsen und der Realismus. In: Norwegische Nationalbibliothek (Hrsg.), Ibsen.net. Offizielle Internetseiten des Norwegischen Kultusministeriums anlässlich des Ibsen-Jahres 2006. Übersetzung aus dem Norwegischen: Sabine Richter. URL: www.ibsen.net/index.gan?id=11110867&subid=0 (Stand: 2009-02-06)

Harenberg, Bodo (Hrsg.): Harenberg Lexikon der Weltliteratur. Autoren – Werke – Begriffe. Vollständig überarbeitete und aktualisierte Studienausgabe 1994. Dortmund

Hiebel, Hans H. (1990): Henrik Ibsens psychoanalytische Dramen. Die Wiederkehr der Vergangenheit. Wilhelm Fink Verlag. München

Kafitz, Dieter (1982): Grundzüge einer Geschichte des deutschen Dramas von Lessing bis zum Naturalismus. Band 2. Athenäum Verlag. Königsstein

Meyer, Theo (1973): Theorie des Naturalismus. Universitäts-Bibliothek Nr. 9475. Philipp Reclam Verlag. Stuttgart

Szondi, Peter (1965): Theorie des modernen Dramas (1880–1950). edition suhrkamp Band 27. Suhrkamp Verlag. Frankfurt am Main

zu Baustein 5 (Rezeption des Dramas)

Anders, Petra (2008): Slam Poetry. Texte und Materialien für den Unterricht. Reclams Universal-Bibliothek Nr. 15060. Philipp Reclam Verlag. Stuttgart

Anders, Petra (2007): Poetry Slam: Live-Poeten in Dichterschlachten. Ein Arbeitsbuch. Verlag an der Ruhr. Mülheim (Ruhr)

Anders, Petra/Abraham, Ulf (2008): Poetry Slam und Poetry Clip. Formen inszenierter Poesie der Gegenwart. In: Erhard Friedrich Verlag (Hrsg.), Praxis Deutsch. Zeitschrift für den Deutschunterricht. Sonderheft Nr. 208. Seelze

Ferguson, Robert (1998): Henrik Ibsen. Eine Biographie. Aus dem Englischen von Michael Schmidt, skandinavische Originaltexte von Uwe Englert. Kindler Verlag. München

zu Baustein 6 (Die Verantwortung des Wissenschaftlers: Dramen im Vergleich)

Apel, Markus (2005): Friedrich Dürrenmatt: Die Physiker. In: Johannes Diekhans (Hrsg.), Unterrichtsmodell der Reihe EinFach Deutsch. Schöningh Verlag. Paderborn

Enzensberger, Hans Magnus (1989): Der Fliegende Robert. Gedichte – Szenen – Essays. Suhrkamp Taschenbuch. Frankfurt am Main

Schmidt, Helmut (1982): Gesellschaftliche Moral des Wissenschaftlers. Sind Wissenschaftler verantwortlich für die gesellschaftlichen Folgen ihres Handelns? In: Zeit Online (Hrsg.), Ausgabe 25/1982. Hamburg, Seite 16. URL: www.zeit.de/1982/25/ Gesellschaftliche-Moral (Stand: 2009-01-09)

EinFach Deutsch

Unterrichtsmodelle

Herausgegeben von Johannes Diekhans